高校学术文库
体育研究论著丛刊

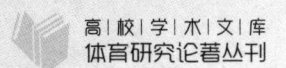

京津冀一体化背景下体育产业的发展探讨

穆瑞杰 著

中国书籍出版社
China Book Press

图书在版编目(CIP)数据

京津冀一体化背景下体育产业的发展探讨 / 穆瑞杰著. —
北京：中国书籍出版社，2018.6
ISBN 978-7-5068-6929-4

Ⅰ.①京… Ⅱ.①穆… Ⅲ.①体育产业－产业发展－
研究－华北地区　Ⅳ.①G812.72

中国版本图书馆 CIP 数据核字(2018)第 148998 号

京津冀一体化背景下体育产业的发展探讨

穆瑞杰　著

丛书策划	谭　鹏　武　斌
责任编辑	尹　浩
责任印制	孙马飞　马　芝
封面设计	马静静
出版发行	中国书籍出版社
地　　址	北京市丰台区三路居路 97 号(邮编:100073)
电　　话	(010)52257143(总编室)　(010)52257140(发行部)
电子邮箱	chinabp@vip.sina.com
经　　销	全国新华书店
印　　刷	三河市铭浩彩色印装有限公司
开　　本	710 毫米×1000 毫米　1/16
印　　张	18.25
字　　数	327 千字
版　　次	2018 年 10 月第 1 版　2018 年 10 月第 1 次印刷
书　　号	ISBN 978-7-5068-6929-4
定　　价	70.00 元

版权所有　翻印必究

目 录

第一章 区域经济一体化的理论与发展 ················· 1

第一节 经济全球化与区域经济一体化 ················ 1
第二节 区域经济一体化兴起的动因与发展趋势 ········· 15
第三节 区域经济一体化的理论框架 ·················· 21
第四节 中国区域经济一体化发展战略构想 ············ 26

第二章 京津冀一体化发展背景与发展格局分析 ········ 37

第一节 京津冀一体化发展的背景 ···················· 37
第二节 京津冀区域一体化发展格局 ·················· 39
第三节 京津冀区域一体化发展的动力机制 ············ 51
第四节 京津冀区域发展的战略对策 ·················· 64

第三章 京津冀体育产业一体化发展研究 ·············· 73

第一节 京津冀体育产业一体化发展的依据与意义 ······ 73
第二节 京津冀体育产业一体化发展的必要性与可行性分析 ··· 77
第三节 京津冀体育产业一体化发展概况与问题 ········ 79
第四节 京津冀体育产业一体化发展的优势与劣势分析 ·· 90
第五节 京津冀体育产业一体化发展战略构想 ·········· 93

第四章 京津冀区域优势体育产业的培育与发展研究 ··· 110

第一节 区域优势体育产业相关概念解析 ·············· 110
第二节 影响京津冀区域优势体育产业发展的因素分析 ·· 113
第三节 京津冀区域优势体育产业的选择 ·············· 129
第四节 京津冀区域优势体育产业培育与发展的策略 ···· 135

第五章 京津冀一体化背景下体育产业结构优化研究 ··· 141

第一节 体育产业结构基本理论 ······················ 141

第二节　京津冀一体化背景下影响体育产业结构变动的因素……　154
　　第三节　京津冀一体化背景下体育产业结构优化的路径…………　163

第六章　京津冀一体化背景下竞技体育产业的发展探讨…………　175
　　第一节　竞技体育产业发展理论……………………………………　175
　　第二节　竞技体育产业与京津冀一体化发展的互动关系…………　183
　　第三节　京津冀一体化背景下竞技体育产业的发展与管理研究 …　186

第七章　京津冀一体化背景下休闲体育产业的发展探讨…………　212
　　第一节　区域休闲体育产业相关理论………………………………　212
　　第二节　京津冀休闲体育产业发展的现状分析……………………　238
　　第三节　京津冀一体化背景下休闲体育产业发展模式的选择……　241
　　第四节　京津冀一体化背景下休闲体育产业发展策略……………　242

第八章　京津冀一体化背景下体育相关行业的管理与发展探讨…　248
　　第一节　京津冀一体化背景下体育用品业的管理与发展…………　248
　　第二节　京津冀一体化背景下体育传媒业的管理与发展…………　263
　　第三节　京津冀一体化背景下体育彩票业的管理与发展…………　270
　　第四节　京津冀一体化背景下体育广告业的管理与发展…………　273
　　第五节　京津冀一体化背景下体育赞助业的管理与发展…………　277

参考文献……………………………………………………………………　283

第一章　区域经济一体化的理论与发展

经济一体化是当今世界发展的趋势和特点。区域经济一体化是经济一体化的形式之一，我国经济的发展也符合区域经济一体化的趋势和规律。在我国体育产业的相关研究上，也应紧扣区域经济一体化发展进行。由于各区域的政策、环境等有所不同，体育产业更应注重区域发展，本章就来研究区域经济一体化的理论与发展。

第一节　经济全球化与区域经济一体化

一、经济全球化的概念

(一)全球化的定义

关于全球化，字面上的含义是指那些原来在单一国家或地区内发生的一些现象向全球范围内扩散，成为全世界共有的现象。如今，"全球化"一词被反复提及，为更多人所熟知。

从20世纪80年代开始，全球化的速度日益加快。如今，全球化已经成为世界经济与政治的主要特点，深刻地影响着世界各国的政治和国民经济。现今的"全球化"，概括了世界各国的经济、科技、社会、文化和政治等多个方面的相互依存的关系和影响。

而从某种意义上而言，"全球化"更多指的是"经济全球化"。有趣的是，全球化的英文"Globalization"也可以被单独理解为"经济全球化"。经济全球化是指世界各国的经济通过贸易、国际直接投资、资本流动、人力资本跨国流动和知识技术转移，实现国家之间的经济融合的过程。

(二)经济全球化的定义

1985年西奥多·莱维特在《市场全球化》文章中提出，经济全球化是指

"商品、服务、资本和技术在世界性生产、消费和投资领域中的扩散"。

萨斯基娅·萨森在《领土、政权、权利：从中世纪到全球一体化》中认为："从正面意义解释全球化，即一系列将世界各国的政策、资本、政治观念、世俗观念等带有国家地域性质的概念消除其国家间差异的众多的微观过程。"

英国经济学家莱斯利·斯克莱尔认为："全球化应该被看作资本主义的一个新的阶段，在此阶段中一切活动都可以超出单一国家的地理范围。全球化以经济全球化为核心，其基本内容包括通信、旅游及生态的全球化，而以文化、社会、政治的全球融合为直接后果的一种社会变化趋势。"

英国社会经济学家安东尼·吉登斯在一次学术讨论会中对全球化进行了诠释："全球化是世界经济的一个根本性的变化，这些变化包括通信技术，国家间实物贸易的形式，信息和货币。"

还有很多学者单纯地从经济的角度出发，普遍认为经济全球化使世界各国在经济合作上进入新阶段。美国学者汤姆·G.帕尔玛认为："经济全球化是国家政府对国际交换行为的限制的减少和消除以及生产和交换加速的一体化和其综合全球机制的形成。"科学技术的进步和信息技术的迅猛发展，使世界各国经济连为一体，世界各国普遍采取市场经济机制，国际贸易的高速发展、生产与服务的外包促使世界形成了全球性供应链，使得整个世界发生巨变，这对各国的社会、经济发展具有深远影响。

美国学者阿兰·波努瓦在《面向全球化》一文中指出："最好这样来界定全球化，它是从国际经济向真正的全球市场的转变；前者被认为是运转方式和管理方式各不相同的民族和地方经济的综合，后者则是由统一的规则体系所控制的；全球化所展现的是互相依赖的增加，把世界空间的各个部分联系在一起，从而使它们实现一种日益具有限制性的统一和整合。"所谓的"统一和整合"，使全球的自然资源、资金、技术及劳动力、商品和服务能在全世界流动。

国内学者在经济全球化的研究中，更多从生产要素的全球配置角度入手。王勇认为："经济全球化是指由于生产要素特别是资本的跨国自由流动，造成生产资源的全球性配置，从而推动各国经济作为一个整体而发展。"①

李长久认为，经济全球化意味着国际上分散的经济活动实现了在某种程度上功能的一体化。

周圣奎指出："经济全球化是指各国经济相互依赖、相互渗透日益加深，

---

① 王勇.最惠国待遇的回合——1987—1997年美国对华贸易政策[M].中央编译出版社,1998.

第一章 区域经济一体化的理论与发展

阻碍生产要素在全球自由流动的各种壁垒不断削减的历史过程。生产资本全球扩张,生产国际化是经济全球化的突出特点。"

从经济全球化的发展来看,尽管世界各地的资源配置存在很多问题与障碍,但显而易见的是,通过经济全球化,使国家间的经济壁垒不断减少,商品、资本、服务和劳动力在国家间的流通越来越自由。不论从哪方面去理解经济全球化,都意识到其已成为全世界经济发展的必然趋势。经济全球化拉近了国与国的距离,使不同国家之间的政治、经济、文化、信息愈发紧密,不同国家间的经济活动相互渗透、依赖和融合。

因为经济全球化的现象,各国各地区的联系更加紧密,这可以从宏观和微观两个角度来观察。

从宏观层面上来看,受到经济全球化的影响,促使全球形成了多边贸易体系,典型代表是世界贸易组织成员的提升。目前,WTO已经达到了164个,它在推动各成员国的自由贸易、投资、信息流动等方面具有重要作用。在世界贸易组织及其前身关税及贸易总协定的助推下,继商品贸易达成一系列市场准入协议后,全球服务贸易谈判有了实质性进展,先后达成了"全球基础电信协议""信息技术协议"和"金融服务协议",使服务贸易市场开放的范围拓展到电信、信息和金融三大领域。商品和服务贸易发展得更加自由,促进了各国各地区之间的经济合作,推动了世界各国形成了以生产和贸易联系为纽带的全球供应链,使各个经济体"唇齿相依",向着命运共同体方向发展。

从微观层面上来看,经济全球化体现在以跨国公司为载体推进的全球贸易、投资和生产的高度国际化的快速发展。跨国公司的全球化发展依赖于全球供应链、全球金融网络与信息网络的发展。到1983年,全球共有1.13万家跨国公司,在国外开设的子公司共计11.23万家。到1993年,全球跨国公司的数目增长到3.7万家,海外子公司达到20万家。1993年以后,世界跨国公司总数又上了一个台阶。据联合国贸易与发展会议投资、技术和企业发展司的统计,1995年,全球跨国公司增长到3.9万家,海外子公司达到27万家。1996年,全球跨国公司突破4万大关,达到了4.45万家,其设在境外的分支机构达到了27.6万家。进入21世纪后,跨国公司数量继续逐步上升。从2008年世界投资报告中的数据可知,2008年全球约有7.9万家跨国公司,79万家海外分支机构,这些公司在2007年的外国直接投资存量已经超过了15万亿美元,全球销售额达到了31万亿美元。如今,跨国公司已成为经济全球化的主要载体,跨国公司的存在已经渗透到世界各国经济生活中的方方面面。

综上,在信息互联网技术和交通运输技术的快速发展的支持下,经济全球化使得各个国家经济快速发展,使各跨国公司明显提高了经济效益,通过不同方式促使资金、技术、商品、劳动力、生产、信息在全球范围内快速而高效地流动,各国经济和市场不断融合,这个趋势将持续下去。

二、经济全球化的发展历程

新航路开辟后,欧洲列强开始进行贸易活动,向其他地区扩张。在漫长的时间里,贸易仅局限于货物交换,资本、技术等各种生产要素的流动还没有呈现出规模。各国政府之间的经济协定是为了减少贸易壁垒,方便商人进行国家间贸易。鉴于此,很多学者认为这可以看作经济全球化的开端。[①]

英国学者斯图尔特认为,全球化始于1850年,因为从这年开始的百年中出现了第一种全球通信技术,实现了全球市场的首次统一,自此出现了全球金融的某种联系,相关组织也达到全球范围。如果将工业文明的进步与发展和其对人类历史的影响作为全球化开始的标志,那么全球化的开端始于18世纪60年代,即英国进行工业革命,开启现代工业。

2001年12月,世界银行发表了题为《全球化、增长与贫困:建立包容性的世界经济》的研究报告。报告中指出,根据移民人数、商品出口占各国GDP的比重和外国资本存量占发展中国家GDP的比重等指标来看,1870年以前不能用"全球化"这个词来形容。自1870年至今,全球化历经三个发展浪潮,具体如图1-1所示。

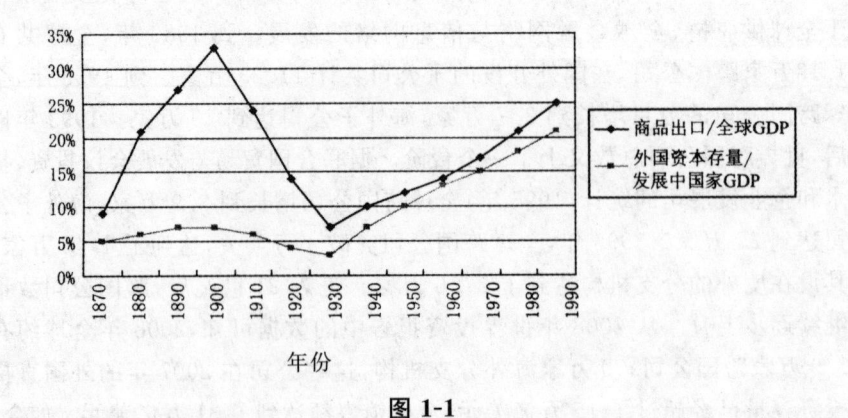

图 1-1

---

① 董瑾. 国际贸易实务[M]. 高等教育出版社,2001.

第一章 区域经济一体化的理论与发展

1870年到1914年是全球化的开端,是全球化的第一次浪潮。从图1-1中可以看出,自1870年,随着运输成本的下降,全球贸易、移民人数、资本流量持续增加,各个国家开始出现经济融合的现象,经济全球化初见端倪。这一增长趋势持续了40多年,到了1914年出现回落。出现回落的原因是在这段时间内先后爆发了两次世界大战,导致国家间贸易壁垒加深。受此影响,很多国家开始采取以邻为壑的贸易政策。这一情况一直持续到1945年"二战"结束,当时,各国的经济指标已跌落到1870年的水平。

1945年以后各国政府意识到贸易保护主义最终还是对本国发展产生负面影响,因此制定出了开放的经济政策,这时国家间贸易壁垒逐渐减少,伴随着运输成本的下降,国际贸易有了复苏的趋势。这便是经济全球化的第二波浪潮,这波浪潮持续到1980年左右,可以被看作是第一波全球化浪潮的重现。

1980年开始,世界经济全球化开启第三波浪潮。随着信息革命,通信和运输费用急速降低;互联网的形成和普及,致使市场经济机制成为主流,从而使全世界绝大多数国家被卷入这场经济全球化的巨浪之中。

从历史来看,经济全球化的发展并不是一朝一夕就形成的。在人类历史长河中,伴随着生产力的发展对经济发展的推动,经济全球化历经漫长的孕育过程,直至20世纪80年代才真正跨入全球化时代。

经济全球化的诞生和发展可以从以下五个阶段来阐述。

(一)18世纪60年代—19世纪70年代:资本主义产业革命为全球化奠定基础

18世纪60年代,英国进行了第一次工业革命。1764年,英国纺织工哈格里夫斯发明的珍妮纺纱机,标志着工业革命的开始。机械操作完全取代了传统手工生产,使人们迅速提高了生产效率,纺织品能够以更高效的手段被制造出来。1782年,英国人瓦特发明了联协式蒸汽机,现代化工厂应运而生。资本主义不断提高着生产水平,物质产品愈发丰富,同当时欧洲并不宽裕的市场形成矛盾,供过于求。为了为剩余产品寻找出路,资本主义国家开始开拓世界市场,因而刺激了国际贸易。

进入19世纪,人们开始研究将蒸汽机作为牵引动力。1807年,美国人富尔顿发明了蒸汽轮船。1811年,英国人借鉴了富尔顿的经验,很快造出了自己的汽船,使英国极大地提高了运输能力。英国通过远洋货轮把自己生产的商品销售到世界的每一个角落,又将本国所需的各种工业原料、生活用品运输到本土。交通运输革命从根本上拉近了世界各国间的距离,消除了与世隔绝的状态。通过工业革命，人类扩大了自身的活动范围并加强与异邦的交往，为世界市场的形成提供了基础条件。

英国在19世纪30年代基本实现了工业化，法、美、德、意、荷等国也先后在19世纪70年代完成了工业革命。在这一过程中，这些国家向世界其他地区展开扩张，将落后国家占为殖民地，为本国进一步发展提供了劳动力、原材料和市场。世界市场的形成是全球化的萌芽。

（二）电力新能源的发明和应用促进了经济进入国际化时代

在第一次世界大战期间，电力发明的应用促使世界经济进入国际化时代。1866年，德国人西门子率先发明了发电机，开启了第二次工业革命。这一时期发明了能将电能转化为机械能的电动机，电力开始被用于电器上，成为一种可以取代蒸汽动力的全新能源。随后，电灯、电车、电焊等电气产品纷纷问世。

至19世纪80年代，人类发明了远距离送电技术，使电力得到更加广泛的应用。通过这项技术，电力工业和电器制造业等一系列新兴工业有了快速的发展，资本主义的生产力持续增强。

随着第二次工业革命的进行，资本主义国家再度掀起了对外扩张的狂潮。在加快对外产品输出的同时，资本输出增长迅速，这是垄断资本主义的重要特征之一。欧美国家的一些实力雄厚的公司开始到国外进行生产，通过当地廉价劳动力和生产材料，这些公司逐渐发展为跨国公司。资本主义列强在世界范围内掀起扩张的狂潮，也推动了国与国之间的经济来往，世界进入经济的国际化阶段。

（三）两次大战期间的贸易保护主义使经济全球化进程陷入低谷

由于资本主义国家间的经济发展越来越不均衡，导致后起的帝国主义列强希望能够重新瓜分世界，由此爆发了种种矛盾与冲突，最终酿成了第一次世界大战的爆发。"一战"结束后资本主义又遭到了经济大萧条，世界贸易、资本流动一下子陷入停滞状态，世界经济濒临崩溃。

至此，资本主义国家纷纷采取了以邻为壑的贸易保护主义政策，各资本主义国纷纷建立了互相对立的货币区。世界经济呈现出四分五裂的局面，主要资本主义国家之间的矛盾不断加深，最终又酿成了战争，即第二次世界大战。从此，经济全球化的发展脚步甚至出现了倒退。

尽管这两次殃及世界的战争主要在资本主义国家之间进行，但科学技术并没有陷入停滞，继续发展下去。科学的持续发展为战后新技术产业的形成和产业结构调整打下了重要基础。资本主义国家之间的矛盾促使惨遭资本主义殖民的人们揭竿而起,展开了反资本主义斗争,这为战后殖民体系的瓦解打下基础。这一阶段,世界范围内的矛盾重重,各国经济发展出现倒退,但科技的发展为战后进一步的全球经济调整、变革和重新发展提供了必要条件。

(四)"二战"后世界经济高速增长推动了经济全球化过程的恢复

20世纪50—70年代,世界经济进入快速发展阶段。这一阶段的发展得益于"二战"后开始并强势持续的第三次科技革命。第三次科技革命的主要标志是原子能、电子计算机和空间技术的发明普及和广泛应用,涉及信息技术、生物技术、新材料技术、新能源技术、空间技术和海洋技术等多个领域。

第三次科技革命对世界经济发展产生深远影响,首先引起了生产力各要素的变革,提高了劳动生产效率;其次促使整个经济结构发生巨变。第三次科技革命不仅推动了产业结构的非物质化发展和生产过程的智能化发展,而且促使各国经济布局和世界经济结构发生变化。之前长期遭受资产阶级压迫的各殖民地相继通过斗争而独立,成为独立自主的发展中国家,此时的资本主义国家已经不能像殖民扩张时期对人力资源、土地和原材料进行掠夺了。随着资本主义国家直接投资的迅速增长,世界范围内的跨国公司得到了极大的发展。

生产力的大发展大繁荣使世界各国进入到相互依存的时代。在这一时代,各国需要打破贸易壁垒,跨越市场边界,扩大市场容量,以满足生产力发展的要求。国家间经济提高了相互依赖性,这从某种角度来看能有效遏制世界大战的发生。在这样的基础上,国际货币基金组织、世界银行和关税及贸易总协定才能成为支撑全球经济稳定发展的三大支柱。这个阶段的标志是经济全球化的恢复。

(五)20世纪80年代末进入真正全球化时代

到20世纪70年代初期,世界经济的高速增长态势因石油危机爆发而中断。以美元为中心的布雷顿森林货币体系被打破,发达国家进入经济低迷时期。为了摆脱经济萧条带来的困境,发达国家加强了彼此之间的合作,美国、日本、德国、法国、意大利、英国和加拿大组组成了七国集团,开始了国家间合作干预世界经济发展的阶段。

在这一时期,全球政治环境发生了很大的变化。20世纪90年代,苏联解体,东欧剧变,美苏"冷战"结束,世界从两极化进入到多极化时代。此时,世界各国将更多的精力放在本国经济发展上,经济交流越来越频繁。绝大多数国家实行市场经济体制,这为经济全球化的快速发展营造了环境。

国际政治环境发生变动的同时,科技以前所未有的速度发展着。20世纪80年代末90年代初,人类进入到网络化时代,互联网走入了千家万户,这为经济全球化的发展提供了技术保障。1995年世界贸易组织(WTO)正式成立,全球多边贸易体系涵盖了货物、服务、产权保护等多个方面,为经济全球化成为全球经济的主要趋势提供了不可或缺的条件。

三、经济全球化对发展中国家的影响

经济全球化时代的来临,对各国的经济有着显而易见的影响。但世界各国经济发展水平各不相同,所以经济全球化对各国有着不同程度的影响。通常,发达国家充分利用经济全球化的有利条件,实现生产要素的有效配置,以获得更多的经济利益;对于工业体系较为完整的发展中国家来说,可能会利用全球化的有利条件来推动本国的经济发展;而对于欠发达国家来说,往往会面临巨大挑战。

不管什么事物都有两面性。一方面,对于发展中国家来说,经济全球化为自身带来了利用国外资金、技术和管理方法的千载难逢的机会,这是发展本国经济的机遇;另一方面,如果处理不妥,就会对发展中国家带来明显的消极影响。

我国作为世界上最大的发展中国家,在经济全球化浪潮中要抓住机遇,规避风险。下面就来研究经济全球化对发展中国家的影响。

(一)经济全球化加快了发展中国家的经济增长

经济全球化促使生产要素加快在世界范围内的流动,以寻求到相应的位置进行最佳的资源配置,这有助于各国进行资源互补,提高资源利用效率。对于像我国这样的广大发展中国家来说,因为缺乏资金和核心技术,劳动力资源和很多自然资源无法彰显出自身价值,经济发展陷入桎梏。通过经济全球化,发展中国家有机会得到资金,学到核心技术,为自身的经济发展添砖加瓦。

图1-2中的数据显示,20世纪90年代,发展中国家的人均GDP增长率首次超过了发达国家。20世纪60年代,发达国家的人均GDP增长率还比发展中国家高1.5%,但从20世纪60年代到90年代,发达国家的人均GDP增长率从4.4%直接下降到1.7%。

第一章 区域经济一体化的理论与发展

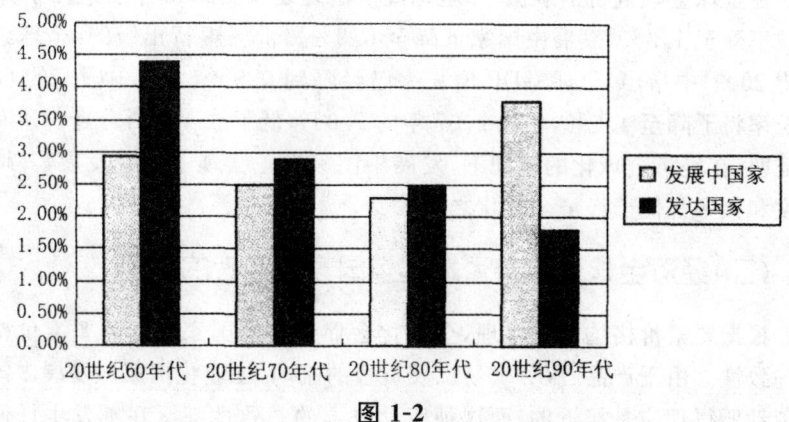

图 1-2

发达国家之所以在 20 世纪 60 年代有着较高的增长率,一是因为它们处于战后重建期,二是由于经济一体化大多在发达国家之间进行。从 20 世纪 60 年代到 80 年代,发达国家的增长率一直比发展中国家高,这与新古典增长理论完全相悖。新古典增长理论认为,较贫穷国家的经济增长率应该高于较富裕的国家。这种情况直到 20 世纪 90 年代经济全球化真正降临时才被打破。20 世纪 90 年代,很多发展中国家加大对外开放,采取出口导向型贸易政策,国内廉价劳动力的成本低于发达国家,所以这些发展中国家的贸易额逐年增加,带动了 GDP 的增加。

从图 1-3 中的数据可以看出,自 21 世纪开始,发展中国家的经济增长率逐年高于发达国家水平,而其贫困人口也呈现出逐年下降的趋势。2004—2007 年,发展中国家的经济呈现出飙升的态势。然而从 2008 年开始,全球爆发了严重的经济危机,发展中国家的 GDP 增长率呈现出断崖式下降,发达国家的 GDP 增长率在 2009 年出现负增长的情况。

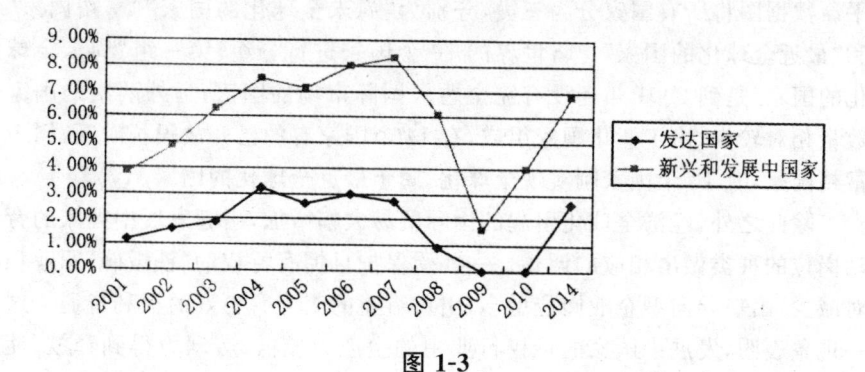

图 1-3

在全球金融危机的刺激下,全球经济出现衰落。2008年发达国家GDP增长率降至1.3%,发展中国家下降至6.3%。世界银行出版的《全球经济展望2009》中指出,全球GDP增长率已经降到0.9%,发展中国家的GDP增长率将下降至4.5%,相比2007年的7.9%,低了3.4个百分点。所有数据证明,在经济全球化的浪潮下,发展中国家真正实现了自我发展,其增长速度和频率都优于经济全球化之前。

(二)经济全球化改善了发展中国家劳动者的福利

根据要素价格均等化定理,全球化会促使不同国家之间的要素价格趋向一致性。由于产品、服务贸易以及资金的流动,工业化国家与发展中国家的劳动所得理应是接近的,而这种劳动收入的一致性甚至在不发生任何人员流动的情况下产生。但现实情况往往不一定和理论相符,从图1-4中来看,积极参与经济全球化的发展中国家的工资增长率明显高于相对封闭的发展中国家。

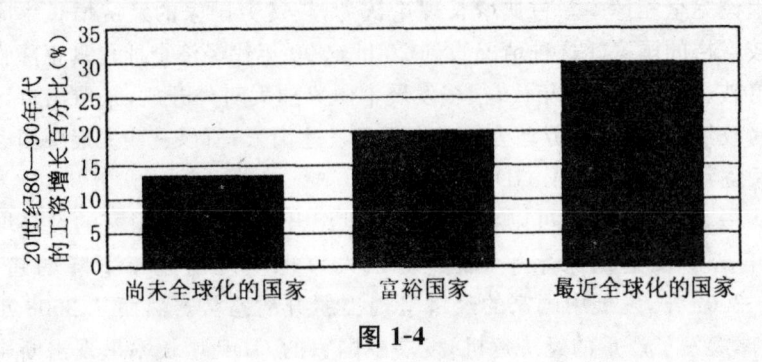

图 1-4

图1-4中的工资以美元为单位,代表着一系列通用职业的平均工资水平。数据图将所有国家分为三类,分别为"尚未全球化的国家""富裕国家"和"最近全球化的国家"。将世界的70个国家进行分组,第一组"尚未全球化的国家"是到2001年还没有完全融入国际市场的国家;另外两组的国家数量相对较少,由工业化国家组成,有14个国家有的已开放很长时间,属于富裕国家,有13个国家刚实现全球化,属于最近全球化的国家。

除此之外,经济全球化引起的国际贸易大幅增加,引起发展中国家的劳动岗位的种类做出相应的调整。一些受保护且拥有特权的"铁饭碗"职业相对减少,出口导向型企业岗位增多,出口行业的工人有更好的福利待遇。这一现象表明,发展中国家的特权行业中的生产力较低,劳动力得到释放,使他们到竞争更激烈的行业发展,创造更多的价值,且社会给劳动者的报酬和福利增加合理,劳动就业受到了市场规律的指导,使劳动力资源得到更好的

第一章　区域经济一体化的理论与发展

运用,也增加了社会福利。

(三)经济全球化使发展中国家得到利用最新科技资源的机会

经济全球化持续、深入的发展,为产品的多国生产链供应提供了有利条件。根据产品生命周期理论,发达国家对于一些技术水平较低的产业所带来的经济利益不甚满意,将这些技术以专利转让的形式转让给发展中国家。而科学技术有溢出效应,国际技术贸易会为发展中国家节省巨大的研发成本。像以中国为代表的基础较高的发展中国家借着经济全球化的东风,利用好自身优势,通过积极参与国际技术交流和合作,逐步缩小与发达国家的技术差距,用比发达国家更短的时间来提高自身科技水平,真正实现跨越式发展。

20世纪90年代以来,发展中国家已经明显提高了自身的科学技术发展水平。图1-5的数据中显示,低收入和中等收入国家的技术增长率超过了高收入国家。

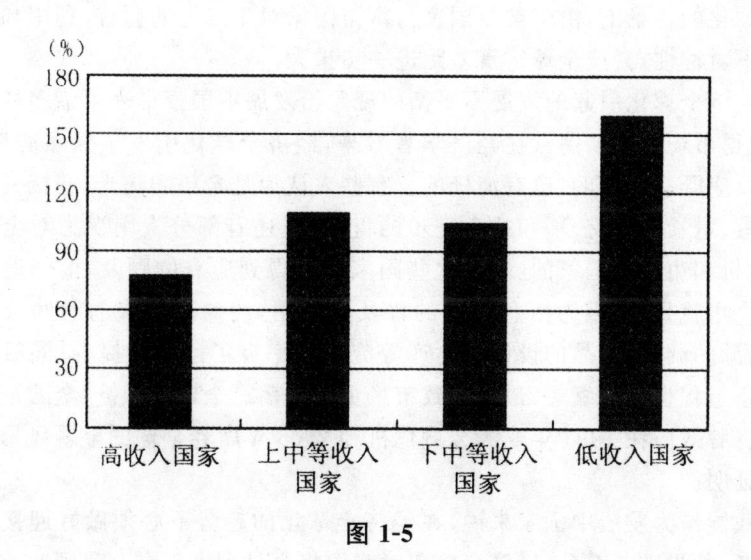

图 1-5

从图1-5中可以看出,虽然发展中国家的科学技术水平仍落后于发达国家,但自21世纪以来,低收入国家和中等收入国家在科技上有了明显的发展与进步,取得了很多成就,所以在绝对值上有所超越。总体来看,发展中国家之所以在科技上有所建树,是因为在经济全球化浪潮中引入了发达国家的技术,在"科技是第一生产力"的今天,这对发展中国家的经济发展具有重要意义。

(四)对发展中国家来说,经济全球化是一把双刃剑

事物都有两面性,经济全球化给发展中国家带来机遇,也带来挑战。在经济全球化背景下,发达国家向发展中国家输出产业,它们更看重发展中国家的廉价劳动力和原材料。对于一些国家建设落后、技术水平很低的发展中国家来说,往往存在无法利用产业转移、引入技术来提升本国经济实力的状况。对于这些贫困的发展中国家来说,经济全球化的浪潮反而对他们起到消极作用,甚至会让它们更加贫困。

前面的图1-4描述了发展中国家劳动力的工资增长率,首先,这仅仅适用于那些有工资的劳动者,全球化的浪潮会在各个行业中大浪淘沙,导致大量工作岗位消亡。其次,所谓的工资增长率是指平均工资的增长率,但是有些劳动者的工资会高于平均水平,而相当一部分劳动者则达不到平均水平,甚至无法获得收入。再次,工资增长率总结的是长期发展规律,在经济全球化的动态发展过程中可能会出现暂时性的工资水平下降现象。因此,在经济全球化的背景下,由于贫穷国家与富裕国家对于信息的拥有、利用和传递具有不对称性,会使全球贫富差距进一步扩大。

经济全球化引起的发展不平衡的现象给发展中国家带来了诸多社会问题,使得市场更加动荡。在经济学者看来,经济全球化引发了强烈的反应,这种反应既有积极的,也有消极的。有些人认为是希望和曙光,迎接一个充满投资、增长、经济公平和社会进步的世界;但还有部分人则视为对金融稳定、危机和边缘化国家的威胁,这些国家没有得到应有的顾及,他们遇到了挑战。也就是说,因为信息技术的普及和应用,使商品供求的时间大大缩短,资源的调剂、产品的设计和生产等流程效率有了巨大的提升;同时产品的衰减过程也大为缩短,最终导致市场更加震荡。全球信息链、金融链的多米诺骨牌效应在1997年亚洲金融危机和2008年席卷全球的金融风暴中得到了证明。

我国作为发展中国家来说,在经济全球化的趋势下必须做好迎接困难的准备,如果准备充分,经济全球化对我国将会是利大于弊。我国改革开放后取得的经济腾飞,与经济全球化不无关系。

四、区域经济一体化与经济全球化的关系

(一)二者相互联系,互相促进

经济全球化的快速发展的确提高了全球的福利水平,但同时也给各国

经济,尤其是金融领域带来了更多系统性风险。由于全球化的作用,这些风险往往会殃及多个国家,需要世界各国引起重视。

经济全球化中的风险大致可以分为两类,下面分别阐述。

第一类是市场机制的自身属性所引起的马太效应,这会拉大国家间的贫富差距。经济全球化是自发性的市场机制起作用的过程,具有极强的市场性和随机性,这就很容易引发马太效应,使得全球各个国家之间贫富差距拉大,富的国家更富,穷的国家没有复苏,甚至陷入更加贫穷的境地。马太效应在无形中增加了经济全球化发展进程中的不稳定因素,随着国家之间的贫富差距日益悬殊,发生矛盾、冲突的风险也会越来越大。

第二类风险是国家产业结构的调整跟不上经济发展规律提出的要求。这种风险与国家在经济全球化进程中采取的对策有关。对于一个参与国际分工的国家来说,如果不能迅速、有效地随着世界经济形势变化进行产业结构调整,没有做好应对经济全球化的准备,那么经济全球化的洪水就会将他们淹没。

为了规避种种风险,一些国家和地区选择通过加强区域经济合作,进行区域经济一体化发展,希望多个国家携起手来共同面对风险,以期利用集体的力量实现共同发展。因此,经济全球化的发展实质上推动了区域经济一体化的加速发展,全球化是区域经济一体化的动因之一。从另一个角度来阐述,区域经济一体化是经济全球化的发展阶段之一,其为经济全球化提供了形成条件。经济全球化需要全球范围内商品自由贸易,加速生产流动,优化资源配置,使金融投资自由化和便利化,各国财政、金融体制分工协调,形成一个稳定的运行机制。由于协调范围巨大,各个国家经济发展水平参差不齐,文化意识形态各不相同,因此这一机制的建立是一个复杂漫长的过程。

在经济全球化的背景下,全球经济加速融合。在这个庞大而漫长的过程中,首先进行融合的国家当然是经济发展水平、政治体制、文化背景、地域背景都很接近的国家,经济出现融合,就产生了区域经济一体化的萌芽。这些国家之所以有进行一体化的意愿,展开积极的谈判,达成了合作协议,就是规避了全球化中可能出现的矛盾,为以后进一步的经济融合打好基础。区域经济一体化的出现,最终会因贸易自由化和金融市场一体化的趋势,使国与国之间打破经济壁垒,继续加深合作,在世界范围内优化资源配置,进一步改善本国国民的福利水平。

(二)二者相互区别,主导机制不同

在有些学者看来,区域经济一体化和经济全球化的主导机制不同,二者在本质上是有区别的。经济全球化是一种自发的市场机制起主导作用的过程,而区域经济一体化是国家起主导作用的过程,是人为而不是自发的做法。在区域经济一体化的过程中,大国与小国、经济强国与弱国,它们的地位和机会并不均等。在市场经济机制的作用下,经济全球化不会因某些国家的意志而转移;在以国家意志为主导的区域经济一体化中,其发展可以被国家所控制,体现出国家的意志。经济全球化是生产力水平持续提高后的产物,是一个打破国家间要素配置障碍的过程;而区域经济一体化是为了规避市场风险,人为地创造不同政策,以对本国利益进行保护,在国家集团间有可能还会加重壁垒,扩大壁垒的保护范围。区域经济一体化的影响甚至会使国际经济和政治格局发生变化。

经济全球化之所以产生并持续发酵,是因为科学技术发展、生产力持续进步,一国市场将过剩的产品和服务寻找出路所导致的,在生产力水平提高的状况下,这种现象是一种必然趋势。与之相反的是,区域化的世界历史的发展过程明显体现出国家起主导作用的过程。

下面,我们来分析一下区域经济一体化产生的动机,以更好地理解区域经济一体化与经济全球化的区别。

首先,区域经济一体化组织产生于美苏争霸的背景下。"二战"结束后,以美国为首的"北约"和以苏联为首的"华约"两大阵营之间直接对抗,这加深了各组织内部的经济合作。从1950年的《舒曼计划》,进而导致"欧洲煤钢共同体"的成立,其出发点就是应对"冷战"。欧盟的成立,其根源还是产生与政治需求。由此可见,区域经济一体化的诞生和发展还是由国家起主导作用。

其次,从区域经济一体化的动因来看,成立区域经济一体化组织是为了强化成员内部各方面的合作。在20世纪上半叶,社会主义和资本主义两大阵营对峙,全球政治、经济和军事呈现出两极化的态势,地缘政治理论得到发展。"冷战"结束后,地缘政治理论对经济、社会等方面的影响被更多人所重视。目前,地缘政治理论是世界各国政府制定国防、外交等政策的一项重要依据。因此,区域经济一体化的产生与地缘政治有着紧密的联系。

在有些学者看来,区域经济一体化实际上是将之前的国家之间的贸易战转化为区域集团之间的贸易战,在世界经济中从国与国对峙转变为集团与集团之间的对峙,这对全球贸易自由化和全球经济一体化的进程具有阻碍作用。从结果来看,区域经济一体化组织的对外贸易可以分为两部分,一部分是组织内部成员之间的贸易往来,称为区内贸易;另一部分是组织成员国与组织之外国家之间的贸易,称为区外贸易。由于区内贸易更加自由,而区外贸易存在着不同程度的贸易壁垒,因此最终结果只能是区内贸易的发展远大于区外贸易。

总而言之,区域经济一体化是通过国家间的谈判,将愿意参与结盟的国家组织在一起,而经济全球化则是受到市场机制的作用,自然而然地将世界各国联结在一起。

(三)区域经济一体化是全球化的补充

还有人认为,区域经济一体化是经济全球化的补充。在对经济全球化和区域经济一体化进行讨论时,受到最多关注的是贸易体制的不同,即世界贸易组织所代表的多边贸易模式和区域经济一体化组织中的多种地域性贸易协定之间的关系。有人有这样的疑问:为什么各国推崇贸易全球化,同时又建立区域经济合作组织,将组织内外的国家区别对待?一方面减少成员国间的贸易壁垒,另一方面又对非成员国建立不平等的贸易壁垒?这样做会不会导致贸易转移,使各方的利益受到损失?

从原则上来讲,对所有国家都采取非歧视待遇,这样的贸易机制当然是最理想的。尤其对发展中国家来说,这些相对贫困的国家经常受到歧视待遇,他们渴望获得平等的贸易待遇。如果在区域经济一体化的建设中,发达国家和发展中国家进行合作,大多数发展中国家受到贸易歧视政策对待,那么就会对全球经济产生消极影响,使发展中国家受到巨大损失。

但从事实来看,由于多边贸易模式在运行时要对太多的利益矛盾与冲突进行调解,无法达到绝对理想的成果,发达国家和发展中国家、大国与小国之间往往具有不可调和的矛盾。而无论是什么样的、什么类型的区域经济一体化组织,所达成的贸易协定调和矛盾的效果都比经过数轮讨价还价所达成的多边贸易模式要来得好些,这无疑为在多边贸易模式下的弱势国家争取到了福利。

第二节 区域经济一体化兴起的动因与发展趋势

一、区域经济一体化兴起的动因

(一)经济动因

区域经济一体化发展所带来的商品自由流通乃至于生产要素的自由流通,为一体化组织内部成员国营造了更加广阔的市场,带来了优化配置生产要素的有利条件,从而使各成员国共同分享得到的经济利益。

从经济的角度来分析,组成某种形式的区域经济一体化的实质就是谋取单独一国难以获得的利益,比如大市场所带来的发展空间。希望通过合作能为本国本地区带来经济利益的最大化,是各个一体化的国家或地区的目标,但这个目标会受到一体化组织内部各成员经济发展水平和经济结构的限制。所以,一体化组织内部并存的发达国家和发展中国家对区域经济一体化所具有的经济利益期望也不尽相同。

一般而言,区域经济一体化对于各成员国的福利影响主要存在于以下四个方面:市场扩大带来的规模效应、取消贸易壁垒以后所带来的生产要素的优化配置以及生产分工的专业化、带动同周边经济体的经济合作和其他综合经济效应。

首先,区域经济一体化组织内部市场扩大会带来整体的规模经济效应。区域经济一体化通常可以带来市场规模的扩大化,并且将竞争从一国内部扩大到各成员国,行业内部和行业间的竞争不断提升。竞争的加强将刺激技术和管理水平的提高,从而促使生产效率趋于提高,生产成本将趋于下降。由于各成员国之间的市场更加开放,厂商间的竞争愈发激烈,成本持续降低,可以使消费者买到物美价廉的商品,从而提高各成员国的国民福利水平。

其次,当区域经济一体化组织发展到较高水平后,各成员之间会取消各种贸易壁垒和歧视性政策,从而推动各成员国内部生产要素进行优化配置,使生产分工更为专业。区域经济一体化组织内部技术和人才的流动,通过广泛、深层的国际技术外溢和管理外溢来带动成员国各个行业的管理外溢,促进整个区域研究与开发的发展,提高这些国家的科学技术水平。因此,在此条件下,生产要素的自由流动提高了区域组织内部资源优化配置的效率,使得各成员国之间在经济上的联系愈发紧密。

再次,带动同周边经济体合作的开展。每个国家的资源基础是不同的,而生产要素供给也是不同的,这是出现国际或区际分工和贸易的基本动因。按生产要素的富裕稀缺程度来展开专业化分工,可以进一步提高生产要素的利用效率,增加生产效率,降低成本与价格,进而实现利润最大化。区域经济一体化能够在扩大范围的市场内部开展更为紧密的合作,并使成员国各方的货物和服务进入到对方市场的概率大大增加,从而使得成员国的市场提高竞争性,促使专业化分工不断向广度和深度拓展。通过提高竞争性所取得巨大的经济利益,将使得区域经济一体化组织吸引到周边经济体的目光,会促使周边经济体主动同区域经济一体化组织开展对话和合作。

最后,区域经济一体化也会给各成员国带来其他综合经济效应。具体来说,包括以下三方面。

第一,国民收入传导效应。组建区域经济一体化组织以后,市场不断扩大,市场壁垒逐步减少甚至完全消失,使各成员国的出口持续增加,由此可以促进出口产业发生规模经济效应,从而对其他部门具有积极影响。主要表现在出口增加所发生的乘数效应可以导致国民收入的总体增加。这种传导效应将会随着经济一体化组织的扩张而不断加速。

第二,改善区域投资环境。国际区域经济一体化组织内部由于各项宏观经济和贸易政策以及各种贸易和投资便利措施的相似性,使得区域内部的投资障碍不断减少,投资风险和成本明显降低,投资环境越来越差。另外,由于组织外部的企业为了规避各种关税和壁垒,会使得该企业将生产点转移到区域组织内,因此随着这种生产转移,大量的国外直接投资进入到区域组织内。而在国内厂商投资增加以及区外资本向区内资本的转移和聚集效应的综合作用下,区域内部将会明显提高经济发展水平。

第三,增强自身谈判力,提高各成员国在国际经济领域中的地位。20世纪90年代以后,全球经济的竞争持续升温,各国间的"贸易战"层出不穷,保护主义势力抬头。在国际经济上的谈判中,一些经济实力一般的国家显得势单力薄,在谈判中没有足够的筹码和力量,因此,这些国家必须通过区域一体化组织这种形式,以共同的立场和原则以及区域组织的形式增加自己在谈判中的砝码,从而为顺利解决各种争端创造积极条件。另外,在组织内部一国的各种建议更容易被采纳,而这种声音进而可以通过一体化组织在全球范围的经济谈判中得到放大。

(二)政治动因

1. 安全保障因素

安全保障因素是区域经济一体化蓬勃发展的根本政治动因。各成员国在追求区域经济一体化的政治利益时,通常将安全保障因素列为首要任务。各成员国通过区域经济一体化组织这种形式可以获得安全保障。20世纪50年代,欧洲启动一体化进程的重要原因之一就是联合应对苏联的威胁。20世纪90年代以来,随着经济全球化的快速发展,东盟国家开始意识到加强区域经济合作的重要性并规划逐步走向一体化组织进程。墨西哥加入北美自由贸易区其实也是出于本国的政治安全利益考虑。

区域经济一体化组织可以缓解各成员国的安全困境。各成员国在区域层面寻求政治保护,以期获得政治安全保障。各成员国在一体化组织的形式下,国家间的相互信任感增强,政府间的合作也越来越紧密。目前,合作安全模式是适应当今世界发展潮流的新型安全模式。这种模式下各成员国追求的目标已不是传统模式中的"零和"效应,而是合作解决问题的"多赢"效果。

2. 适应国际政治多极化的需要

20世纪80年代末90年代初以来,世界范围内的政治多极化趋势加强。东欧剧变以及苏联的解体标志着"冷战"的结束,标志着两极格局的正式结束。而日本的持续发展、欧盟的不断推进以及中国在经济上的瞩目成就,都已经标志着国际政治格局发生深刻变化,全球进入到多极化发展趋势。

如今,在多极化的发展格局下,世界各国也从之前的对抗逐步转为交流与合作。各主要大国在经济、贸易、科技等领域的竞争日益激烈,自然而然地产生了矛盾。军事和意识形态因素不再是国家最为重视的因素,经济地位不断攀升。各国家在多极化格局下的政治合作联盟也以相应的经济联盟作为保障。因此,在世界政治格局多极化的条件下,区域经济一体化的趋势得到不断加强,区域经济一体化组织的地位得到巩固。

(三)制度驱动

20世纪90年代以后,区域经济一体化进入到全新的发展阶段。这一阶段的发展特点为推进速度快、合作程度更加深入、机制灵活性强、形式多样化。在这一新阶段的区域经济一体化有着内在的制度推动因素,具体体现在以下两方面上。

1. 市场化改革是主要体制保障

全球经济持续市场化发展,在为各国开展经济和技术合作创造了必要条件的同时,也为经济一体化发展创造了有效的制度前提。20世纪90年代后,大部分没有进行市场经济改革的国家已经在准备向市场经济体制转轨,传统市场经济国家也在不断尝试市场经济体制改革。

在此条件下,区域经济一体化组织通过具体、确凿的承诺以及条约协定来推动所有成员国市场经济体制的改革与发展。在区域经济一体化组织下,通过成员国之间的谈判以及经济合作伙伴关系的安排,使双方的经济法规和管理进行整合,成员国在区域经济一体化的框架下不断推动相互之间的经济体制改革,共同提升经济实力。

2.区域经济合作优于多边贸易体制

多边贸易体制一直以来都是经济全球化和贸易自由化的主要推动力,但是近年来,多边贸易谈判频频遭遇挫折和困难,多边贸易体制在推进多边合作上出现一些困难。这主要是由于多边贸易体制自身具有一定的局限性。世界贸易组织目前组织庞大,运作程序非常复杂,对于一些贸易协定,因为各成员国相互之间存在矛盾,无法在短期内达成共识,多边贸易谈判从某种意义上说,已发展为旷日持久的谈判。究其原因,主要包括以下两个方面。

首先,谈判议题数量过多。其次,世贸组织对于各项议题的谈判,必须基于"一致接受"才可以进行下去。关贸总协定下的最后一个回合——乌拉圭回合用了超过原计划1倍的时间才达成统一协议,西雅图会议以失败而告终,多哈回合谈判出现中断,这些都证明多边贸易谈判很难达成一致,容易陷入僵局。

与多边贸易体制问题相比,开展区域经济一体化合作有着独特的优势。这主要是由于参与区域经济一体化合作的各国家通常在地理位置上相隔较近,生产力发展处于同一水平,历史文化背景也十分接近。在区域经济组织合作框架下,区域一体化往往更具针对性,能够更为灵活地解决问题。另外,区域合作涉及一些多边体制下没有涉及的问题,包括劳动问题、环境问题等。区域经济合作能够弥补世界贸易组织的不足,具有更广阔的发展前景。由于多边体制下的贸易谈判时常出现失败的情况,因此各成员从国家利益和战略目标的角度,更热衷于通过区域经济合作的形式,推进本国的贸易发展进程。

二、区域经济一体化发展的新趋势

进入21世纪以来,区域经济一体化组织数量迅速增长,内涵得到明显扩展。在全球经济一体化的大背景下,区域经济一体化呈现出崭新的发展势头。

(一)合作形式多样化,合作机制灵活化

1.一体化协议名称更加多样,合作方式推陈出新

虽然目前的区域经济一体化组织的主导形式是自由贸易协定,但是其他名称的区域经济组织也是十分常见的。例如,新加坡和朝鲜签订的投资

保障协议、泰国和巴基斯坦签订的紧密经济伙伴关系协定、韩国和印度签订的经济伙伴关系协定。

在合作方式上,亚太经济合作组织和2003年中国内地与其两个独立关税区(香港和澳门)建立的"更紧密经贸关系的安排"是新的尝试。

2. 一体化组织空间范围不断扩展,跨地区、跨洲际的区域组织成为新亮点

传统的经济一体化组织中,成员国的地理位置都很接近。然而进入21世纪以来,区域合作的构成基础打破了狭义的地域相邻概念要求,像北美自由贸易区、中国-东盟自由贸易区、亚太经济合作组织、南方共同市场、欧盟与地中海自由贸易区等区域经济组织层出不穷,这些组织的成员国打破了地域限制,使区域经济一体化组织在合作方式上有了全新的突破。

此外,部分区域经济一体化组织出现互相交叉重叠的情况,或者是大区域组织包容次区域组织,或者是一个国家或地区参加多个不同层次的区域经济一体化组织,之间的关系更加错综复杂。

3. 运行机制更加灵活

如今,区域经济一体化的运行机制更加灵活,制度性区域经济组织和功能性区域经济组织并存。制度性区域经济组织就是指各成员国以贸易协定、条约等法律契约形式为基础的区域经济组织,而功能性区域经济组织则为各成员国之间进行经济来往、信息交流、协调各方面贸易政策等方面提供了平台。

虽然制度性区域经济组织依然占据着主导地位,但是功能性区域经济组织的出现使区域经济一体化的发展更具活力。例如亚太经济合作组织就是功能性区域经济组织的成功案例。

(二)合作程度更深,范围更广

新一轮的区域经济组织合作和以往相比更加深入,合作范围更加广泛。在合作程度上,传统的区域经济组织以货物贸易自由化为发展目标,而如今随着区域经济组织合作的程度不断加深,自由化不仅体现在货物贸易上,而且还体现在服务业投资、解决贸易争端机制、竞争政策统一、共同的环境标准和劳工标准、知识产权保护标准、跨国制度安排等。

可以看出,在当今经济全球化浪潮下的区域经济组织,其涉及的经济自由化领域明显超出早期的区域贸易协定。在合作范围上,传统的区域经济组织要求合作成员国具备社会政治制度相似、经济发展水平相近、历史文化

第一章　区域经济一体化的理论与发展

背景相同等条件,而新一轮的区域经济组织已放宽了限制要求。混合性区域经济组织的不断出现,使全球区域经济合作来到一个新的阶段。另外,区域经济组织成员国已经不仅满足于在组织内部获取经济利益,国际区域经济合作中的非经济因素凸显。区域经济组织合作中的非经济因素通常体现在政治利益上,新一轮区域组织的各成员国政治因素往往是在谈判和签署协议时重点考虑的因素,如今的区域贸易协定开始出现越来越多的政治条款。

(三)合作的开放性趋势日益加强

新一轮的区域经济组织已经将传统组织所具有的封闭性和排他性完全摒弃,更加要求组织的开放性,并不倡导多边贸易体制与区域经济一体化进行对立和排斥。新时期区域经济组织内部不再局限于少数国家和某个地区,区域经济组织间并不存在纯粹的单一竞争,而是组织内部不断延伸和扩大组织的同时努力寻求与区外经济组织之间的合作。区域经济组织间的竞争和合作、深化与开放是交织在一起的。

如今,随着国家分工的不断深化以及市场经济的持续发展,区域经济组织的自身一体化进程不断加快,对外开放的力度不断增强,这能够使其适应经济全球化快速发展的需要。

第三节　区域经济一体化的理论框架

在本节,我们将研究区域经济一体化的理论框架,具体模型如图1-6所示。

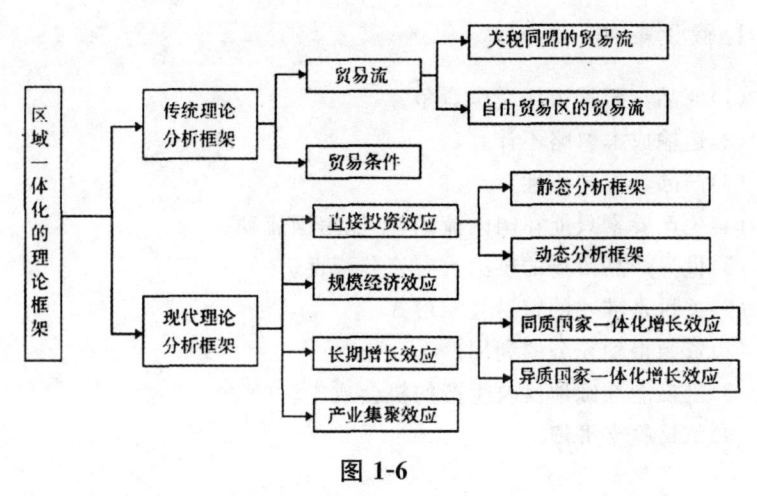

图 1-6

一、区域经济一体化的传统理论分析框架

区域经济一体化的传统理论框架是以维纳所提出的关税同盟理论为理论基础的。1950年,维纳发表了著作《关税同盟问题》,首次提出贸易创造和贸易转移这两个区域经济一体化的基础框架理论,并以此为基础,着重分析了成员国参与关税同盟后的贸易流和贸易条件的变化。

贸易流是衡量一体化组织成立对贸易流量和贸易方向的影响的指标,贸易条件侧重于考察一体化组织建立对贸易条件的影响。米德在维纳模型的基础上,将区域一体化的研究扩展为自由贸易区,重点分析了自由贸易区的成立对成员国贸易流和贸易条件的影响。区域经济一体化的分析框架也可以称为 Viner-Meade 框架,这种框架里的分析大多属于静态分析。

区域经济一体化传统理论框架重点关注区域经济一体化的贸易效应,对一体化组织的实施对区域内部成员国之间的贸易以及区域内部和外部国家之间贸易的影响。此外,很少文献能从生产领域研究区域经济一体化的生产效应,他们仅仅是将生产效应作为贸易效应的一种派生效应来进行研究。对区域经济一体化的贸易效应研究,如果仅停留在流通领域,那么就说明传统理论分析框架无法完全揭示区域经济一体化的福利效应。

(一)对贸易流的分析

贸易流,指国家或地区加入区域一体化后对本国(地区)贸易流量和贸易方向的影响。维纳引入了贸易创造和贸易转移两个概念,通过局部均衡的方法,对贸易流的影响进行分析。

1. 假设条件

(1)商品与要素市场完全竞争。
(2)运输成本忽略不计。
(3)产品具有同质性。
(4)生产要素只能在国内流动,不能跨国流动。
(5)世界产品市场的供给具有充分弹性。
(6)关税是唯一的贸易管制形式。
(7)资源得到充分的利用。
(8)价格能准确地反映生产的机会成本。
(9)贸易收支平衡。

2. 贸易创造效应和贸易转移效应

（1）贸易创造

关税同盟建立后，因为内部关税的取消，组织内某一成员国由消费本国较高成本的产品转向消费同盟内伙伴国较低成本的产品，从而引起了福利增加，这种情况就是贸易创造。出现福利增加的原因有二，一是因为减少或取消与伙伴国产品同类的产品生产出现的成本节约，即生产效应；二是由于本国消费者增加了对伙伴国较低成本产品的消费，引起了本国消费者剩余的增加，即消费效应。

（2）贸易转移

关税同盟成立后，因为同盟内关税的取消，组织内某一成员国由进口同盟外国家较低成本的产品转向进口同盟内伙伴国较高成本的产品，从而引起了福利损失，这种情况被称为贸易转移。

（3）维纳准则

维纳提出的，用于衡量一个关税同盟总体福利效果的标准，这就是维纳准则。维纳认为，若关税同盟使其成员国的贸易创造大于贸易转移，则该关税同盟就是有利的。

（二）贸易条件分析

贸易条件是指国家出口商品的价格与进口商品价格的比值，即：

贸易条件＝出口商品的价格/进口商品价格

从公式中可以看出，国家的出口商品价格越高，进口商品价格越低，比值越大，那么贸易条件的数值就越高，表明该国的福利水平得到提升。尽管一个国家的进出口量通常不会影响到世界市场的价格，但如果是多个国家形成联盟，发展区域经济一体化组织后，那么就完全有足够的进出口量来对世界市场的价格产生影响，进而对整个一体化组织与世界其他地区的贸易条件产生影响，最终引发贸易条件效应。

二、区域经济一体化的现代理论分析框架

在20世纪50年代诞生的传统理论框架——Viner-Meade框架，是对贸易创造和贸易转移进行分析，建立在国际贸易是由生产率和要素禀赋差异的基础上的。但在20世纪80年代末，随着区域经济一体化组织的持续深化和升温，很多新问题已经完全超越了传统理论框架的解决范围，再加之全新的贸易理论、经济地理学理论和增长理论的出现，使许多学者开始对传

统框架理论进行再讨论,试图从规模经济、产品差异、不完全竞争、要素自由流动等前提假设出发,重新审视区域经济一体化的收益,这些收益更多地体现的是动态效应。

由于区域经济一体化的现代理论分析框架从生产领域入手,重点分析区域经济一体化的生产效应,因此可以更全面、更科学地揭示区域经济一体化的福利效应。

(一)规模经济效应

若一个国家由于国内市场过于狭小而无法发展出经济规模,那么区域经济一体化就有可能让这个国家取得规模经济收益。

规模经济效应模型如图1-7所示。

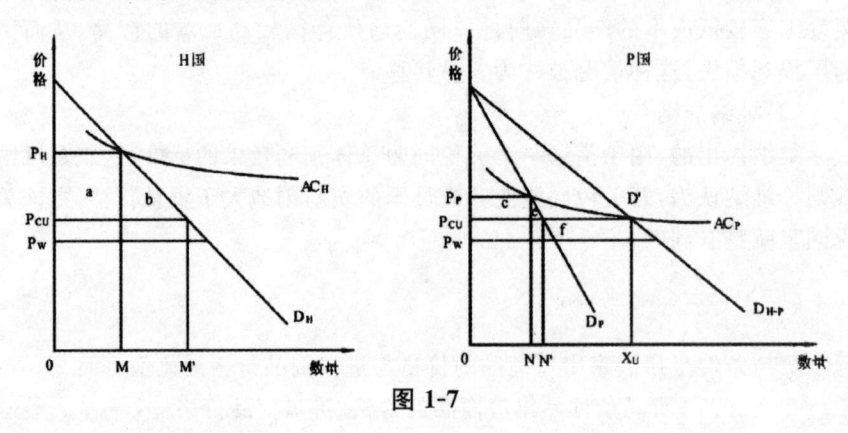

图 1-7

(二)直接投资效应

1. Kindleberger 静态分析框架

Kindleberger 对区域经济一体化的直接投资效应进行了开创性研究。他认为关税同盟不仅能产生贸易创造和贸易转移效应,还能产生投资创造和投资转移效应。所谓投资创造,是指区域经济一体化所产生的贸易转移现象使区外企业的产品进入市场的难度加大,从而促使区外企业以直接投资的方式进入区内,以及区内成员国之间为了抢占更大的区域市场份额而增加相互直接投资的过程。

一方面,由于区域一体化的贸易转移效应,区域外企业与区域内企业相比处于竞争劣势,为避免原来出口市场的丧失,区域外企业纷纷选择直接投资方式进入区域内部,在当地建立企业,享受国民待遇,维持原有市场;另一方面,由于区域经济一体化消除了成员国之间的贸易障碍,使这些国家之间的产品实现了自由流通,市场空间的不断扩大直接促使各成员国自身加大投资力度,以期抓住机遇,抢占市场份额,谋取更大的市场利益。

投资转移效应是指先前进入的企业为利用市场统一后所提供的实现规模经济和专业化的机会,重新布局本地的生产经济活动,从而造成区域内的资本集聚。

一方面,区域经济一体化造成各成员国间的区位优势出现变化,使投资存量和增量向区位优势更大的成员国转移;另一方面,因为市场空间的扩大,其他成员国或集团外的国家纷纷增加对该国或该集团的投资。

2. Yannopoulos 和 Dunning 动态分析框架

Yannopoulos 和 Dunning 分析了区域经济一体化的动态效应对直接投资所带来的影响,他们按照关税同盟的静态和动态效应差异,将区域经济一体化的投资分为以下四种。

(1) 防御性出口替代投资

这类投资是区域外企业为了保持在一体化内部的市场份额,对一体化可能带来的贸易转移效应而进行的投资。在这种情况下,贸易效应为负,投资效益为正。

(2) 重组型投资

对于在区域经济一体化之前就已经在该地区有投资的非成员国企业来说,重新整合现有的投资结构会实现更大的经济效益,引发投资产生集聚现象,从而取得更好的效果。重组型投资的净投资效应和贸易效应通常是中性的。

(3) 进攻性出口替代投资

该投资很好地体现了一体化的动态效应。一体化所带来的潜在经济增长效果会使该区域的需求增加,从使跨国公司进一步增加投资额。进攻性出口替代投资不会对贸易产生替代作用,其投资和贸易效果皆为正。

(4) 理性投资

该类投资是跨国公司为了降低生产成本、获得规模经济而采取的投资行为。理性投资往往建立在生产成本和要素禀赋的国际差异基础之上,所以与贸易相互促进。

(三) 产业集聚效应

通常,区域经济一体化会对不同经济的产业布局、厂商位置的确定、劳动力流动以及新制造业中心产生不同程度的影响,引发产业集聚。产业集聚来源于产业的向心力与离心力的相互作用。

关于产业的向心力和离心力,马歇尔是这样概括的。所谓向心力,是知识溢出效应、各种劳动力市场的蓄水池效应以及需求的扩大效应。所谓离心力,主要是指与集聚有关的负外部性,包括拥挤的交通、污染的环境及高额的房租等。

克鲁格曼根据新经济地理学提出的核心——边缘模型,进一步对影响产业集聚的向心力和离心力进行研究。该学者认为,向心力包括本地市场效应和价格效应,而离心力源自市场竞争,主要是指由于企业过于聚集,因此导致竞争更加激烈,从而使企业的获利能力受到制约。

第四节 中国区域经济一体化发展战略构想

如今,自贸区已经成为我国对外开放的新起点,是我国与其他国家进行合作共赢的平台。从我国区域经济一体化的发展历程和取得的结果来看,仍发现存在很多有待完善之处,其中表现在中国区域经济合作实践处于缺乏系统规划的、散乱的状态。自由贸易区已成为世界各国,尤其是经济大国开展战略合作与竞争的重要手段,从实践来看,建立自由贸易区的重要性已经不仅仅体现在发展经济上,在政治、外交、国家竞争等方面上有重大利益。反过来看,经济利益的融合又可以加强成员之间的政治、外交关系,利于各种利益共同体和同盟的形成。[①]

世界各国在全球范围内展开了区域经济一体化上的竞争,通过与目标经济体共建自由贸易区实现对市场、战略资源、出口投资和技术交流等资源的控制,显示出本国的经济价值,提高本国的影响力和国际竞争力。中国在竞争中需要抓住历史机遇,早日构建属于本国的区域经济一体化发展战略,为打造长期、可持续发展的自由贸易网络提供指导。

在本节,尝试对我国区域经济一体化战略进行构想,具体包括战略目标、战略原则、战略布局等七个方面的内容。

一、战略目标

在当今世界,经济全球化和区域经济一体化已成为大势所趋。经济全球化和区域经济一体化都倡导更开放的合作,而不是闭关锁国。对于我国

---

① 霍伟东,巫才林.自由贸易区战略的空间布局与问题因应[J].改革,2009(09).

第一章 区域经济一体化的理论与发展

来讲,在这两大趋势下,建设区域经济一体化组织就必须继续坚持对外开放。

基于中国当前存在的生产能力过剩、就业形势严峻、产业结构调整和升级压力等因素的实际问题,在区域经济一体化战略的构建和实施上首先要扩大市场范围,保证现有生产能力得到提高,进而尝试产业升级转型。从这方面来看,要求我国区域经济一体化战略的构建与实施要在保障现有市场占有的前提下大力开拓新兴市场,通过与东亚和东南亚邻国组建区域经济合作组织,进而开拓市场,吸引外来投资,引进邻国先进技术,确保经济发展满足战略资源的需求。

在中国区域经济一体化组织的战略布局考虑上,首先在立足亚洲的基础上优先与周边国家和地区构建区域经济一体化组织,在确保生产体系高效运转的基础上,再向其他地区扩散。在选择区域经济一体化合作对象上,对于以欧盟、中东、非洲、拉丁美洲为代表的集中了重大利益关切的地区,可以树立选择重点、逐个击破的战略来挖掘区域经济一体化的可能性,然后逐步整合各个分散的双边、诸边区域经济合作组织,涵盖更加广阔的区域经济一体化区域。

从上述战略目标来看,中国区域经济一体化组织网络的布局以"大中华自贸区、东亚自贸区"为核心层,覆盖全球所有区域,重点向中东、非洲、拉美、欧盟、大洋洲和中亚辐射的自贸区网络。从长远规划来看,我国区域经济一体化的战略目标的要求包括以下几方面。

(1)致力于推动亚洲生产网络。很大程度上,我国制造业的生产能力得益于整个亚洲高度发达的垂直生产网络。以零部件、资本品和初级产品进口为主的生产型进口结构以及与东亚邻国的产业互补性使得我国成长为"亚洲工厂",成为重要的生产平台与出口平台。我国的人口规模和就业压力也使中国将继续作为"亚洲工厂",大量对外出口商品和服务的情况还会持续下去。因此,在区域经济一体化战略构件上,要保持我国"亚洲工厂"的地位,考虑到东亚地区复杂的政治局势以及自身的脆弱性,我国有必要大力促成与韩国、东盟等经济体的区域经济一体化组织建设,使区域生产网更加规范化。

(2)切实维持并扩大现有市场,以有效应对部分产业生产能力过剩的问题。和欧洲与北美不同,亚洲的工厂类型是生产导向型,生产能力与消费能力不匹配。亚洲工厂内的大量制成品需出口欧美等发达地区,这就导致发达经济体市场对亚洲具有很大的依赖性。2008年全球爆发经济危机后,西方整体陷入低迷,全球贸易保护主义抬头,我国出口贸易遇到巨大挑战。因此,为保证最终消费市场,一方面,积极维护现有市场,与西方发达市场进行有效沟通;另一方面,通过区域经济合作,重点开拓印度、南非、墨西哥、巴西等新兴经济体,挖掘新兴市场,为中国出口进一步扩大服务。

(3)重点关注能源保障。我国人口众多,自然资源难以支撑国家发展与建设,能源缺口越来越大。我国在各方面建设对国外资源有着巨大的需求,国家经济安全已与海外资源供给有着密不可分的联系。因此,在区域经济一体化的构建上,除了提高贸易量、增加投资额之外,还要重点寻求国外资源。如重点开展与中东、非洲地区国家的合作,以获得石油、天然气的供应;与巴西进行自由贸易合作,保障矿产资源供应等。

(4)在保持现有生产能力、扩大产品和劳务出口的基础上,将产业结构的调整与转型提上日程。我国在区域经济一体化的构建上要重点考虑如何吸引更多的外来投资,获取国外先进技术,从而更好地服务于中国产业发展需求。

(5)从地缘性因素上来考虑,我国区域经济一体化发展要立足亚洲,走向世界。中国地处东亚,其经济、政治、安全等方面的核心利益点主要在亚洲地区。从历史来看,东亚和东南亚国家间长期存在政治分歧与隔阂。如果这一问题不得到解决,那么亚洲的一体化进程上就不会有重大进展。对于我国来说,通过区域经济一体化建设,实现互利共赢,能进一步化解和日本、菲律宾等国存在的争端。

(6)区域经济一体化战略要切实关注到我国的政治外交关系。在区域经济一体化的发展上不仅要关注到经济收益,更重要的是其建设能够在多大程度上满足我国在政治、外交、安全等领域上的诉求。通过与东亚、东南亚经济体之间的沟通交流与合作,深化共同利益,从而消除与周边国家的分歧,降低出现冲突与矛盾的可能性,推动历史遗留问题得到解决;通过与非洲国家开创经济合作组织,推动非洲贫困国家的经济发展,从而能提高我国的国际影响力,使我国在国际社会上得到更多国家的支持;通过区域经济一体化战略构建契机,有效解决长期困扰我国的"非市场经济地位"问题等。

(7)在区域经济一体化的发展上要考虑到可行性。当前,我国区域经济一体化建设受到诸多因素的干扰,包括复杂的国内外形势、国家间的意识形态差异、其他竞争对手的挑战、我国"非市场经济地位"之困等。受到这些因素的制约,在区域经济一体化的构建时,要遵循"先易后难,重点突破"的原则,在重点区域可尝试重点突击、分步开展、多层整合的策略。

二、战略原则

(1)国家利益原则。中国区域经济一体化建设要符合国家经济发展的总体目标,要能进一步推动国家经济的发展。具体来看,区域经济一体化战略要与我国的贸易平衡战略、走出去战略、产业升级战略等相吻合,以推动我国产业结构转型,提高经济增长率。

(2)平等互利、共同繁荣原则。在国际事务上,我国一贯奉行和平共处五项基本原则,主张通过谈判磋商来解决问题与矛盾,因此在与其他国家和地区进行区域经济一体化组织时,无论对方国家的领土大小和经济水平高低,都坚持平等互利的原则。另外,随着区域经济一体化构想的深入实施,在合作伙伴的选择上已经打破传统,在合作深度上也有了实质性突破。中国在区域经济一体化的战略谈判中要谋求平等地位,避免被对方所牵制。

(3)立足亚洲,面向世界的原则。我国区域经济一体化战略构想中,首先要保障自身在亚洲的核心利益,通过优先与周边国家和地区建立区域经济一体化组织实践中建立"与邻为善,以邻为伴"的长期战略,通过积极推进东亚区域经济一体化建设,营造稳定的政治环境,实现"睦邻、安邻、富邻"的目标。

(4)"先易后难、重点突破、逐步推进"的原则。区域经济一体化战略的构建是一项长期而艰苦的工作,不是一蹴而就的。在战略构建的过程中,对于谈判过程艰苦、很难达成协议的谈判对象,如日本、澳大利亚等,可以在容易达成一致的领域先达成初步共识,不断取得微小的突破后再攻克难关。对于一些战略地位重要、各种政治势力激烈争夺的地区,中国想要直接与其构建区域经济一体化是非常困难的,因此可采取选择特定对象进行重点突破的策略,逐步与这些国家建立起经济联系。

(5)合作模式多样性原则。从中国的发展来看,我国在经济、政治、文化、社会等方面与区域经济一体化的潜在战略伙伴存在巨大的差异,因此在构建过程中,我国必须根据合作伙伴的多样性特征,在合作形式和开放程度上都符合本国人民的利益,积极探讨建立不同形式的区域经济合作组织,推动区域经济一体化进程。

(6)在维护多边自由贸易的基础上积极开展双边、区域经济合作。我国区域经济一体化的构建与实施是在世界贸易组织多边合作框架内的延伸,其开放程度在WTO的承诺之上。因此,中国在区域经济一体化发展上要顾及WTO对全球自由贸易的要求,使区域经济一体化成为全球经济一体化的重要推手。

(7)坚持兼顾经济、政治、安全等非传统收益的标准。当前国际社会环境复杂,与合作伙伴共建区域经济一体化时,要改变单纯追求经济收益的观念,综合考察合作伙伴在区域经济一体化的进程上对我国战略能源、地区安全、提升国际影响、加强竞争力、提高国际话语权等方面的影响与作用。

三、战略布局

"自由贸易区的空间布局"是指在实施自由贸易区战略过程中,为了实现国家核心价值和核心利益而自觉选择不同的国际区域合作组织或国家、地区建立自由贸易区的一种区域合作安排。①

从长期实践中来看,我国与世界上30多个国家和地区建立了自由贸易区。我国已签署并实施的自由贸易协定的合作对象分别是马尔代夫、澳大利亚、瑞士、哥斯达黎加、新加坡、智利、格鲁吉亚、韩国、冰岛、秘鲁、新西兰、巴基斯坦等正在商建的自由贸易区有海合会、中日韩、斯里兰卡、挪威、毛里求斯和摩尔多瓦;正在研究的自贸区合作对象包括格林比亚、斐济、尼泊尔、加拿大、巴布亚新几内亚、孟加拉国、蒙古、巴拿马和巴勒斯坦。

从中国区域经济一体化进程和所取得的成果看出,我国现有自由贸易区呈现出布局零散的特点,有一定的无意识性。对于我国来讲,在复杂多变的国际政治经济形势下,为有效应对其他国家的竞争与挑战,全面推进市场多元化战略,有效应对国家政治经济局势的新变化,区域经济一体化战略的实施与推进是刻不容缓的。

结合我国所具有的各种资源优势,我国区域经济一体化战略布局方案如下。

(1)构建以中国为核心的亚洲经济一体化组织,打造中国区域经济一体化战略构成的核心层与中间层。

第一,建立包含香港、澳门和台湾在内的区域共建自由贸易区。当前,我国已分别建立了中国内地与香港、澳门更紧密经贸关系安排(CEPA),并与中国台湾签署了海峡两岸经济合作框架协议(ECFA),在区域经济一体化战略的构建上要以此为基础,进一步整合与港澳台之间的经济关系,致力全面构建"大中华自由贸易区"。

第二,以中国—东盟自贸区为依托,加强与日本、韩国的区域经济一体化合作,在已经构建中韩自贸区的基础上,打造中日韩自贸区的建设,从而使"亚洲工厂"这一自发的区域生产网络向自觉的、制度化的区域经济一体化组织过渡。基于我国的"亚洲工厂"地位和在亚洲地区举足轻重的作用,可以说能否完成中日韩自贸区的布局是我国区域经济一体化在亚洲发展的关键,这也是中国的核心诉求之一。在稳步推进亚洲经济一体化发展的基础上,中国要巩固与现有伙伴的合作关系,继续深化中国—东盟自贸区建

---

① 霍伟东,巫才林.自由贸易区战略的空间布局与问题因应[J].改革,2009(09).

设,与马来西亚、越南、缅甸等经济体进行双边接触,大力建设中国-东盟自贸协定("10+1")升级,为区域融合服务;在中日韩自贸区进展缓慢的情况下,突出中韩自贸区的合作,从局部来引导整体,从而实现最终目标。

第三,充分总结中国-东盟自贸区建设的成功经验,加快上海合作组织自贸区的研究,赋予其经济合作职能,使这一地区安全合作组织重现生机。中亚各国普遍有着巨大的发展潜力,近年来与我国在经贸往来上不断加深,合作潜力得到进一步释放。在上合组织成员中,俄罗斯、哈萨克斯坦、吉尔吉斯斯坦均为我国重要贸易伙伴,与这些国家发展区域经济一体化建设完全符合中国的利益,同时也能进一步加深我国与中亚经济体的相互往来;另一方面,还能为能源供应打下良好的基础。

(2)有选择、分步骤地与中东、欧洲、拉美、非洲等重点地区国家构建区域经济一体化组织,打造中国区域经济一体化战略构成的紧密外围。

第一,为保障能源供应,构造多元的能源渠道,我国要大力开展与中东地区国家的经贸合作。中国与海合会的区域经济一体化发展还处于艰苦谈判过程之中,中国要把握住机遇,大力推进与海合会的谈判进程。还可以广泛开展与本地区资源大国的经贸往来,巩固中国-中东自由贸易区的合作成功,争取与全球石油储备最为丰富的地区构建制度化的区域经济合作组织。

第二,积极有序地与西方发达国家开展自由贸易协定谈判。从经贸依赖度、贸易密集度和双方的贸易潜力来看,以美国、欧盟为代表的西方发达经济体应该作为我国区域经济一体化的合作伙伴。但我国与西方国家在多个领域上有很大的分歧,造成中国与欧美发达国家处于"对抗性合作"的关系,短期内与他们进行区域经济一体化合作是不现实的。但从实际情况来看,我国对这些经济体有着很高的依赖性,它们是我国主要的消费品出口市场,再加上这些国家拥有我国迫切需要的高新技术等资源,能够使我国在经济发展中遇到的"技术缺口"得以解决,因此虽然谈判起来有着巨大的困难,但是中国仍积极尝试,努力创造条件,与西方发达国家进行谈判。当前,中国已经与冰岛、瑞士签署了双边自由贸易协定,与挪威、摩尔多瓦处在谈判进程之中,可继续尝试与更多的西方发达经济体进行洽谈,逐步扩大合作交流的"朋友圈"。中国区域经济一体化的布局渗透到世界各大洲,与欧美等重要贸易伙伴的谈判是必然选择,问题关键在于选择哪个国家作为合作伙伴,选择什么样的方式打破僵局。

第三,从拉丁美洲地区与中国之间的贸易依存度来看,近年来,中国对巴西、阿根廷、墨西哥、智利、巴拿马等国家的贸易依存度明显增加;而这些国家对中国的贸易依存度也很高,高于中国对其依存度。从双方贸易密集度指数来看,中国与拉丁美洲国家的贸易密集度指数较高,达到"密切"等级,这些情况说明中国具备与拉美国家构建区域经济合作的经济基础。另外,和西方国家相比,拉美国家与中国的价值观更为贴近,更容易达成合作意向,我国同拉美加强合作,一方面能获取资源、扩大消费市场,另一方面可增加与西方国家谈判的筹码。虽然有着很好的基础条件,但受到各种因素的制约,中国与拉美的制度化合作仍处在探索阶段,特别是与巴西这样的拉美大国的合作,很难取得实质性进展。在这种情况下,还是采取逐步推进、重点击破的策略,先与容易达成共识的合作伙伴建立起合作关系,逐步扩大合作范围,最终实现区域经济一体化战略。在拉美地区,我国已经与智利、秘鲁、哥斯达黎加建立了双边自由贸易区,在与巴拿马建交后也与其展开了自贸区的谈判,今后可以逐步尝试对巴西、墨西哥等国家进行接触。切实推进中国与拉美国家间的区域经济一体化组织建设是中国区域经济一体化战略实施的重要一环,通过与拉美国家的合作,不仅能促进我国的商品出口,还能获取拉美地区丰富的石油、矿产资源。

第四,中国与非洲国家不断加深经贸往来。中国正逐步推进与非洲国家的经济合作进程,共同组建区域经济一体化组织,帮助非洲国家加快经济建设,改善国民生活条件,缓解非洲地区长期存在的贫困问题,提高非洲人民的生活质量,这样,不仅能让我国获得资源保障,并且还能使中国在国际政治舞台获得更多的支持。

四、战略伙伴

从道理上讲,中国应与相互依存度高、贸易密集度指数高、双边贸易潜力大的经济体进行深入的经贸合作,这样的经济体更易于和中国开展区域经济建设。结合我国区域经济一体化的战略目标及战略原则,从长远利益入手,明确区域经济一体化发展的战略伙伴。

第一,优先选择周边国家和地区作为谈判伙伴,共同推动亚洲经济一体化进程。当前,作为世界第二大经济体的中国,在亚洲地区经济增长的贡献率是最高的。中国有着巨大的市场容量,近年来的快速发展为亚洲经济注入了全新活力。我国与亚洲国家的双边贸易额、贸易密集度都有大幅提升,表明与亚洲邻国逐步形成互利共赢的局面,我国与亚洲国家有着广阔的发展空间。因此,在中国—东盟自贸区、中韩自贸区的成功基础上,我国要深化与东亚、东南亚国家的合作,加快与日本、印度的谈判步伐;进一步与东盟巩固合作成果,并借此逐步消除地区间的安全困境,减少国家间的摩擦与矛盾。另外,积极与蒙古、哈萨克斯坦、吉尔吉斯斯坦等中亚国家开展建立自由贸易区的相关活动,以获得俄罗斯的兴趣和支持,加快中国－上合组织自贸区的建设速度。

第二,优先谈判战略资源丰富的国家和地区。当前,随着我国经济的发展,资源约束越来越强,尤其是在石油上对外依存度明显上升。为保障资源供应,谋求更宽广的资源获取渠道,我国需要与世界主要石油输出国家签署自贸合作协定。可选择中东、拉美和非洲石油输出国作为区域合作一体化的优先对象,如加快与科威特、阿联酋、沙特、阿曼等中东国家,南非、阿尔及利亚、埃及等非洲国家,巴西、哥伦比亚、巴拿马等拉美国家展开区域经济一体化的谈判。中国已经和海合会进行长期谈判与磋商,但近来未取得实质性成果,可尝试从单个国家入手,早日打破僵局,使中国切实与全球油气储备丰富的地区建立起区域经济合作一体化组织。而非洲和拉美的诸多国家有一个共同特征,就是对我国市场的单边依赖程度较高,同时战略资源丰富,与他们建立制度化的区域经济一体化组织,对我国的经济发展来说具有积极意义。

第三,欧盟和北美地区不仅集中了许多先进的科学技术,而且也是我国最为重要的制成品出口市场,所以重要性十分突出。这些国家和地区可以说是我国最佳的合作伙伴,但客观事实摆在面前的困境又导致双方无法在短期内达成合作共识。从我国自贸区在美洲的拓展情况来看,只有秘鲁、哥斯达黎加、智利这几个拉美国家和我国签署了自贸区协议,正在谈判的有哥伦比亚、加拿大和巴拿马,而欧盟国家与我国的经济一体化合作仍是一片空白。

五、战略模式

我国区域经济一体化的发展涉及全球各大洲的大部分国家,中国政府一贯欢迎世界各国与中国进行交流与合作。世界各国在发展水平、经济结构、政治制度、意识形态等方面有着巨大差异,这就决定了中国与其他国家开展区域经济一体化建设的模式是多种多样的。经济一体化的发展形式取决于中国与贸易对象间的经贸关系、政治互信度以及合作意愿等,双方既可以展开制度性的区域经济合作,也可开展论坛性的合作。

第一,论坛性区域经济合作模式。论坛性区域经济一向倡导平等交流、互惠互利、自主自愿的基本原则,各成员国所做出的承诺和采取的举措都是自愿的,没有强制约束性。该合作模式的特征是承认多样性,强调灵活性、渐进性和开放性;既有单边行动,又有集体行动;采取非机构化的运作模式。

论坛性区域经济组织会安排各成员领导人会议,不同部门的部长级会议、工作组会议、学术研究机构会议、商界会议等。该模式为社会制度、文化传统、意识形态、经济发展水平等方面各不相同的成员国奠定了合作的基础。在我国区域经济一体化的发展中,我国与美国、俄罗斯、欧盟等大型经济体的关系就属于这种类型。一方面,这些国家和组织与中国有着紧密的经贸关系,双方已完全具备构建经济一体化组织的经济基础,且符合双方的根本利益;另一方面,我国这些国家又面临着种种分歧,且短期内难以消除。在这种情况下,我国可尝试与这些经济体在不同的论坛性区域经济组织中进行接触交流,充分交换意见,待时机成熟后商讨构建机制化经济组织的诉求。

第二,制度性区域经济合作模式。该模式通常强调制度安排的严谨性,要求组织具有健全的合作机构,明确各组织成员的责任与权利,并强调集体行动。该模式的特点是要求自由贸易协定具有强制性,受到相关法律制度的保护;成员间市场开放承诺的自由度通常高于WTO谈判中的承诺;内容更加自由具体,拟定出明确的自由化时间表和路线图,进行强制实施。

鉴于我国区域经济一体化的情况比较复杂,战略伙伴较为分散,可行性因素有不同程度的制约,当前我国在组建制度性区域经济合作组织上以自贸区和经济合作协定模式为主,并逐步向关税同盟及共同市场过渡。以"双边→诸边→区域"为主要推进步骤,逐渐扩大范围,加深合作。考虑到与一些国家或地区签署开放水平更高的区域贸易难度较大,也不排除构建层次较低的特惠贸易安排模式。

另外,针对中国香港、中国澳门的特殊情况,中国区域经济一体化进程中创造性地构建了"内地与港澳更紧密经贸关系安排",从而合理解决了相同国家范围内不同制度的自贸区建设问题。在现实中,可以继续借鉴这一形式并探讨更加灵活的可行方式,以解决中国大陆与台湾间的经济合作问题。

总之,在我国区域经济一体化的发展中,无论采取什么样的运作模式,都要结合具体情况来分析,通过对各缔约成员间利益的协调,最终达成共识,完成区域经济合作目标。

六、战略路径

第一,首先与周边国家和地区组建区域经济一体化组织,早日建成中日韩自贸区。从我国的实际情况看,已经与韩国达成了经贸合作协议,因此与日本的自由贸易建设是实现目标的最后障碍。在东亚经济一体化发展速度缓慢的背景下,2012年提出了区域全面经济伙伴关系协定,基于5个"10+

1"自贸协定(中国一东盟、日本一东盟、韩国一东盟、印度一东盟、澳新一东盟)框架初步形成,东亚区域贸易提上日程,我国可充分利用该框架协议,积极推进东亚经济一体化进程。

第二,重点推进与中东、拉美、非洲地区中的能源大国的区域经济一体化进程。与这些国家的合作,主要采取重点突破的战略方针,如重点把握与海合会、巴西、巴拿马、安哥拉、委内瑞拉、南非、哥伦比亚、尼日利亚、阿尔及利亚等国家的自贸区建设,在局部获得成功的基础上再向腹地延伸。能源丰富的经济体对于我国未来发展有着重要意义,因此,中国区域经济一体化战略要充分重视这些国家,并加快谈判步伐,早日取得实质性进展,防止被其他国家抢在前头。

第三,加大与上海合作组织成员、澳大利亚、印度等的谈判进度,争取早日取得实质性进展。

第四,树立"先易后难,重点突破,逐步推进"的策略,与欧洲、北美的发达经济体中与我国分歧较小、易达成谈判目标的国家进行自贸区的谈判,像挪威、加拿大等国就属于这类国家,目前仍处在谈判过程之中。通过不断努力,最终达成与欧盟和北美自由贸易区这两个超级经济集团构建区域经济一体化组织的目标。

七、战略保障

区域经济一体化战略是国家对外经济政策的重要组成部分,需要有专门的机构结合本国的实际发展情况,对战略目标、伙伴选择、实施步骤等方面进行规划与整合。当前的自由贸易区谈判会涉及数十个部门,牵扯到各个产业和群体的利益,这些部门和利益群体对谈判对象的关注点、敏感点、诉求点以及可承受的开放程度等方面千差万别,这就需要有一个中央一级的领导机构来统一协调这些利益攸关方的利益冲突,使自由贸易区谈判采取正确策略,获得成功。如果不设立这个领导机构,那么各谈判部门就不会形成凝聚力,一方面使谈判耗时耗力,效率低下;另一方面没有领导机构,就很难顾及所有部门的利益,从而对一些产业的利益造成损害。

为保障区域经济一体化合作顺利实施并具有一定的质量和效率,我国需要在组织建设上采取相应措施。从现有条件入手,我国可先将WTO工作的组织职能延伸,将区域经济一体化工作纳入其范围内,使其为区域经济一体化的发展制定总体战略规划,定期进行评估,提出指导性意见,并及时协调各部门的诉求与主张,深入总结后以统一的口径与合作伙伴进行谈判。长远来看,鉴于区域经济一体化组织建设的重要性及长期性,设立专门的工作小组并进行领导,这是非常有必要的。这个工作小组可以由国家主管对外经济合作的领导人直接任组长,组建由法律、经济、谈判方面组成的专家队伍,由各类型企业、协会代表组成的企业家队伍,由涉及领域内的高校、研究院所研究人员组成的学者队伍。专家队伍、企业家队伍和学者队伍的职责是遴选潜在合作伙伴,做出可行性分析报告,形成可行的谈判模式和谈判方案。

　　另外,为确保区域经济一体化战略能有效推进并取得实际效果,要全面落实政府信息公开制度,使相关企业能及时获得有关区域经济一体化战略的进展情况及政策信息,使其根据自由贸易协定的规则组织制定企业对策,从而最大程度地利用好政策,规避相关风险。此外,还要大力宣传与普及区域经济一体化相关知识,以谋求得到社会的理解和支持。

第二章 京津冀一体化发展背景与发展格局分析

京津冀一体化发展是目前我国区域全方面、多领域协同发展的典范之一。深刻剖析京津冀一体化发展背景与发展格局,有助于京津冀三地的共同与可持续发展,同时可为其他区域的一体化发展起到标杆带动作用。

第一节 京津冀一体化发展的背景

京津冀协同发展的构想开始于20世纪80年代。具体到这一构想的文字资料是1984年编制完成的《京津唐地区国土规划纲要研究》。该研究主要针对的对象为京津唐三个地区的劳动力、城市规模、城市分工与布局、工业布局、交通布局、土地资源与农业发展、能源供应、水资源开发、环境保护、国土资源综合开发、区域经济发展方向等十个重要内容。该研究对三个地区内的主要问题进行了分析与研究,包括人口更多更快向大型城市涌入、城市工业发展带来的问题,城郊与乡村发展动力匮乏、城市生态环境遭到破坏。在分析了诸多问题后还对此进行了应对方案研究。其中对于在唐山地区设立钢铁产业基地予以通过并着重实施,该项计划已于2005年得以实现,其标志就是首钢的迁址成功。此外,在1986年,时任天津市市长李瑞环倡议召开环渤海地区经济联合市长联席会,这一倡议后来也被认为是京津冀地区间交流合作的开端。

1986年5月,为了更进一步响应改革开放的伟大构想,环渤海经济区概念被提出,并逐步建立与完善。此时的环渤海经济区的概念中就包括了京、津、冀三个地区。此后,党的十四大报告明确提出要加快环渤海地区的经济发展。"八五"计划期间,国家计委对"大环渤海地区经济圈"的构想组织了专门的规划研究。在这一经济圈建设中,京津唐的工业基地得到了重视,它不仅成为京津唐地区的经济产业支柱,更是成为我国北方最大的综合性工业基地。唐山联合北京共同投资建成了京唐港,这对于经济圈活跃度的提升产生了重大意义。21世纪以后,环渤海地区的经济合作在实际上更多是以京津冀三地的大都市圈的经济合作为主,此时就显现出了更多的区域合作走向实质阶段的态势。

2004年2月,国家发展与改革委员会组织召开了京津冀地区经济发展战略研讨会。会上达成了具有里程碑意义的"廊坊共识"。该共识认为京津冀地区经济发展应以坚持市场主导、政府推动为发展方法,本着平等互利、优势互补、统筹协调、多元发展的原则,努力开拓良性互动、竞争合作的区域发展新格局。随后,国家发改委启动了"京津冀都市圈"区域规划编制,首先将重点放在了区域功能体系建设方面,力争先促成区域交通等基础设施的一体化,其次对区域内的资源协作开发与保护及其他重大生态建设和环保等方面提出了要求。不过,鉴于实施之后受限于很多现实的因素,使得规划并没有完全使"两市一省"获得相对的平衡发展局面,如果在此情况下坚持推行,可能会出现发展阻力,因此该规划并没有按原计划实施。

2006年,在国家"十一五"规划中明确包含了京津冀区域发展问题的子规划。2012年,京津冀规划重新启动,即首都经济圈区域规划。这一规划可以看作为老版的"京津冀都市圈"区域规划的升级和拓展。国家"十二五"规划纲要明确提出要建设首都经济圈,将其纳入重点发展项目,这是优化京津冀等沿海三大重点城镇群的重要举措。"十二五"期间,《河北省沿海发展战略》《燕山—太行山片区区域发展与扶贫攻坚规划(2011—2020年)》相继纳入了国家"十二五"规划,加上"十一五"时期的天津市滨海新区的开放、北京中关村自主创新示范区建设和曹妃甸循环经济示范区三大国家战略,这些规划逐步走向正轨,发挥出带动区域经济增长的巨大作用。为此,就迫切需要一个更为宏大的区域体系来将这些不同区域的项目进行整合,实现一种联合管理,以实现合理利用能源,高效、科学发展区域经济的目的。为实现这一构想,国家发改委认真听取了北京市、天津市和河北省提出的各自建设意见和重要关切,并在此后对这些问题予以分析和探寻解决方案,进而在此基础上进行汇总和融合。首都经济圈规划的重点是以围绕首都核心职能与非核心职能的布局思路进行统筹考虑,在此基础上力图找寻到产业、交通、能源、生态廊道、公共服务等方面的区域对接要点。

2013年5月,中共中央总书记习近平在天津调研时提出,要谱写新时期社会主义现代化的京津"双城记"。

2013年8月,习近平在北戴河主持研究河北发展问题时,再一次提出了要推动京津冀协同发展。

2014年2月,习近平主持召开京津冀三地协同发展座谈会,要求北京、天津、河北三地打破"一亩三分地"的思维定式,强调京津冀三地要协同发展,这是面向未来打造新的首都经济圈、推进区域发展体制机制创新的需要,该区域的发展已经成为未来国家重大发展战略,并要求抓紧编制首都经济圈一体化发展的相关规划,争取早日落实规划中的内容。

2014年3月,国家政府工作报告正式将"加强环渤海及京津冀地区经济协作"的内容写入。

2015年4月30日中共中央政治局召开会议,审议通过了《京津冀协同发展规划纲要》。该《纲要》指出,京津冀的协同发展是未来国家的重大发展战略,其核心在于有序疏解北京非首都功能,要在京津冀交通一体化、生态环境保护、产业升级转移等重点领域率先取得突破。该《纲要》的审议通过标志着历经一年多筹备的京津冀协同发展的顶层设计基本完成。

《纲要》中对京津冀地区联动发展的规划在于将京津冀地区的政策互动、资源共享、市场开放被纳入体系化、全局性的设计中。这有利于在统一规划产业布局,建立一体化市场过程中,将首都"健体"做减法和区域联动算加法结合。京津冀地区地域广阔,大部分位于华北平原之上,然而在这广阔平原之上,不同地区的经济发展一直不甚平衡,如首都北京作为特大城市,几乎患有所有特大城市所患有的"大城市病",而津冀两地则面临着产业转型升级的瓶颈,使得它们的经济发展难觅新的途径,旧有的发展也逐渐不能满足新的经济增长点所需。而协同发展、协调迈进,则是化解这三个地区各自问题的不二良方。至于最终如何进行协调和平衡,还需要三地积极协作,多多深入交流,并重视改革驱动的作用,由此定能探寻到最佳方略。

第二节 京津冀区域一体化发展格局

一、京津冀地区经济发展状况

(一)经济规模

京津冀所处地区具有极为重要的地缘战略优势。该地区产业基础雄厚、资源丰富、交通便捷,多重优势条件使得该地区很自然地已经成为我国北方地区最大的都市经济区。2014年,全区域实现GDP 6.65万亿元,占全国经济活动总量的10.45%。凭借这一出色的经济数据使其与长江三角洲、珠江三角洲并称为我国区域经济"三大增长极"。

2010—2014年,是京津冀地区经济建设趋势良好的几年(表2-1)。这几年来,京津冀地区经济平稳提升,在全国经济发展当中也有较为稳定的占比,2010 年以来占全国比重始终保持在 11% 左右。就增速来看,地区经济增长总体上保持了高于等于 7% 的水平。进入"十二五"以来,京津冀区域一体化进程再度加快,在基础设施建设一体化、区域产业升级、区域资源与市场整合等方面均取得了长足发展。更令人可喜的是,三地不仅在经济总量和增速上有所增长,在经济运行质量方面也同时获得了提升,由此可证明这种经济的发展不是依靠高消耗换来的。

表 2-1 2010—2014 年京津冀地区主要国民经济指标

年份	GDP/万亿元	GDP 占全国比重/%	京津冀 GDP 增速/%	全国 GDP 增速/%
2010	4.37	10.70	18.5	10.3
2011	5.21	10.76	19.1	8.9
2012	5.73	10.74	10.1	8.5
2013	6.27	10.66	9.3	7.1
2014	6.65	10.45	6.1	7.8

资料来源:《北京统计年鉴 2015》《天津统计年鉴 2015》《河北经济年鉴 2015》

要看一个地区的经济发展水平如何,GDP 是非常重要的一项数据,它能够最为直观的反映地区生产力水平。2010 年以来京津冀地区人均 GDP 与全国相比呈现逐年上升的态势,一直高于全国平均水平,这就能够充分体现出京津冀地区人均生产力的显著优势(图 2-1)。但是,这种优势已经越来越小,从高出全国的比重由 2010 年的 42% 下降到 2014 年的 30%。

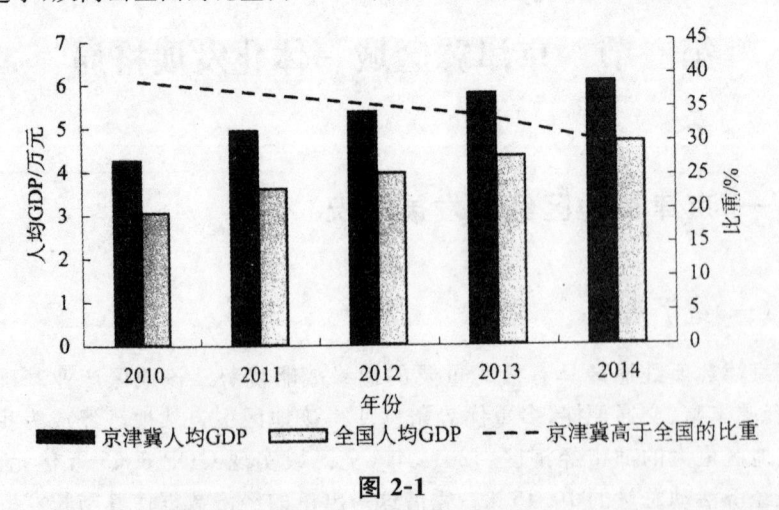

图 2-1

北京、天津与河北三地之间存在自然的禀赋差异,此外三地在产业基础层面上也不完全相同,这使得京津冀地区内部经济的发展出现差异就是非常自然的情况,而这种差异也能够直接体现在三地的经济总量差异上。纵

第二章　京津冀一体化发展背景与发展格局分析

观京津冀三地,北京和天津两个直辖市的经济总量占地区经济总量的55%以上(表2-2),这种比例也体现在三地的人均GDP数据上。2011年以后,天津的人均GDP数据超过了北京,而河北在这一数据上的表现远不及两个城市,不仅如此,河北的这一数据还低于全国水平,2014年人均GDP仅为39 984元,不足北京、天津的40%。

表2-2　京津冀三省市GDP份额

(单位:%)

年份	GDP占区域份额		
	北京	天津	河北
2010	32.27	21.09	46.64
2011	31.21	21.71	47.08
2012	31.18	22.48	46.34
2013	31.59	23.04	45.37
2014	32.09	23.66	44.26

资料来源:《北京统计年鉴2015》《天津统计年鉴2015》《河北经济年鉴2015》

再来看经济增长速度指标。从2010年开始,北京、天津、河北三地的GDP增长率均呈现下降趋势(图2-2)。三地之中,天津保持着最高的经济增长速度,2014年增长率分别高出北京和河北2.7个百分点和3.5个百分点,由此可见天津在京津冀区域经济当中的比重会进一步增加。对于北京来说,可以说是确立了经济发展的新常态,这种常态表现为以服务业为主的产业结构和以消费为主的需求结构。之所以能够如此,还在于北京笼络了全国众多高水平人才,他们在科技创新、文化创新等方面提供强大助力,已经先于天津和河北进入经济增速换挡期。

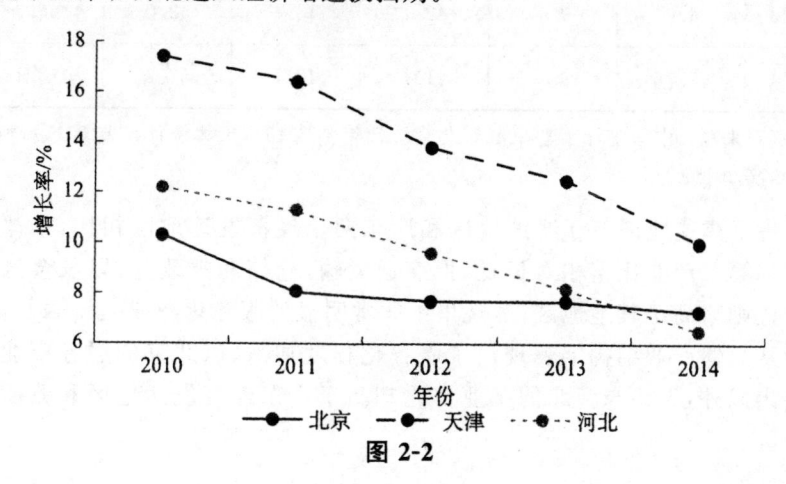

图2-2

(二)产业结构

从 2010 年以后的京津冀地区产业结构发展趋势中可以看出,第三产业的比重逐渐提升,传统的第一、第二等支柱产业略有下降。不过从总体上看,这种变化也并非幅度很大,三大产业结构仍旧保持相对稳定的状态,第一、第二产业依旧是支柱产业。第二产业比重始终不低于 40%,第三产业持续高于 50%,区域产业结构升级调整进入了新的阶段。由此可见,京津冀地区的产业结构已经开始由工业主导转向为服务主导,服务业优势和需求日益凸显和增加,传统的第一产业逐渐退出,但这一进程相对缓慢,不会发生产业结构剧变。将京津冀三地的三大产业结构与全国相比,京津冀地区的第一产业比重始终低于全国 3 个百分点左右;第二产业也依旧低于全国水平,但差距正在缩小;第三产业比重明显高于全国水平,显示出服务业、文化产业更加发达(表 2-3)。

表 2-3　2010—2014 年京津冀地区及全国三产结构比较

(单位:%)

年份	第一产业 京津冀地区	第一产业 全国	第二产业 京津冀地区	第二产业 全国	第三产业 京津冀地区	第三产业 全国
2010	6.5	9.6	43.2	46.2	50.4	44.2
2011	6.1	9.5	43.7	46.1	50.2	44.2
2012	6.1	9.5	42.9	45.0	50.9	45.5
2013	6.0	9.4	42.1	43.7	52.0	46.9
2014	5.7	9.2	41.1	42.7	53.2	48.1

资料来源:《中国统计年鉴 2015》《北京统计年鉴 2015》《天津统计年鉴 2015》《河北经济年鉴 2015》

将京津冀地区与苏浙沪地区和广东两个经济发达地区相比,京津冀地区的第二产业比重相对偏低,但交通运输、仓储和邮政业,以及金融业等产业则略高于其他地区,显现出了非常明显的服务化特征(表 2-4)。但尽管从总体产业结构上表现出了服务化程度加深,以北京的服务产业最为突出以外,天津与河北的工业占比却高于广东经济发达地区和苏浙沪等地区。

第二章 京津冀一体化发展背景与发展格局分析

表 2-4 2014 年京津冀及其他重点经济发展地区 GDP 构成

(单位:%)

行业	北京	天津	河北	上海	江苏	浙江	广东	苏浙沪	京津冀
工业	17.6	45.5	45.3	31.2	41.4	41.7	43.0	39.7	36.3
建筑业	4.2	4.4	5.8	3.5	6.0	6.1	3.5	5.6	5.0
交通运输、仓储和邮政业	4.4	4.6	8.1	4.4	4.0	3.8	4.0	4.0	6.1
批发和零售业	11.3	12.4	7.7	15.5	10.1	12.2	11.5	11.7	10.0
住宿和餐饮业	1.7	1.5	1.4	1.5	1.7	2.2	2.0	1.8	1.5
房地产业	6.2	3.5	3.8	6.5	5.5	5.4	6.6	5.6	4.5
金融业	15.7	9.0	4.6	14.4	7.3	6.9	6.6	8.5	9.2
农林牧渔业	0.8	1.3	12.2	0.5	4.5	4.5	4.8	4.5	5.9
其他	38.0	18.3	11.2	22.3	18.2	17.1	18.1	18.6	21.5

资料来源:《中国统计年鉴 2015》

京津冀三地产业发展侧重点各不相同,这点直接可以反映在三大产业对经济的贡献方面。从 2014 年三地各产业增加值在京津冀区域所占比重来看(表 2-5),第一产业贡献最大的是河北,增加值占区域第一产业的 90% 以上;第二产业贡献较大的为河北和天津;第三产业北京独占鳌头。河北地理位置大部分占据华北平原,有着众多农业优势,而广阔的土地也为大型工业产业提供了足够的用地,天津则表现出以第二产业为主导、第三产业迅速发展的趋势。

表 2-5 2014 年京津冀三地各产业增加值占区域比重

(单位:%)

地区	第一产业	第二产业	第三产业
北京	4.18	16.63	47.04
天津	5.29	28.42	21.95
河北	90.53	54.94	31.01

资料来源:《北京统计年鉴 2015》《天津统计年鉴 2015》《河北经济年鉴 2015》

在统计了 2010 年和 2014 年北京、天津、河北三地的主要行业区位商后可以发现三地的主导产业有较大区别,区域内部的错位发展和产业分工较为明显(表2-6)。

表2-6 京津冀三地主要行业的区位商(2010年、2014年)

序号	行业	北京 2010年	北京 2014年	天津 2010年	天津 2014年	河北 2010年	河北 2014年
1	农林牧渔业	0.17	0.27	0.12	0.11	0.44	0.45
2	采矿业	0.16	0.25	1.01	0.69	1.24	1.27
3	制造业	0.56	0.46	1.31	1.40	0.83	0.78
4	电力、燃气及水的生产和供应业	0.44	0.49	0.67	0.68	1.61	1.33
5	建筑业	0.63	0.38	0.51	0.66	0.72	0.85
6	交通运输、仓储和邮政业	1.63	1.69	1.26	1.03	1.00	0.94
7	信息传输、计算机服务和软件业	4.63	4.39	0.77	0.71	0.85	0.71
8	批发和零售业	2.09	1.97	1.47	1.20	1.06	0.89
9	住宿和餐饮业	2.70	2.53	1.47	1.27	0.54	0.60
10	金融业	1.17	1.84	0.94	0.97	1.30	1.36
11	房地产业	3.01	2.47	1.08	1.03	0.49	0.73
12	租赁和商务服务业	5.06	3.81	1.42	0.92	0.40	0.85
13	科学研究、技术服务和地质勘查业	3.16	3.54	1.40	1.62	0.76	0.99
14	水利、环境和公共设施管理业	0.81	0.89	1.03	0.94	1.16	1.18
15	居民服务和其他服务业	2.49	2.83	7.23	9.06	0.85	0.56
16	教育	0.52	0.64	0.66	0.62	1.37	1.45
17	卫生、社会保障和社会福利业	0.66	0.76	0.90	0.71	1.10	1.22
18	文化、体育和娱乐业	2.34	2.90	0.85	0.88	0.95	1.01
19	公共管理和社会组织	0.58	0.71	0.61	0.60	1.36	1.50

资料来源:《中国统计年鉴2011》《中国统计年鉴2015》

北京之所以表现出服务业占优的产业结构,并且这种快速发展的势头越发强劲,主要原因就在于它自身集聚这方面的优势,那就是众多城市人口的服务需求。其中租赁和商务服务业,信息传输、计算机服务和软件业是比较优势最为突出的行业。其他区位商高于1.5的优势产业还包括金融业,交通运输、仓储和邮政业,批发和零售业,住宿和餐饮业,房地产业,租赁和商务服务业,科学研究、技术服务和地质勘查业,居民服务和其他服务业。另外,文化类产业的发展也势头迅猛,如文化、体育和娱乐业等行业。

天津的居民服务和其他服务业是具有一定优势的,如科学研究、技术服务和地质勘查业也成为优势产业之一。制造业的区位商自2010年以来不断提高,标志着天津开始在制造领域展现出了更多新型优势。

河北省优势较为突出的产业包括采矿业,电力、燃气及水的生产和供应业,金融业,水利、环境和公共设施管理业,教育,卫生、社会保障和社会服务业,公共管理和社会组织。对于河北省来说,能源导向仍旧是主体产业,但随着产业结构的调整,生产性服务业和公共服务业的发展速度提升,而生活性服务业发展相对滞后,这在与北京和天津两个城市的比较中也明显能够看到人民生活水平上的差距。

二、京津冀地区社会发展状况

(一)教育事业

京津冀地区拥有优质的教育资源。我国目前倡导教育领域的教育公平与教育发展并重的原则,在这一原则的指导下,2010年以来京津冀地区的教育水平稳步提升。这种提升一方面体现在基础教育方面,另一方面体现在职业教育方面。在承办教育的主体方面,民办教育与公办教育同步发展,高等教育不断朝着创新、灵活、多样和特色化发展,教育结构合理化进程不断推进。

在高等教育方面,鉴于拥有一定的地缘战略优势,使得京津冀地区历来都汇集着全国较为优质的师资资源和教育资源。据统计,2014年京津冀地区共拥有普通高等学校262所,占全国普通高等学校数量的10.4%,在校学生数达227.5万人,占全国的8.9%。在本科之后的进一步深造方面,北京的研究生教育较为突出,全市设立有研究生教育机构136所,是河北的5倍以上,占全国比重达17.3%。区域研究生在校学生数为36.4万人,占全国的19.7%。

在基础教育方面,京津冀地区不断加强义务教育的普及以及对素质教育的探索,响应国家教育部门提出的精简教育机构,深化教学改革的倡议。

从学校数量与在校生数量来看,2010年以来京津冀地区普通高中、初中、小学数量均略有缩减,然而除普通高中以外,其余学校在校生规模保持扩大趋势(表2-7)。

表2-7　2010年、2014年京津冀地区各类学校数量及在校学生数

学校类别	2010年		2014年	
	学校数量/所	在校学生数/万人	学校数量/所	在校学生数/万人
普通高中	1 118	165.87	1 054	145.12
普通初中	3 326	279.57	3 054	286.22
普通小学	15 623	627.51	14 411	703.72

资料来源:《中国统计年鉴2011》《中国统计年鉴2015》

尽管京津冀地区的教育事业快速发展,但在其发展的过程中也表现出了一些如教育资源内部分配不均等问题。以2014年每十万人口各类学校平均在校生数量作为指标,北京、天津两市在普通高等教育与研究生教育方面的优势非常突出,而河北的教育事业发展则主要集中于基础教育方面(表2-8),当然这也与河北省的人口多于两个城市的人口有关,较多的人口自然就需要更多的基础教育。这种对比在高等教育的层面上就更加显著,进而导致了人才流向的地区间差异。优质人才都涌向京津两地,使得本就略显人才匮乏的河北省更缺少高技术人才的支持,久而久之,这种人才方面的短缺也就会体现在未来的经济发展方面,这是一种连带的必然结果。

总的来看,京津冀地区在教育结构合理化方面还有可以提升的空间,这些空间主要集中于学前教育、特殊教育和职业教育,部分居民群体的教育需求无法得到满足。

表2-8　2014年京津冀地区每十万人口各级学校平均在校学生数量

(单位:人)

学校类别	北京	天津	河北	京津冀
普通高等学校	2 810	3 335	1 577	2 058
研究生	1 276	339	52	330
普通高中	825	1 118	1 495	1 313
普通初中	1 426	1 762	3 099	2 590
普通小学	3 816	3 779	7 642	6 367

资料来源:《中国统计年鉴2015》《北京统计年鉴2015》《天津统计年鉴2015》《河北经济年鉴2015》

(二)文化事业

京津冀地区自古就是我国重要的文化地区。京津冀地区的文化底蕴深厚,且在现代社会的发展中这些文化依旧具有发展潜力,被地区、全国乃至世界认可。"十二五"以来,北京、天津、河北三地的公共文化服务体系日渐完善,文化交流活动更加频繁,文化产业发展初具规模,统一开放的区域文化市场已经具备深厚的产业基础。

1. 文化艺术设施

在 2010 年以后,能够突出展现文化发展水平的博物馆机构在京津冀地区的数量稳步提升,不仅如此,博物馆中的展品数量、质量也都不断增多,有一大批专业的博物馆管理人员专门从事相关工作,基本陈列数量与参观人次均出现显著增长,标志着京津冀地区的博物馆在提供公共文化服务、丰富人民文化生活方面的作用日益突出(表 2-9)。其中,北京城市中的博物馆建设趋于稳定,没有太过明显的增长,反观天津与河北两地在这方面有了较大进步,突出表现为博物馆建设越来越多,展品质量越来越高,参观人数越来越多,基本陈列数量分别增长了 1.5 倍和 4.4 倍,参观人次均增长了 1 倍以上,由此可见,两省市以博物馆为代表的公共文化事业发展迅猛。

表 2-9　2010 年、2014 年京津冀地区博物馆发展情况统计

指标	2010 年	2014 年
机构/个	124	168
从业人员/人	3 708	5 287
文物藏品/(万件/套)	195.07	229.67
基本陈列/个	253	918
参观人次/万人次	2 146.2	3 917.7

资料来源:《中国统计年鉴 2011》《中国统计年鉴 2015》

除了博物馆数量和展品质量能够反映地区文化发展水平外,还有公共图书馆及其良好运行也是重要的社会文化表现。从图书馆的数量来看,2014 年,京津冀地区共拥有公共图书馆 227 个,较 2010 年增加了 7 个;拥有图书总藏量 5 926 万册(件),较 2010 年增加了 29.3%;人均拥有公共图书馆藏量为 0.54 册,北京、天津人均拥有图书藏量分别为 1.03 册和 1.05 册,高于全国 0.58 册的平均水平,而河北在这一数据上的表现则低于全国平均水平,具体为 0.29 册。整体看来,与北京和天津相比,河北的公共图书

馆发展相对滞后,与图书馆相关的各项数据均落后于京津两市。为了解决这个问题,2015年11月19日,北京、天津、河北三地公共图书馆签署合作协议,成立京津冀图书馆联盟,旨在促进区域基本公共文化服务标准化、均等化、一体化发展,让民众在共享公共文化服务资源上获得更多便利,展现京津冀三地资源互助的优势。

2. 广播电视

就全国水平来看,京津冀地区的广播电视发展水平始终高于全国平均水平。数据显示,2014年京津冀地区共拥有有线广播电视传输干线网络36.3万千米,这一数据比2010年增长了25.2%。除传输干线网络的长度外,从受众面的角度来看,拥有有线广播电视用户达到了1 778.7万户,较2010年增长28.8%。更出色的统计数据在于,北京、天津的广播节目和电视节目的综合人口覆盖率均达到了100%,实现了家家户户能看到有线电视,能听到广播。

2010年以来,京津冀地区的社会公共文化服务事业发展总体保持在较高水平,并且开始朝着文化产业化的方向发展。相比于河北,北京和天津从古至今,都保有相当繁荣的文化传统和资源,这是这两座历史文化城市所固有的优势。为了实现区域文化发展的繁荣发展,2014年8月,北京市文化局、天津市文化广播影视局、河北省文化厅签署了《京津冀三地文化领域协同发展战略框架协议》,这一协议的本质就在于能够将北京、天津与河北三地之间优势互补、共建共享,推动三地文化发展实现联动式合作与协同化发展。如此一来,京津冀三地的文化资源的交流合作、文化市场的统一共建,为推动京津冀区域社会公共文化服务事业的持续健康发展提供了有力保障。

(三)医疗卫生

在京津冀三地之中,北京与天津两市的医疗卫生事业水平较高,北京的医疗水平更是全国领先,拥有多家具有国内外领先水平的知名综合医院与专科医院。2010年以来,随着医疗体制改革的深入,京津冀地区公共卫生服务覆盖面进一步扩大,医疗服务水平稳步提升。这一阶段的明显改变在于对社区卫生服务中心的重点建设,此外,还包括三地区域内部优质医疗资源的流动,其互相促进医疗卫生水平的效果也初见成效。

从数量上看,2014年,京津冀地区共有医院2 322家,比2010年增长13.4%。其中,综合医院1 444家、中医医院363家、专科医院456家,较2010年分别增长9.7%、22.6%、17.5%。三地在医院数量上的对比数据显

第二章 京津冀一体化发展背景与发展格局分析

示,河北的医院数量最多,天津数量最少(表2-10)。

表2-10 2014年京津冀三地各类医院所占比重

(单位:%)

医院类别	各类医院所占比重		
	北京	天津	河北
医院	26.18	16.06	57.75
综合医院	20.50	17.59	61.91
中医医院	39.67	11.02	49.31
专科医院	31.58	16.45	51.97

资料来源:《中国统计年鉴2015》

尽管从总体的硬件配置上看,京津冀地区的医疗卫生基础设施较为完善,且这种势头还在进步中。然而需要被关注的问题仍旧存在,如京津冀地区内部的医疗资源配置不甚合理,表现出资源仍旧更多倾向于北京、天津两座城市。必须承认的是,医疗资源的配置不均现象的确突出,在一定程度上影响河北的总体医疗水平,北京与河北拥有三级甲等医院均为37家,然而河北的常住人口数量达北京的3倍以上。当然这种不均衡的现象是有一定的原因,最明显的原因就在城乡医疗结构上,2014年京津冀地区每千人拥有执业(助理)医师2.45名,其中城市为4.63名,农村为2.15名;每千人拥有医疗卫生机构床位4.47张,其中城市为8.68张,农村为3.40张,不到城市平均水平的40%。以2014年每千人拥有卫生技术人员数量为例,北京为3.72名,而河北仅为2.14名,低于京津冀地区平均水平的2.45名。

(四)社会保障

社会保障制度标志着一个社会的发展程度及文明程度。京津冀地区的社会保障体系逐步完善,这对地区人民的生活水平提升、维护区域社会和谐稳定、保护各类弱势群体等方面具有重要意义。

2010年以来,京津冀三地的社会保障覆盖面持续扩大,从社会保险的层面上看,社会人员的参保人数基本保持上升态势,从图2-3中可以看出,2012年城乡居民养老保险参保人数与生育保险参保人数的增长幅度最大。与此同时,京津冀地区的各项社会保险基金收支规模也在不断扩大,数据显示2014年五项社会保险基金总收入、总支出规模均达到2010年的两倍以上(表2-11)。

图 2-3

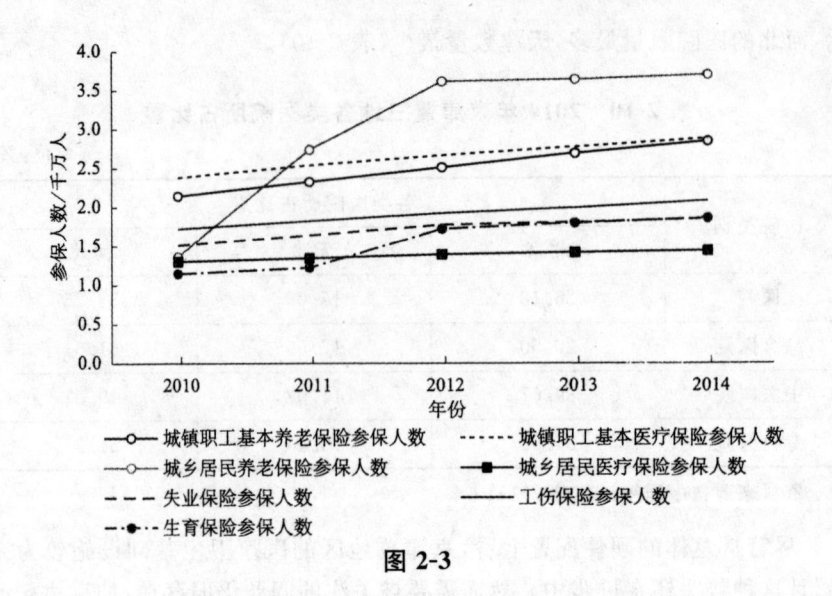

表 2-11　2010 年、2014 年京津冀地区社会保险基金收支统计（单位：亿元）

险种	2010 年基金收支情况			2014 年基金收支情况		
	基金收入	基金支出	累计结余	基金收入	基金支出	累计结余
城镇职工基本养老保险	1 522.4	1 206.0	1 383.8	2 824.5	2 286.4	3 341.3
城乡居民基本养老保险	—	—	—	178.7	106.0	413.8
城镇职工基本医疗保险	548.1	490.0	417.7	1 158.2	1 046.3	680.9
城乡居民基本医疗保险	24.6	21.2	18.7	80.7	57.3	74.7
失业保险	78.7	62.1	190.0	153.5	89.5	422.6
工伤保险	35.0	28.7	47.3	73.0	64.0	71.7
生育保险	22.5	14.8	37.2	66.5	64.0	73.4
合计	2231.3	1 822.8	2 094.7	4 535.1	3 713.5	5 078.4

资料来源：《中国统计年鉴 2011》《中国统计年鉴 2015》

不过，由于京津冀三地的经济发展水平存在差异，城市经济水平较高，由此就使得社会保障的内容、形式和标准也相应带来差异。"十二五"期间，京津冀三地均积极致力于提高区域公共服务均等化水平,促进优质公共服务资源均衡配置,合理推进社会保障事业一体化发展。通过不懈努力和探索,目前三地已基本实现了城乡居民养老保险制度名称、政策标准、经办服务、信息系统的统一。为了让三地居民在本区域内的社保事务更加便捷,还出台了本地养老保险跨区域转移接续的办法实施细则,并发行了符合全国统一标准的社会保障卡,这一举措无疑夯实了区域社会保障卡一卡通的实现基础。2014年,河北与京津两地协调,共同推进医疗保险异地就医费用结算,位于燕郊的燕达医院首先成为北京医疗保险的异地结算试点医院。相信未来这种包括医疗保险在内的异地结算模式的推广前景更好,更加使人们的生活获得便捷与保障。

第三节 京津冀区域一体化发展的动力机制

一、京津冀区域一体化发展动力机制的概念框架

动力机制,是指在事物运动与发展过程中,各种动力的作用原理与传导过程。动力机制的本质是描述动力与事物运动、发展的内在联系。那么,将这一概念引入到区域发展之中,就可以将其定义理解为是一种对区域发展起到推动作用的力量,以及协调、改善这些力量,使之在区域的发展中持续、有序发挥作用的各种因素形成的综合系统,包括这个系统的作用机理和系统内部各种力量之间的相互影响方式。

京津冀区域一体化发展是在经济全球化和信息化的大背景下形成的必然产物,也是京津冀区域在社会各领域中不断演化、发展而形成的相互联系、相互制约的一个带有极强复杂性的大型系统。因此,京津冀区域一体化发展动力机制的概念就不会仅仅是一条定义那么简单,而是需要根据对区域和都市圈的理论研究和实际情况做通盘分析,由此构建一个京津冀区域发展动力机制的概念框架(图2-4)。

首先,对于动力机制的问题要研究的是要素禀赋,这是京津冀区域形成发展的基础和前提,更是区域经济活动主体选择行为的直接原因。要说要素中最关键的部分,当然就是区域中的各种资源,也包括区位条件,这是发展经济所不能或缺的。这两项条件直接影响区域内的劳动生产率,同时还对产业结构的形成发展带来影响。一直以来,评价一个区域内的经济发展情况,首先要看的就是该地区的工业基础。那么,与工业紧密相连的就是是

否拥有足够的人力资源,所以这么看来,人,就成为发展经济诸要素中最积极、最活跃的因素。此外,区域发展的要素禀赋还包括资本、技术条件、政策制度等要素。如果能够将这些禀赋条件进行合理组合,则能够使地区经济得到顺畅发展,后劲也更足。相反的,不同的分工与专业化促使了区域间或区域内的产业转移,进而反作用于区域内的要素禀赋。

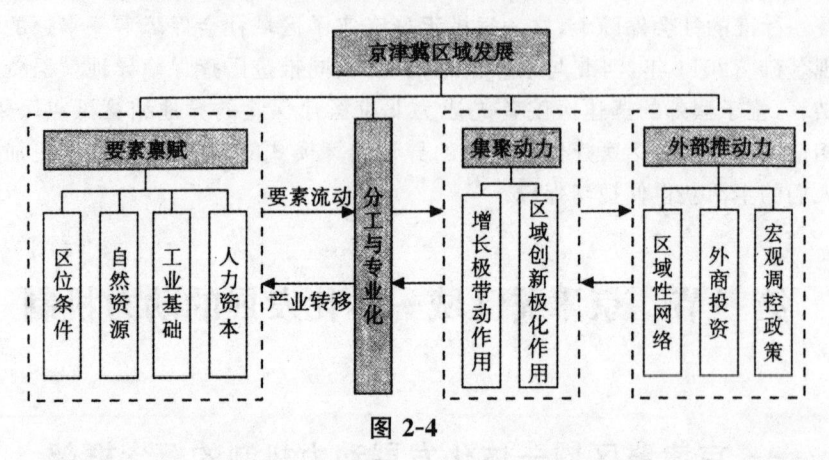

图 2-4

其次,区域的发展还需要聚集。对这一问题研究的目的在于摸准区域发展的规律和正确的途径。在这里需要说明的是,区域仅仅是一个空间的概念,区域的范围可大可小,但区域的大小并不代表区域内经济活动主体的聚集程度。聚集包括要素聚集和生产活动主体的聚集。为了更好地发展,突出区域经济发展的优势,就应该将经济活动主体的聚集放在第一位,要素聚集是因为经济活动主体通过聚集要素,可以获得分工效应、规模效应、外部效应带来的好处。再次,经济活动主体的选择行为对要素聚集具有决定作用,聚集过程中的一切内外部的流动行为都是主体进行区位选择的结果。同时,要素的聚集是聚集的最终表现形式,要素是经济活动主体经济活动的对象(王建廷,2007)。就京津冀区域经济发展举个实例,北京的中关村科技园区的建设和其对经济发展做出的贡献推动了京津冀区域的要素集聚,由此可见区域中的某一个体地区的区域创新,可以对整个大区域的经济活动带来积极影响。

最后,对于京津冀区域的形成与发展来说,来自区域外部助力也是重要一环。提到区域总会让人联想到一个固定的地理环境,但就地缘经济来看,这里所谓的区域并不绝对是封闭的,该区域作为一个整体,也会与区域外部的其他区域进行交流和联系。当区域的聚集作用足够强大时,可以吸引区域外部的资金、劳动力、技术等生产要素来到区域内参与经济活动,抑或是提供区域发展所需的某种资源。这种来自区域外部的助力在信息时代的今天显得更加重要,使得区域间的流动性不断增强,甚至有些资源会对外部的助力产生依赖,区域外部的生产要素已经成为推动区域发展的一个重要动力来源。

除了上述动力的表现之外,其还有如下几项对区域发展的推动作用表现(图 2-5)。

(1)促进区域内部或外部的人口的流动和人才的聚集。

(2)促进区域市场的形成发展,产业转移和城镇职能的变迁等。

(3)交互作用的各相关因素又引致了地区间利益平衡、协调等社会发展和环境保护问题。由此使得产业发展与产业结构的优化、城市职能演进、人口的流动与集聚、区域合作和区域治理模式变更等都能成为区域发展的表现形式。

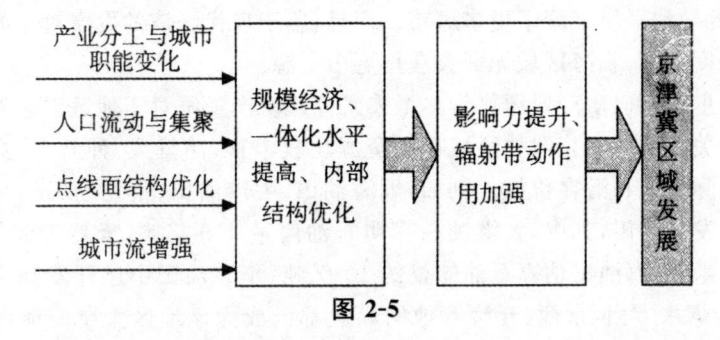

图 2-5

二、京津冀区域一体化发展的基础条件

(一)区位条件

对于任何区域活动来说,区位条件如何都是非常关键的要素之一。区位条件能够全面反映出该地区与外部其他地区的空间和经济联系的方便程度,它决定着区域参与国际劳动分工和接受资金、技术、信息等生产要素辐射的方便程度,这就是区位条件之所以重要的原因。

从世界几个较为知名的都市圈来看,它们往往位于国家或洲际的中枢区位,有些甚至是全世界的政治经济中心。这些中心往往包含重要港口、重要工业、金融中心、文化中心等重要条件。在此基础上才更容易成为国家社会经济最发达、经济效益最高的地区,具有发展国际联系的最佳区位优势,如此则自然能够创造出更多的新思维与新技术,对国家、地区乃至世界经济发展具有中枢的支配作用(王乃静,2005)。

反过头来再看京津冀区域,该区域位于我国华北平原北端,总人口过亿,经济总量占全国的 1/10 以上。且三个城市相距很近,以至于其远郊区都可以相接。从地理位置上看,京津冀三地自然成为环渤海地区的中心区域,具有得天独厚的区位优势。北京与天津在地理关系上相邻,这两座城市与河北又是被包含的关系,由此三地就构成了天然的区域板块。

(二)自然资源

区域要发展,就必须拥有一定的自然资源。自然资源属于区域发展的基础条件之一,纵观国外各大城市,无不是位于适宜人类居住的中低纬度地带,且地形上多为平原。这是因为,无论是对于农业发展还是工业发展,广阔的平原都是建设之根。而对于社会和城市的发展来说,平原也有利于大规模的基础设施建设。因此,人口、产业向平原集中就显得非常正常与合理,由此导致平原汇聚了更多城市。而且,鉴于现代经济的发展对于海运的依赖程度较高,临海区域无疑会获得更多资源。

这里特别以矿产资源作为典型来研究。矿产资源对于地区工业发展来说是至关重要的。京津冀区域矿产资源比较丰富,储量大、种类多,具有较大的实际价值和潜在价值。例如,渤海油田、大港油田、华北油田均是我国重点开发的油田,其中,大港油田探明石油储量 4.5 亿吨,天然气储量 140 亿立方米;渤海油田估算石油储量约 10 亿吨;华北油田中已开发利用油田 27 个。煤炭方面,京西、开滦等地的煤炭都已成为该地区重要的能源物质和化工物质生产基地。此外还有河北省的蓟宝煤田面积 72 平方千米,含煤地层总厚度 530 米,已探明储量 6.8 亿吨;渤海西岸的长芦盐场位于天津境内,年产量约 200 万吨,约占全国总产量的 14.5%;冀东、邯郸、宣化的铁矿也是重要的工业资源。目前,河北省已查明的金属矿产达 53 种,特别是铁矿的储量特别丰富,多达 70 多亿吨,且分布广泛,这对于对钢铁资源有着较大需求量的企业来说是一种巨大的资源支持。

(三)工业基础

京津冀地区拥有良好的工业基础。这些工业涉及的类别很多,较为齐全,并且这些工业在发展中不断进行整合和优化。北京的工业以汽车、电子、机械等为支柱,众多工业企业放眼全国都具有屈指可数的竞争力。其中高新技术产业最具规模,是北京经济的重要增长点和发展核心。天津从近现代以来一直是我国工业的发祥地之一,作为老牌的工业基础,天津的工业在现代也充当着排头兵的角色。天津工业表现出明显的综合配套能力强、技术高、管理严格的特点。在改革开放后,汽车、电子信息、生物工程等现代化高科技产业群基本形成,高新技术产业已成为天津新的经济增长点,在全国统一划分的164个工业门类中,天津一地就包含有156个,这自然使得天津的工业门类多样,以致其形成了现代化的工业体系,综合优势尽显。河北省也是我国主要的工业基地,许多工业领域也排名全国前列,主要有煤炭、纺织、冶金、化工、电子、石油等。

(四)人力资本

京津冀地区是我国众多高校、科研院所和高科技产业园区较为集中的地区。由此使得这一地区笼络了较多高水平、高质量的人才,这类人才的数量可以达到三十多万。不仅如此,为了开展各种科研行为还匹配了众多配套设施。

北京和天津已经成为我国最具潜力与扩散能力的高科技发展中心之一。其中,北京作为我国的文化中心,本来就具有聚集人才和资源的优势,其所拥有的高等院校和科研院所数量均居全国之首,这个优势更会吸引全国精英来此学习和深造。不仅如此,在重点高校数量、博士生培养规模、中国科学院、工程院院士数量、科技成果、发明专利方面,北京也占据绝对优势,始终在全国保持领先地位。除了高等院校和科研机构外,北京还建设有专门发挥人才专科特长的众多科技园区和经济技术开发区,为人才最终学以致用提供了广阔的平台。天津近年来在人才培养和引进方面也逐渐突破传统,网罗高水平人才,如此才获得了令人瞩目的成果。而河北作为我国的人口大省,在区域发展过程中的人力方面以输出劳动力为主,这无论对于第一、第二产业的发展还是对目前城市化发展所需要的各种建设来说,都做出了不可磨灭的贡献。与此同时,河北省近些年来也力求转变传统的人力资源结构,也在不断加大提升教育质量的工作力度,如致力于建设更多的高等院校和科研院所,相信未来河北省也会成为地区内部的人力资本重要聚集地。

三、京津冀区域一体化发展的内聚力

(一)中关村科技园区:区域产业创新的引擎

2009年3月,国务院批复同意支持中关村科技园区建设国家自主创新示范区,并同意采取以下政策措施支持中关村科技园区建设国家自主创新示范区:开展股权激励试点;深化科技金融改革创新试点;支持新型产业组织参与国家重大科技项目;实施支持创新创业的税收政策;支持北京市积极利用政府采购政策,在中关村科技园区通过首购、订购、实施首台(套)重大技术装备实验和示范项目等措施,推广应用自主创新产品,支持企业自主创新等。中关村科技园区是国务院批准的我国第一个国家级高新技术产业开发区。它对于北京市乃至整个京津冀区域的高新产业的发展,起到了不可低估的带动作用。具体的作用方式有以下几点。

第一,中关村科技园区作为国家科技创新基地,它首先是京津冀区域地区的科技创新基地,是区域内促进技术进步和增强自主创新能力的重要载体。中关村科技园区是全国更是京津冀区域地区科技、智力、人才和信息资源最密集的区域。中关村科技园区作为京津冀地区区域科技创新的源头,在重大技术创新、高新技术研发及相关生产者服务业和商贸业等高科技含量增值环节,通过技术转化与扩散,带动了城市地区现代制造业的发展,促进了整个区域加工工业的产业升级,在科技创新方面起到了很大的辐射带动作用。

第二,中关村科技园区为地区经济结构的调整起到了带动作用。2005年,园区高新技术企业实现销售收入超过 4 800 亿元,实现增加值 960 亿元,相当于当年北京市地区生产总值的 14.1%。在园区内,以软件、集成电路、计算机、网络、通信等为代表的重点产业集群已经初步形成,其中高技术服务业发展迅速,占园区经济总量的 45%,这样的发展模式带动了首都经济结构调整和产业升级,成为带动区域经济结构调整和经济增长方式转变的强大引擎。

第三,中关村科技园区的技术创新体系逐步完善,成为产学研有效结合的集聚区。以清华科技园为代表的大学科技园,新建了一批国家级重点实验室、国家级工程研究中心、技术孵化器、公共技术支撑平台。园区内高新技术企业共建技术联盟和产业联盟、与跨国公司共建研发机构、与大学和科研院所联合开展研发,这种新兴的模式成为技术创新的新形式,为产学研的结合提供了新的平台。

中关村科技园区走出了一条以自主创新为特色的高科技产业的发展道路,为北京市的经济结构调整与经济发展方式转变做出了重大贡献,同时也为京津冀地区高新技术产业开发区的发展与改革起到了重要的示范作用。国务院支持其建设国家级自主创新示范区的政策优势,并将进一步促进其发挥区域自主创新引擎的作用。

(二)滨海新区:区域产业全面发展的增长极

2005 年 10 月《中共中央关于制定国民经济和社会发展第十一个五年规划的建议》和 2006 年 3 月全国人大《中华人民共和国国民经济和社会发展第十一个五年规划纲要》中明确表示:"继续发挥经济特区、上海浦东新区

第二章 京津冀一体化发展背景与发展格局分析

的作用,推进天津滨海新区等条件较好地区的开发开放,带动区域经济发展。"这是国家从最高决策层面、中长期发展规划层面正式做出的推进天津滨海新区开发开放的重大决策,把天津滨海新区的发展上升到国家发展战略的高度,确立了天津滨海新区作为新时期带动区域发展和全局发展的核心力量的地位。2009年11月,国务院批复了天津市报送的《关于调整天津市部分行政区划的请示》,同意撤销天津市塘沽区、汉沽区、大港区,设立天津市滨海新区,以原塘沽区、汉沽区、大港区的行政区域为滨海新区的行政区域。调整天津市滨海新区行政区划,是实施国家发展战略,推动滨海新区管理体制改革的重大部署,对于加快滨海新区建设、促进滨海新区发挥区域带动作用有重要意义。

滨海新区作为带动区域经济发展的新增长极将在产业和空间两个方面发挥增长极的区域带动作用。天津滨海新区位于环渤海地区的中心位置,辐射"三北",面向东北亚,是我国北方重要的出海口,是京津冀区域的海上门户。滨海新区内陆腹地广阔,区位优势明显,产业基础良好,增长潜力较大,是我国参与经济全球化和区域经济一体化的窗口地区。滨海新区在电子信息产业、汽车制造、石油和海洋化工、优质钢材、生物技术、医药等技术含量高、聚集效应强的产业方面有一定优势,这对于带动区域经济的快速发展将起到重要作用。具体而言,滨海新区对京津冀区域地区的带动作用体现在如下几个方面:

第一,完善市场机制促进生产要素在区域内的流动,滨海新区在发展过程中整合利用了整个大区域内的各种生产要素,包括人才、技术、信息、资金等,为了更好地利用这些资源,滨海新区需要积极与相关区域建立合作机制,并且进一步完善市场机制,这个过程将提高区域内的一体化水平,使生产要素能够在增长极的吸引作用下发生聚集效应,从而推动整个区域内的要素自由流动。

第二,引导产业的合理转移,滨海新区在发展产业战略上,一直坚持排除落后的、效率低下的、对生态环境和资源有负面影响的、难以形成产业集群的产业,这就涉及将这类产业通过合理的产业转移模式转移到区域内的其他县市,在进行产业转移的过程中,必将根据各地区的区位条件、比较优势,使转移出去的产业能够较好地与其他产业共存,这将促进京津冀地区内产业链的衔接和产业的合理分工。

第三,推动了区域内技术扩散与产业创新,滨海新区通过利用新技术和新的生产方式,吸引了其他地区的最新技术和先进人才,为承接国际先进技术转移做好了准备,同时也得以将自身的技术扩散到其他部门和地区。此外,滨海新区制造业的大发展,需要北京科技创新的支撑,也推动了科研成果的区域内转化。

(三)曹妃甸工业区:区域重化与能源基地

曹妃甸地区位于唐山南部沿海、渤海湾中心地带,是渤海沿岸唯一不需开挖航道和港池即可建设30万吨级深水泊位的天然良港。"面向大海有深槽,背靠陆地有浅滩,地下储有大油田"是这里区别于中国沿海其他港址的最显著的地理和地质特征(李晓靖、陈立华,2007)。曹妃甸工业区"十一五"投资超过1000亿元,是河北省"第一经济增长点",并将带动整个京津冀区域的工业布局调整和产业升级。曹妃甸的港口开发及临港工业建设在区域经济发展中的作用日益突出,开发建设曹妃甸对于京津冀区域的发展崛起和一体化进程的加速,都将产生积极的影响。具体而言,它的带动作用体现在以下几个方面。

(1)曹妃甸港口为京津冀区域的发展吸引了大量的外部资源,2010年曹妃甸港的货物吞吐能力已过亿吨。港口是形成区域性交通枢纽的基础条件,开发建设曹妃甸港,形成北方深水大港和综合交通运输网,将会极大地改善环渤海地区的运输条件和对外联系条件(申兵,2006)。曹妃甸的深水港,使京津冀区域能够方便而充分地利用国内国际两种资源和两个市场,成为京津冀区域提高对外开放程度的一个重要支撑点。与此同时,为适应原材料采购全球化的新形势和企业竞争对原材料物流速度的高要求,曹妃甸以钢铁、石化为主的临港工业区建设将有助于在其辐射区域内形成相关产业集聚。这些都将为京津冀乃至环渤海地区的快速发展增添新的优势。便利的交通使得京津冀区域能够更多、更好地利用外部资源;同时,也为区域吸引到大量的外部资源(包括人才、信息、技术、资金等),这些资源的注入将为京津冀区域的发展提供强大的外部动力,推动区域的进一步发展壮大。

(2)促进京津冀地区的产业升级。开发与建设曹妃甸工业区,为京津冀区域地区产业升级搭建新的平台。曹妃甸港口建设和首钢向其工业区的搬迁,使其成为京津冀地区钢铁、石油、化工等大型企业进口原材料的供给基地和重化工业改造、迁建和持续发展的产业基地。同时,京津冀地区是我国重要的钢铁和石化生产基地,曹妃甸的开发建设带来的运输成本和规模成本优势有力地促进了这两大重要产业的发展。建设曹妃甸原材料大港,为缓解该地区的原油、电力紧张,增强钢铁和石油化工企业竞争力和持续发展发挥了重要作用。曹妃甸规划中的精品钢生产、大型装置炼化一体化和海水冷却火电项目等三条循环经济产业链,也将促进京津冀区域及周边地区重化工业集约化水平的提高。

(3)加强京津冀区域内各城市间的合作。2005年10月,曹妃甸工业区

第二章 京津冀一体化发展背景与发展格局分析

被列为国家第一批发展循环经济试点产业园区,工业区积极利用此机遇,建立和形成了一种新的生产模式,即生产企业之间、企业与其他领域的关联企业之间、企业与社会之间的化工原料、中间体、产品、副产品及废弃物的互供共享关系,实现上中下游企业间无缝连接、一体化清洁生产,为周边其他地区大力发展循环经济起到了积极的示范作用。

此外,首钢转移到曹妃甸,是京津冀区域突破行政区域界限,进行产业布局和产业结构调整,探索大型企业跨地区转移的区域经济合作实践,对区域合作与产业分工的调整有十分重要的示范作用。首钢搬迁这一举措是积极探索建立支持企业跨地区转移的政策协调机制,促进区域产业合理分工与协调发展,加深经济合作的一条新路子。北京可以考虑在此基础上进一步拓展到参与曹妃甸新区开发建设的其他合作项目,如企业参与曹妃甸的大港口、大钢铁、大化工、大电能等重大工程项目的开发实施。

四、京津冀区域一体化发展的外推力

(一)区域性网络

区域内的物流、人流、信息流的传播必须依赖交通运输与通信网络,可以说交通运输与通信网络的发展将直接影响城市区域的形成和演化(张颢瀚、张超,2006)。物质性网络的发展主要通过以下几种方式对城市区域的演化发挥作用:第一,缩短了城市、企业、人之间的距离,增进了相互之间的联系,降低了城市中心对企业和居民的吸引力,促进了郊区化、多中心化发展,城市区域内部城市空间得以扩张;第二,借助现代化的物质性网络组织,尤其是高速交通运输和现代通信网络,可以通过促进跨国公司总部以及金融贸易活动的持续增长强化区域中心城市的作用(刘静玉、王发曾,2004);第三,提高了区域主要城市内部及城市之间信息流动的速度与效率,进而促进了各城市之间在人才、技术、资金等生产要素上的密集互动,使得区域内部城市间的相互联系得以加强;第四,城市之间展开分工合作,并形成各具特色的劳动地域分工体系,最终促进区域的全面发展(甄峰、张敏、刘贤腾,2004)。

同时,市场中各种要素资源流动形成复杂的非物质性网络,如市场网络、企业网络等,通信技术的发展将促进区域内非物质性网络的加强,有助于将区域内密集分布、分工合作的不同功能、不同规模的城镇连接成为功能整体。要素、资源、市场的集中促进了区域内城镇中心的形成,随着非物质性网络的发展,区域内部网络化程度将更加强化,城镇规模进一步扩大,城镇之间的分工更加合理、联系更加紧密。

京津冀区域内具有较为完整的对外交通体系,铁路、公路密集;区域内的港口、空港优势比较突出,为发展港口经济提供了便捷的出海通道和运输条件。区域内网络的发展为地区内生产要素的流动提供了必要条件,同时也间接催生了一些地区的产业集聚与产业集群。在京津塘高速公路沿线,1984年以来已经陆续出现了一系列科技园区和工业开发区。包括天津经济技术开发区、中关村科技园区、北京经济技术开发区以及河北廊坊经济技术开发区等在内的一条主要由高新技术产业和现代制造业为主导的新经济产业带已经显露雏形(表2-12)。

表2-12 京津塘高速公路沿线产业带各类开发区情况表

序号	开发区名称	主导产业
1	中关村科技园区海淀园	电子信息、光机电一体化产业、新材料、新能源及环保产业、生命科学及生物医药、科技服务业
2	中关村科技园区昌平园	电子信息、生物医药、光机电一体化产业、环保及新材料、新能源
3	中关村科技园区丰台园	电子信息、生物医药、光机电一体化产业
4	中关村科技园区电子城科技园	电子信息技术及产品、激光、光电子技术、机电一体化技术
5	北京顺义天竺出口加工区和空港工业区	电子信息、仓储物流、生物医药
6	北京经济技术开发区(亦庄)	电子及信息、生物工程和新医药、新材料
7	北京顺义林河工业开发区	电子信息、汽车及零部件、生物工程和新医药
8	北京通州工业开发区	都市工业、机电产业、基础产业
9	北京光机电一体化产业基地(通州)	光机电产业

第二章　京津冀一体化发展背景与发展格局分析

续表

序号	开发区名称	主导产业
10	北京大兴采育镇工业园	环保建材、生物医药、都市型工业
11	河北燕郊经济技术开发区	信息电子、生物医药、新材料、绿色食品、旅游休闲
12	河北香河经济技术开发区	新型建材、服装加工、旅游业
13	北京通州潮县新材料基地	新材料、生物医药、纺织机械
14	北京通州永乐经济开发区	电子、机械、物流
15	河北廊坊万庄农业高新技术产业园	农业高新技术产业
16	河北廊坊经济技术开发区	机械电子、汽车零部件、食品、新型建材、轻工纺织、生物制药
17	天津武清开发区	电子信息产业、新材料产业、机械制造产业、汽车及零部件产业、生物医药产业、新能源产业
18	天津经济技术开发区逸仙科学工业园（武清）	电子工业、机械制造
19	天津北辰科技园区宜兴埠工业园	机电制造、生物制药、汽车配件、食品饮料、新型建材、橡胶制品
20	天津西青开发区	电子、轻工、机械、精细化工、生物医药
21	天津经济技术开发区	电子通信、食品饮料、机械制造（汽车）、生物医药

交通干线在高新技术产业带形成和发展中发挥核心作用，为京津冀地区的经济加速发展提供了必要条件，未来的发展中，区域内主要城市的现有交通基础设施的联系将会更加紧密，并成为要素聚集、流通无障碍的新干线，进而加速京津冀区域的发展。

（二）外商投资

外商投资，在带来国外先进的经济技术资源的同时，也带动了优化地区的闲置经济资源，扩大了投资规模，并直接推动了出口规模的扩张，拉动了国内就业与生产需求,提高了企业素质,加快了地区产业升级的进程。

首先,外资投资对地区经济增长的贡献度逐渐提高。外资对京津冀地区经济增长的贡献首先表现在它有力地带动了地区经济总量的扩张。随着外资大量进入和外资企业的迅速发展,京津冀地区的外贸进出口格局也发生了变化,一直充当进出口主力的国有企业让位于外资企业。除此以外,外商投资企业所带来的涉外税收,近年来也逐渐成为地区财政收入中增长最快的税源之一。

其次,外商投资增加了地区就业机会。外商投资企业在提供资金和技术的同时,在吸纳安置劳动力就业方面的作用也逐渐突出,一定程度上缓解了许多城市面临的就业压力。外商投资在解决就业方面的贡献主要表现为增加就业机会和提高劳动者收入。同时,还对改变人们的传统就业观念,促进人才、劳动力市场的形成和发展,带动社会保障体系的建立,以及培养、使用人才,促进市场化的人才流动机制,实现人力资源的合理配置等方面发挥了积极作用。

再次,提升地区经济质量。目前京津冀地区正处于加快结构调整、推进产业升级的关键时期,外商投资对提升地区经济质量的作用主要表现在以下几个方面:一是外资促进了经济结构的调整。外资带来的先进技术、工艺、设备和产品,推动了京津冀地区相关产业的技术进步,加快了产业结构调整的步伐。二是外资为地区的支柱产业注入了新的活力。目前,京津冀地区的支柱产业有电子信息、生物技术、现代医药、新能源新材料等高新技术行业,在这些支柱产业中以世界500强企业为代表的外资企业大量涌入,如IBM、微软、三星电子等,这些外资的进入促进了地区产品结构不断调整、优化、升级和技术水平的提高。三是外资进入对地区的"软"条件的提高发挥了积极作用。例如,促进了地区内企业的制度创新、技术创新与市场创新,还提高了企业的管理水平。

最后,构筑了本地的产业供应链体系。制造业的全球化布局已将众多产业链和价值链的中低附加值环节推移到了我国,中国已成为世界工厂。在这一转移过程中,科技与制造业颇具潜力的京津冀区域地区表现出了积极的接纳与融入能力。目前,列入全球500强的企业已有众多在京津冀区域地区投资,这些企业、财团投资对该地区的经济发展发挥了强有力的推动作用,其辐射作用明显,具有区域核心"磁极"的作用,不仅带动了一批国内配套企业步入国际化大生产的分工协作网络,而且带动了一批中小企业在京津冀地区投资。在产业集群的发展中,核心企业的作用至关重要。近年来,外资企业在京津冀地区的部分产业集群形成中恰好发挥了核心企业的作用。以电子信息产业集群为例,随着摩托罗拉、三星、三洋等厂商的建设和投入生产,越来越多的配套商到天津附近投资建厂。天津开发区周边为摩托罗拉和三星电子加工配套的企业已有3 000多家,围绕摩托罗拉、三星等整机生产厂在天津开发区周边地区形成了较为完整的零配件产业供应链。

总之,外商投资对京津冀地区发展外向型经济,促进地区经济总量增长和结构优化,建立和延伸地区主要优势产业的产业链条,促使地区经济与国际经济融合发挥了不可替代的作用,对京津冀区域的发展与崛起起到了巨大的外部推动作用。

(三)宏观调控政策

政策的制定者是政府,政府是区域形成发展过程中发挥作用的主要行为主体之一。区域的宏观发展政策作为区域发展的环境条件,对其演化产生着不可忽视的作用。其中,区域发展政策分为引导性政策和强化性政策两种。引导性政策是指政府通过对一系列手段(包括相关政策规定、基础设施建设、人才培养等,对投资软硬环境进行改革和完善)对城市发展施加影响。强化性政策是包括通过行政管理手段决定城镇的设立及其区位,行政主管部门参与区域的组成与管理,通过内部同等级别的城镇政府部门或官方性质的机构来组织和协调区域的内部事务等(刘静玉、王发曾,2004)。

京津冀区域的发展历程被打上了深深的政策烙印。总体而言,该地区的宏观发展政策分为改革开放前的强化性政策和改革开放以来的以市场作用为主体的引导性政策两部分。改革开放前,三省市的经济规模与增长速度基本是在宏观政策的引导下按计划发展的。在"一五""二五"时期,在"变消费型城市为生产型城市"方针的指导下,北京市共完成工业投资34.9亿元,相当于1949年全部工业固定资产的40倍,改建和扩建了近200家大中型企业。从"三五"到"五五"前期,北京市经济建设的重心是"以钢为纲",重点发展了冶金、石化、电力等工业,实现了由"消费型城市"向"生产型城市"的转型。而同样作为直辖市的天津,其发展却受到宏观政策的限制,国家对其工业投资不足,"一五"期间全国156项重点项目均未在天津建设。1958年,天津从直辖市降格为河北省辖市,地位降低。在此期间,天津所接受的国家投资和物资分配比例相应地缩小,经济发展速度大大降低,经济中心的地位不断弱化。这一时期,资源、产业等经济社会要素的分配都是由中央政府的行政指令和计划来决定,各地区间历史上形成的自然经济社会联系被中断。

改革开放以后,国家的宏观调控政策逐渐由强制性向调控性转变,即通过改善基础设施,实行优惠政策等,来吸引人才与资金的流动与聚集。改革开放之初,我国制定并实施了以深圳市经济特区开发开放为龙头、带动珠江三角洲地区快速发展的战略。进入20世纪90年代,中央政府又制定并实施了以上海浦东新区开发开放为龙头、带动长江三角洲地区快速发展的战略;2005年中央政府再次制定了推动全国新一轮发展的区域发展新战略:通过加快天津滨海新区的开发开放、带动环渤海地区快速发展,进而带动中国北方地区的发展与开放,从而实现全国全面而科学的发展。

与此同时,在区域内部,各地区政府也在不断优化区域的投资环境,通过改善交通设施,兴建道路、机场与港口,如曹妃甸港、黄骅港的建设等,大大增强了区域获取物资的便利性与信息通达度;通过不断开放市场,吸引了大量的外商投资;通过宏观规划与布局,区域内现已形成了多个初具规模的产业集聚地。北京市在建设总部经济的过程中,政府一直致力于完善法制环境,加强地区的税收、金融、人力资源等优惠政策的支撑,完善北京基础设施建设和提升城市功能,营造更良好的环境吸引企业总部、分支机构、研发中心等聚集。同时实施战略先行,科学规划的做法,将总部经济的发展与完善首都的整体功能有机地结合起来,突出战略规划的引导作用,重点推进CBD和通州新城的建设步伐,加快城市化的进程。这些引导性的宏观政策通过影响企业的区位选择、城市之间产业的布局、城市的发展与布局、城市交通运输电力通信等线状网络组织的建设等活动,从而促使相邻城市集结成群,进而影响了京津冀区域的发展与结构的演化。

第四节　京津冀区域发展的战略对策

一、加快区域产业转移,优化区域产业空间布局

京津冀地区要想进行产业之中的转变与升级,最佳的方式应该为力争通过区域统筹和规划来实现,如此才能优化区域产业空间布局,尽快构建出"一圈两核三轴四区多中心"的产业格局。为此,京津冀三地应该根据各自的产业优势和资源优势,有针对性和重点地完善产业分工体系,提高产业协作能力。

(一)构建"一圈两核三轴四区多中心"产业格局

为实现京津冀地区产业功能互补,同时落实《京津冀协同发展规划纲要》,京津冀地区在未来应不断优化区域产业空间布局,打造"一圈两核三轴

第二章 京津冀一体化发展背景与发展格局分析

四区多中心"的区域产业空间格局(图 2-6)①。

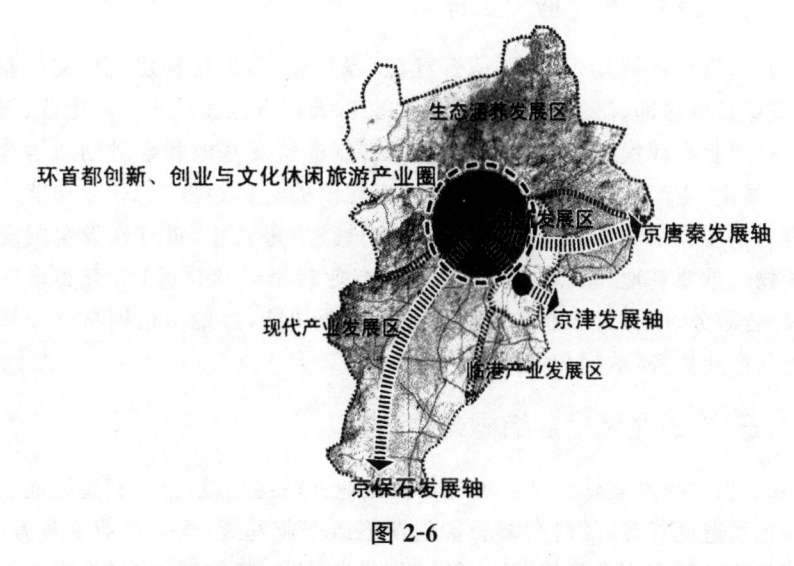

图 2-6

"一圈"为环首都创新、创业与文化休闲旅游产业圈,努力打造首都创新、创业、健康养老、休闲度假、观光旅游、生态农业、宜居生活基地。

"两核"即京津两市,两城市总部经济、服务经济中心集聚,应大力发展现代服务业、战略性新兴产业、文化创意产业及部分智慧制造产业。

"三轴"即京唐秦发展轴、京津发展轴和京保石发展轴。京唐秦发展轴上打造京唐秦高技术产业带,促进高新技术产业、临港产业和传统产业的重组与协作;京津发展轴上打造京津同城化,以及电子信息、生物医药等战略新兴产业和先进制造业;京保石发展轴上积极发展以现代制造业、现代农业为代表的现代产业。

"四区"指创新发展区、临港产业发展区、现代产业发展区和生态涵养发展区。创新发展区主要发展高端、高效、高辐射的总部经济、现代服务业、高新技术产业;临港产业发展区主要依托曹妃甸新区、唐山港、秦皇岛港、渤海新区等港口,加强交通建设、港工联动机制建设和临港工业建设;现代产业发展区主要是完善现代制造业和现代农业体系,形成与北京互补的产业结构;生态涵养发展区主要解决张承地区经济发展与生态建设之间的矛盾,重点发展生态、旅游、文化创意等产业。

---

① 李国平,吴爱芝,陈曦等.京津冀协同发展中的产业功能定位与布局研究[M].天津:天津人民出版社,2015.

(二)完善三地产业分工体系

北京重点发展知识经济、服务经济、绿色经济,加快构建高精尖产业结构,重点发展总部、研发、设计等产业功能。天津重点发展先进制造业、战略性新兴产业和现代服务业,建设全国先进制造研发基地和金融创新运营示范区,强化"生产研发+加工制造+一定规模的总部经济"的产业功能。河北努力承接北京非首都功能转移和京津科技成果转化,重点建设全国现代商贸物流重要基地、新型工业化基地和产业转型升级试验区,夯实现代制造、综合服务、原材料工业和现代农业等产业功能,各地市根据自己独特的资源与产业优势,承担相关产业功能。

(三)推进北京产业结构深度调整

(1)振兴首都实体经济。通过加快工业互联网建设、推广新型智能制造和绿色制造模式等,加快高端装备创新制造产业发展;掌握产业变革方向,支持战略性新兴产业发展,壮大新一代信息技术、新能源汽车、生物技术等产业,战略部署空天海洋、信息网络、核技术等产业。这既符合首都北京的比较优势,也是未来经济、社会、环境发展的必然要求和趋势。

(2)建立与现代制造业相配套的现代服务业体系。提升生产性服务业专业化水平,发展工业设计和创意、工程咨询、商务咨询、现代保险、信用评级、人力资源服务等产业;建立与国际接轨的生产性服务业标准体系,提高国际化水平;加强生活性服务业品质化发展,加快健康养老、文化娱乐、体育健身等领域的发展。

(3)稳步推进北京非首都功能疏解。重点疏解高耗能高耗水企业、区域性物流基地和专业市场、部分教育医疗和培训机构、部分行政事业性服务机构和企业总部等;高水平建设北京城市副中心,有效解决中心城区的城市病问题,合理分担中心城区的部分功能。

二、实施人口功能分区引导,促进人口均衡发展

京津冀地区应围绕人口协同发展的目标,发挥政府引导作用,有效引导人口均衡发展,合理优化人口地区分布,实施人口功能分区引导,把人口合理布局作为京津冀地区经济社会可持续发展的重大战略,统筹解决京津冀地区人口均衡发展面临的关键问题。

第二章 京津冀一体化发展背景与发展格局分析

(一)实施人口功能分区引导

结合区域功能布局定位,将京津冀地区划分为人口稳定优化区、人口重点集聚区、人口适度增长区和人口限制增长区等四类人口功能分区。在未来的发展中,各功能分区应对人口发展采用差别化的人口政策。

人口稳定优化区包括北京、天津和廊坊,应加快疏散中心城区人口向郊区转移,在市域内形成多中心空间发展格局,并引导人口向周边地区转移。人口重点集聚区包括石家庄、唐山、保定、沧州和秦皇岛,人口适度增长区包括衡水、邢台和邯郸,这两个分区要承接人口稳定优化区过剩人口转移,同时增加城市自身对人口的吸引力。人口限制增长区包括张家口和承德,不应鼓励大规模发展工业,对人口增长也要有一定的限制。

(二)合理优化人口地区分布

(1)强化北京中心城区人口疏解。鼓励部分行政办公、教育、科研、医疗等现有和新增功能向城市副中心或新城等地区转移,加快中心城区产业升级,由此高效疏解中心城区人口。加快郊区城市副中心和新城的软硬件设施建设,提升城市品质与内涵,增强对中心城区人口的吸引力。把人口疏解的责任和任务作为各级政府考核的具体目标,合理引导和加快中心城区的人口疏解。

(2)提高区域中小城市的吸引力。加快京津冀各城市间的产业协作与基础设施建设,带动区域大中小城市的联动发展,缩小城市间的发展差距。大力提高中小城市的公共服务设施建设,构建便捷的对外交通体系和公共服务体系,保障中小城市的基础设施和公共服务设施水平,提高中小城市对人口的吸引力,引导人口的自然流动。

(三)有效引导人口均衡发展

(1)稳步优化人口结构。优化人力资源结构,贯彻落实人才强国战略和京津冀区域人才发展战略,推动人才结构战略性调整。优化人才年龄结构,合理吸引外来年轻人才,尤其是高素质、高技能、紧缺型劳动年龄人口来京津和其他地级城市就业,激发创新活力和动力。综合应对劳动年龄人口下降,加强老年人力资源开发,增强大龄劳动力就业能力。开展重大经济社会政策人口影响评估,健全人口动态监测机制。

(2)全面提升人口素质。做好优生优育的全程服务,提高出生人口素质。在京津冀全区域普及健康教育,健全医疗保障和服务体系,尤其要完善区域内山区和偏远乡村的基本公共卫生服务体系,逐渐缩小城乡差距,实现基本公共卫生服务覆盖城乡居民,提高人口健康素质。在京津冀全区域构筑基础教育、高等教育、职业教育、继续教育一体化的终身教育体系,通过京津两市的高等院校机构到河北建立分校或分支机构等方式,全面提高全区域高等教育质量,为京津冀地区的经济社会发展提供需要的人才储备。针对外来流动人口,组织开展多层次、多专业、多元化的教育培训,促进人口负担转化为"人口红利"。

三、明确科技创新功能分工,加快构建区域协同创新体系

京津冀地区应充分发挥科技资源优势,通过明确京津冀三地科技创新功能定位。构建官产学研多元主体协同创新模式,打造以北京为创新枢纽城市的区域科技创新格局,深化科技创新体制机制改革,以推进京津冀区域协同创新体系的构建,促进加快转变区域经济发展方式、提升区域整体实力与综合竞争力[①]。

(一)明确三地科技创新功能定位

以构建区域协同创新体系为目标导向,充分利用北京科技创新资源丰富、天津研发转化能力突出、河北转型发展势头良好的优势,明确京津冀三地科技创新功能定位,强化分工与协作。

北京围绕提升自主创新和技术服务能力,坚持和强化全国科技创新中心地位,打造原始创新策源地、技术创新总部聚集地、科技成果交易核心区和全球高端创新型人才中心。天津围绕提高应用研究与工程化技术研发转化的能力,强化产业技术创新中心和先进制造中心地位,打造技术研发及战略性新兴产业创新成果转化基地、创新型中小企业集聚创新创业示范区。河北围绕增强重大科技创新成果集成应用和示范推广能力,打造科技支撑产业结构调整和转型升级示范区、高端成果转移转化集聚区。

(二)打造以北京为创新枢纽城市的区域科技创新格局

合理配置京津冀科技创新资源,强化区域内创新网络联系,共同打造高起点、国际化、合作型的以北京为创新枢纽城市的京津冀科技创新格局。

北京作为京津冀区域协同创新体系的核心,应以打造创新枢纽城市为目标导向,加速形成全球科技创新资源的汇集地,积极打造高端产业的策源地,努力构建科技创新创业的栖息地,建设一批具有全国、全球影响力的创

---

① 李国平.加快构建京津冀区域协同创新体系[J].区域经济评论,2016(02).

第二章　京津冀一体化发展背景与发展格局分析

新企业。不断提升北京作为重要枢纽城市、创新辐射源地、全球科技创新网络支点的地位,引领京津冀区域科技创新协同发展。

以中关村国家自主创新示范区和天津滨海高新区两大功能区为核心载体,加速发展高端研发、知识服务和现代制造,推进研发成果转化。充分发挥两大核心载体的知识、技术、人才、政策等创新辐射溢出效应,有效带动京津冀区域科技创新协同发展。

加快建设一批支撑高技术产业发展的科技园区、研发基地。有效集聚高端创新资源,大幅提升科技创新能力,加快承接和孵化转化中关村国家自主创新示范区和天津滨海高新区的高端科技创新成果,促进科技资源开放共享和创新成果转移转化。探索跨省市科技园区联合共建机制,加强联合科技研发和示范应用,打造一批支撑产业发展的创新基地,形成互利共赢、梯度传递式的科技园区发展模式,从而协同破解制约京津冀区域发展的重大科技问题,探索形成区域创新驱动发展新模式。

(三)深化科技创新体制机制改革

针对阻碍科技创新协同发展的不利因素,开展有关行政管理、法制建设、科技金融、知识产权、股权激励、人才特区等体制机制方面的改革工作,按照"政府引导、市场配置、重点突破、分段实施"的原则,坚持"技术市场搭台、创新联盟引领、重大项目支撑、产业园区承载"的方式,三地联合出台一批政策措施,研究制定重点技术成果目录,建设统一的科技资源开放共享平台。

(1)重点支持中关村国家自主创新示范区改革工作的先行先试。通过总结试点经验,凝练出可复制推广的先进政策措施向京津冀其他科技园区推广,鼓励和支持中关村在津冀两地建立科技成果转化基地。

(2)完善创新技术成果转移转化机制。建立健全重大创新成果的发现、评价、筛选和转化机制,探索建立股权、分红等创新成果转化激励机制,完善技术交易税收减免政策。

(3)健全科技创新投融资体系。创新多元化投融资方式,搭建科技金融合作平台。通过积极稳妥地引入众筹、天使投资、贷款贴息、风险投资等多种方式,推动关键技术研发及产业化。完善"谁投资、谁收益"的投资合作机制,积极鼓励社会资本参与技术研发。支持金融机构开展科技金融创新试点改革。

(4)完善科技人才跨区域流动和联合培养机制。搭建科技人才信息共享平台,以项目为纽带,积极吸引国内外高端科技人才、专家来京津冀从事研发和技术服务工作,推动北京高端科技人才到津冀进行创新创业。建立京津冀人力资源开发孵化基地,加强科技人才和科技管理人才的联合培养。

四、优化提升综合交通运输网络,推进交通一体化发展

京津冀交通一体化发展应立足于京津冀城镇体系整体格局,满足北京非首都功能疏解和产业升级转移需要,进一步优化提升综合交通运输网络,加快建设高效密集轨道交通网络,完善区域交通协同发展模式,建成高等级公路全覆盖,城际铁路骨架基本形成,港口、机场协同效应明显增强,交通智能化和运营管理力达到国际先进水平的区域交通协同发展体系。

(一)进一步优化提升综合交通运输网络

进一步提升综合交通运输网络,改善区域交通格局,强化薄弱环节。

(1)在公路交通方面,重点针对区域内"断头路"展开路网建设,并积极提升国家和省级干线技术等级,力争跨区域消除国、省干线"瓶颈路段",提高公路通达能力。针对环京津贫困地区积极实施农村公路的提级改造工程,针对重点产业聚集开发区强化干线公路对接,针对京津冀三地之间的路网对接加快环北京高速外环建设,打通三地路网对接途径。

(2)以天津北方国际航运核心区建设为重点,优化完善津冀沿海港口集疏运体系,明确分工、加强协调,优化配置区域内港口资源,强化港口与陆路交通运输的高效对接,综合提升运输能力。

(3)加快北京新机场建设,并完善首都机场服务功能,进一步提升北京航空枢纽国际竞争力。增强天津滨海国际机场的区域性航空枢纽作用,并充分发挥以石家庄正定国际机场为代表的河北各机场比较优势,增强对周边客货运输的集聚辐射能力,培育以首都机场为引领的京津冀区域机场群,形成层次分明、分工明确、优势互补、协调发展的航空服务体系。

(4)强化干线铁路建设,充分利用客运专线、普通铁路的富余运输能力开行城际、市域(郊)列车,建设完善北京与周边城市之间的环状高铁网络,以疏解首都交通枢纽中心压力,提高城市之间交通效率。进一步推进城际铁路、市域(郊)铁路建设,在区域范围内构建以城际快速铁路为主要骨架的交通圈。打造以北京、天津为核心,辐射周围地市的3小时高铁交通圈,为京津冀区域打造现代化新型首都圈和具有较强竞争力的城市群提供有力的交通基础设施支撑。积极建设北京至张家口段城际快速铁路,推进京沈客运专线建设,积极规划建设北京至衡水的客运专线,改善河北交通薄弱环节,推动张家口、承德、衡水三市进一步融入区域协作。

（二）完善区域交通协同发展模式

在京津冀协同发展背景下，三省市交通协同化发展格局尚未形成，区域内的交通合作仍然面临现实发展障碍。为尽快落实京津冀三地交通合作协同发展，有必要统一规划，将京津冀区域作为整体，对交通路网规划建设进行统筹协调规划，推动交通基础设施规划对接。创新管理运营模式，打破行政边界进行联合管理和合作运营，建立区域综合性交通管理运营平台，推动铁路、公路、民航，以及城市公共交通运营组织、票务和售票系统等衔接。通过推动区域内交通"一卡通"互连互通等方式，完善三省市一体化的运输服务网络。

五、加强生态环境保护，促进绿色循环低碳发展

为应对和破解京津冀区域的重大生态环境问题，京津冀应遵循自然生态环境发展和区域协调发展的科学规律，以平等互利、合作共赢、严格标准、联合管理及源头控制为原则，构建区域环境污染联防联控体系，完善生态环境保护协作机制，加强区域生态文明建设，重塑区域间、人地间和谐关系。

（一）构建区域环境污染联防联控体系

研究建立京津冀区域生态环境污染防治条例，统一建立一体化的环境准入和退出机制。构建京津冀区域生态环境监测网络，统一建立跨区域的大气、地表水、地下水和海域等环境监测预警体系和协调联动机制。统筹区域环境质量管理，建立跨区污染联防联控工作制度，完善协商机制、信息公开机制、公众参与互动机制等。制定区域性生态环境保护相关法律规范，构建京津冀协同应对体系，制定京津冀区域流域治理条例、大气污染防治条例等方面的法律规章。编制统一的京津冀区域生态环境保护规划，包括水资源可持续利用发展规划、大气污染防治规划、生态环境保护规划及空间发展规划等专项规划。联合设立京津冀生态环境协同治理专项资金，建立长效稳定的投入机制。

（二）完善生态环境保护协作机制

（1）建立完善生态环境协同治理市场化机制。研究制订京津冀资源总量初始分配方案，引入市场机制，依靠价格调节，在全国率先探索建立区域节能降耗减排市场机制。积极推进建立区域碳排放交易市场；在明晰水权和排污权分配、建立健全总量控制和许可证制度的基础上，优先建立区域性

强的水权和排污权交易市场,尽快形成基于市场的转让和补偿机制。建立和完善京津冀区域水资源的统一分配与管理机制,明确初始水权分配,细化水权类型,完善取水证制度。加快引入市场机制,积极推行水价改革,逐步建立符合京津冀区域实际情况的水权交易一、二级市场。在水权市场逐步成熟的基础上,建立完善污水排放权交易市场,促进水资源合理配置,提高利用效率。

(2)建立完善区域生态补偿机制。根据区域特点、京津冀区域部分生态补偿性质的相关实践,以及国内外经验进行生态补偿标准研究,制定区域生态补偿标准参考手册。通过政府转移支付、市场化交易、污染制造者和生态受益者支付直接补贴等手段,对流域内禁止开发、限制开发区域,水源涵养区农民的稻改旱工程,农牧民退耕还草林,圈养禁牧及生态移民等区域及区域内农牧民给予生态补偿。统一京津冀不同区域的生态补偿标准,推进生态补偿区域转变发展方式,缩小生态补偿地区间的收入差距。

第三章 京津冀体育产业一体化发展研究

推进京津冀体育产业一体化发展,对推动京津冀体育产业结构优化升级和提高京津冀体育产业综合竞争力都有重要的战略意义。本章以京津冀体育产业一体化发展为研究对象,依次对一体化发展的依据、意义、必要性、可行性、发展概况、发展问题、优势、劣势、发展战略构想进行阐析,力求进一步夯实京津冀体育产业一体化发展的理论基础,为京津冀体育产业一体化发展提供理论与实践指导。

第一节 京津冀体育产业一体化发展的依据与意义

一、京津冀体育产业一体化发展的依据

(一)区域经济一体化已成为我国区域经济发展的主要趋势

自 20 世纪 80 年代开始,区域经济一体化走向越来越显著。在西欧地区和北美地区区域一体化组织已经相对成熟的国际背景下,我国同样在大力推进经济合作进程。就我国来说,把区域经济板块设定为特色的经济竞争格局慢慢形成,对我国区域经济发展产生了显著的积极作用。在近几年,长江三角洲(以下简称长三角)经济一体化持续加速,珠江三角洲(以下简称珠三角)和港澳经济的融合程度逐步加深,长三角和珠三角的经济总量都呈现平稳、快速的发展势头。长三角具体由江苏省、浙江省、上海、安徽组成,而狭义上的珠三角仅仅由一个广东省组成。

立足于区域战略位置的层面来分析,京津冀区域同时包含京津唐经济圈、北京直辖市以及天津直辖市,属于我国经济基础最坚实、发展速度最快的区域之一,同时被专家们界定为 21 世纪发展潜力最大的经济带之一。在区域经济一体化不断加深、产业结构持续升级、信息化速度不断加快以及市场化进程持续推进的大背景下,京津冀一体化已经成为一种必然趋势。就

现阶段来说,尽管京津冀分属于三个行政区划,但有着千丝万缕的内在联系,互补性与依托性都十分显著,发展过程中应当根据一个经济区域统筹规划与布局,从而达到扬长避短与高速发展的目标。

(二)长三角、珠三角区域经济发展成功模式,对京津冀体育产业合作发展有借鉴意义

在相关政府发挥推动作用的基础上,相互间开展多方面经济合作或者全方面经济合作,即区域合作。区域合作主要有区域之间的要素自由流动、建立共同市场、建立经济联合组织、协调资源开发、协调经济发展政策、共同维护经济秩序、保持经济的稳定性等内容。从整体来说,区域合作的功能是:构建区域市场,确保内部不同区域之间的资源和要素朝着合理化方向流动;联合开发、利用资源,设法达到资源最大化目标;促使经济模式转变速度加快,对经济结构采取切实有效的调整措施和优化措施;想方设法加快区域一体化速度。倘若京津冀区域合作能够将本区域的资源优势和区域优势充分发挥出来,那么将会对区域经济可持续发展产生显著的积极作用。

长三角凭借水陆交通发达、经济实力雄厚、人力资源丰富等多重优势,各地在发展过程中联系本地实际状况逐步产生了特色显著的发展模式,具体就是江苏地区的苏南模式、浙江地区的温州模式以及上海地区的浦东开发模式。长三角把上海设定为枢纽,把南京、杭州、宁波、南通等设定为中心,逐步形成了"一枢纽、四中心、五圈层、六主轴"的产业布局结构。长三角构筑了宁沪杭甬带、沿江产业带和环杭州湾产业带三条跨省区的产业发展带,使得产业结构能级以及产业结构整体水平都出现了大幅度提升。珠三角以广州、深圳为中心,以东莞、佛山、珠海、江门为次中心,形成了广州都市带、珠江东岸带、珠江西岸带三条产业带,推进珠三角经济的发展。表3-1和表3-2分别是长三角产业发展轴状况和珠三角产业发展带状况,具体如下。

以长三角和珠三角为比较对象,京津冀地区经济地位和这两个地区的经济地位依然有很大差距,一方面是因为区域壁垒大大加大了资源共享和优势互补的难度,另一方面是因为外向经济发展速度缓慢,产业重叠现象十分严重。长三角和珠三角充分发挥了市场作用以及行政手段的作用,为区域产业协同发展注入了很大的动力,集理论高度、全局性以及可操作性于一身,为京津冀体育产业协作发展提供可供借鉴的经验。

第三章　京津冀体育产业一体化发展研究

表 3-1　长三角产业发展轴状况

发展带	重点城市	重点产业
宁沪杭甬带	上海、南京、杭州	信息技术、生物制药、现代服务、新材料技术、先进制造业等产业
沿江产业带	连云港、上海、杭州、舟山、温州	装备制造、现代物流、精细化工、冶金加工、造船业等产业
环杭州湾带	杭州、宁波	临港产业、先进制造、电子信息、医药、服装等产业

表 3-2　珠三角产业发展带状况

发展带	重点城市	重点产业
广州都市带	广州	信息技术、生物制药、现代服务、新材料技术、先进制造业等产业
珠江东岸带	深圳、东莞	新能源、新材料、现代物流、精细化工、冶金加工、文化创意、IT产业等产业
珠江西岸带	佛山、中山、珠海	能源化工、家电制造、电子信息、机械加工、物流等产业

（三）京津冀体育产业合作发展协议的签订，使该区域体育产业发展过渡到崭新阶段

京津冀区域的经济互补十分强烈，因为各类体育产业的产业梯度尤为显著，所以相互之间的合作倾向同样十分强烈：具体就是北京以第三产业为主，具备全国最丰富的体育场馆资源、体育人力智力资源、体育金融与投融资服务资源，已经具备体育产业迅猛发展的基础性条件。与此同时，北京是国际交往中心，会不定期地举办国际体育交流合作活动，能够比较高效地整合国际范围内的优质体育资源。北京在这些方面的条件和优势都能够为自身发展体育产业提供优质环境以及强有力的支撑。京津冀合作发展体育产业能够将北京的辐射作用与带动作用充分发挥出来；天津市是以制造业为主，同时外向型经济占据的比例很大，所以天津市的崛起能够有效拉动京津冀整体发展，促使区域经济发展的支撑水平得到大幅度提升；河北省拥有丰富的资源,劳动力成本相对较低,市场十分广阔,拥有的社会资源、人文资源以及旅游资源等都达到了厚重的要求,如此能够在开发体育产业的过程中发挥保障性作用。

近些年来,中央政府充分发挥了推动作用与引导作用,京津冀各级政府先后开展了达到系统性要求的区域合作,同时签订了多个方面的合作协议,主要目的是进一步强化区域内部的分工和协作,设法使区域经济联系更加紧密,从根本上加快区域发展速度。立足于全局来分析,京津冀三方应当牢牢抓住各个方面的发展机遇,通力协作,科学发展,由此从根本上加快区域体育产业发展跃上新台阶的速度。

二、京津冀体育产业一体化发展的意义

(一)有利于京津冀区域体育产业布局优化

综合分析近些年的情况能够得出,京津冀产业间融合程度在持续增强,但也有产业分工不足、要素市场有待完善、行政壁垒客观存在等多方面的问题,这些问题对区域产业协同发展产生了很大的负面作用。京津冀区域内的体育产业存在显著的互补性特点以及依托性特点,有着千丝万缕的联系,所以发展过程中应当立足于全局实施统筹规划。区域内达到体育产业完全不重复的可能性为零,但并非允许每一个产业均可重复,尤其是严禁在同一个层次发展。区域内各地间设置科学、合理的产业梯度,同时全面达到错位发展的要求。就京津冀体育产业分工与合作发展来说,应当积极、充分地发挥中央体育产业发展意见的指导性作用,把现有产业的实际状况以及地区资源禀赋设定为出发点,政府应当适时加大宏观调控的力度,从而达到优化产业布局的力度,促使产业的发展层次与发展水平都获得大幅度提升。

(二)有利于京津冀区域体育产业结构的升级

构建区域分工和合作机制,对要素自由流通和资源配置效率都有十分显著的积极作用。京津冀三地体育产业结构的互补性特征十分显著,合作发展对比较优势的充分发挥有显著的积极作用,能够加快体育产业结构优化升级的速度。由于北京和天津在人才、资金以及技术等层面都拥有显著优势,所以有必要科学调整产业发展思路,尝试将发展重点凸显出来,设法使发展水平得到大幅度提升;河北的区域发展空间较大、体育产业资源丰富多彩,巨大的发展空间还有待挖掘。

京津冀体育产业合作发展,京津两市能够全面运用河北发展空间以及

资源条件,河北同样能够接受京津产业转移,这都有助于优势互补、良性互动的区域体育产业发展格局的形成。

(三)有利于京津冀区域经济一体化发展

全方位探究京津冀体育产业分工和合作的对策,在分析和探究体育产业发展规划时将其置于京津冀大区域中,如此有助于站在战略视角与整体视角来认识和分析区域体育产业发展建设规划,并能够对京津冀区域经济的协同发展产生指导性作用。就体育产业发展而言,京津冀三方均存在自由的发展规划。北京参照"十三五"经济社会发展纲要,密切联系各个地区的资源禀赋以及产业基础,促使功能定位更加清晰确定,主动对产业集聚产生引导性作用,集中各方力量来打造北京奥林匹克公园、龙潭湖体育产业园、顺义潮白河水上运动集聚区、密云航空运动集聚区等八大重点体育产业功能区,逐步形成"一核两带多园区"体育产业发展格局。天津参照"十三五"经济社会发展纲要,密切联系不同地区实际拥有的资源禀赋以及产业基础,着力打造天津奥体中心、天津健康产业园、天津动漫游戏产业基地、蓟县冰雪运动集聚区等重点体育产业功能区,建成东部体育产业发展带和西部体育产业发展带,逐步带动形成"双核双带多园区"体育产业发展格局。河北依据"十三五"经济社会发展纲要、《关于加快发展体育产业的实施意见》,密切联系各个地区的资源禀赋以及产业基础,在规划过程中始终坚持科学性原则,在布局过程中始终坚持合理性原则,逐步培育出一大批竞争力巨大的体育企业以及体育品牌,主动打造体育产业功能区,按部就班地构建拥有河北特色的"一核两带多园区"体育产业格局。在京津冀体育产业合作发展的过程中,有很大必要将各自的规划归纳为统一规划,坚定不移地贯彻落实科学发展观,立足于空间层面完成统筹规划工作,从而形成分工明确、特色鲜明、优势明显、品牌知名度大的城市群体,从根本上加快京津冀区域经济一体化发展速度。

第二节 京津冀体育产业一体化发展的必要性与可行性分析

一、京津冀体育产业一体化发展的必要性分析

针对京津冀体育产业一体化发展的必要性,能够立足于总体经济差距

以及合作现状等视角展开全方位分析,恰恰是由于存在差距和当前合作状况未能符合可持续发展的走向,所以有很大必要贯彻落实三地的体育产业合作。

(一)总体经济差距要求产业合作

就当前来说,京津冀三地之间的经济差距呈现出越来越明显且持续加剧的态势,为此就需要进一步增强三地之间的产业合作,特别是要全面调动河北的积极性,促使产业结构升级的速度持续加快,如此才能更快缩小河北和京津的差距。顺利签订京津冀体育产业合作发展协议为京津冀提供了不容错过的机会,这些机遇大大增加了京津冀体育产业合作发展的可能性。倘若京津冀能够牢牢抓住这次机会并做到充分利用,则会使京津冀体育产业迈入崭新的发展阶段。

(二)体育产业可持续发展要求产业合作

不仅满足现阶段需求,也不会削弱子孙后代满足各方面需要的能力的发展,即所谓的可持续发展。可持续发展不但意味着维护、合理使用以及提高自然资源基础,而且意味着在发展计划与政策中增加对环境的重视和分析。可持续发展的目标是在满足人类多重需要的同时,促使个人获得全面发展;在对资源与生态环境采取切实可行的保护措施的同时,保证不会对后代的生存与发展产生威胁;十分重视不同类型的经济活动的生态合理性,反复重申要大力支持有利于资源和环境的经济活动,反之则坚决摒弃。

提出可持续发展战略,进一步表明现阶段的环境问题与资源问题已经演变成世界各国人民都十分重视的问题,许多国家的环境污染问题、资源浪费问题以及生态破坏问题都比较严重,环境保护与资源治理已经成为当下必须采取的措施。京津冀地区是我国经济快速发展的一个区域,在"以经济建设为中心"口号的带动下难免会出现资源浪费问题和环境破坏问题,体育资源同样如此。由此可见,当前有很大必要开发京津冀地区体育资源,想方设法达到资源消耗最小、经济效益最大、环境保护最优三项目标,由此推动京津冀体育产业朝着健康与可持续发展的方向发展。

二、京津冀体育产业一体化发展的可行性分析

(一)京津冀体育产业的差异性与互补性

京津冀地区在区位上间隔距离小,交通方便,生产要素资源具备十分显

著的互补性,具备贯彻落实产业合作的条件。北京不仅具备雄厚经济实力和更加优化的体育产业结构,同时其体育产业结构无时无刻不在朝着更优化的方向发展,不足之处是北京体育产业结构未达到合理性要求,本体产业发挥的作用十分有限。天津是京津冀区域的另一个核心,经济基础稳固以及人才竞争力和科学竞争力较强,使得天津体育产业的后发优势很大。河北省的唐山、廊坊、保定、邯郸等体育产业发展基础较好,张家口、承德等地区体育产业具备的地域特色十分显著,能够和京津体育产业形成优势互补的格局。由此可见,京津冀地区当今已经有加快体育产业一体化速度和提高区域体育产业竞争力的基础。

(二)京津冀区域经济合作日益受到重视

中央政府近些年来充分发挥推动作用与引导作用,京津冀各级政府着眼于多个层面贯彻并落实区域合作,积极主动地完成了签订合作协议的相关工作,主要目的是从根本上增强区域分工和区域合作的力度,促使区域经济联系得到质的提高,加快区域发展步伐。京津冀区域合作战略研讨会等都为京津冀体育产业一体化创造了很多难能可贵的发展机会。

第三节　京津冀体育产业一体化发展概况与问题

一、京津冀体育产业一体化发展概况

(一)体育产业产值快速增长

综合分析京津冀体育产业合作发展状况能够发现,三地的体育产值都反映出了快速增长的走向。三地体育产业产值、体育产业增加值、体育产业产值占地区产业产值的具体比重都呈现了增长趋势,同时三地体育从业人员和增加值也有上升趋势,另外体育产业总收入逐年攀升。总而言之,京津冀三地的体育产业发展势头良好。

(二)初步形成现代体育产业体系

要想使体育产业发展速度更快,就一定要着手构建出结构科学、门类多种多样、科技含量高、创新意识强、拥有核心竞争力的现代体育产业体系。就近些年来说,京津冀区域把规划和建设体育产业体系设定为一项重要任

务,想方设法推动体育产业朝着良好的方向发展。截至当前,京津冀区域的现代体育产业体系已经大体形成,具体来说就是北京市体育产业相对完善的产业体系已经基本产生,子产业类别具有多元化特点,体育产业开发领域朝着更大的范围拓展,产业效益越来越高。北京以社会资金投入为主的体育健身休闲市场体系初步形成,体育竞技表演市场获得稳步发展,体育中介、体育培训、体育用品等要素市场发展迅速,体育信息咨询机构不断增加,体育中介组织也已形成一定规模。关于北京市体育健身休闲业、体育竞技表演业、体育用品业增加值分别占产业总值的统计数据表明,北京市体育产业的发展已正式迈入体育核心产业快速发展、体育服务业产值比重快速上涨、体育用品产值份额逐步降低的高层次发展时期,同时内部结构大体形成以体育用品销售业、体育竞技表演业、体育健身休闲业、体育用品制造业为主体,多业协同发展的先进体育产业格局。

就近些年来说,天津市牢牢抓住并利用滨海新区规划建设,想方设法提高城市功能,深入挖掘和利用奥运会的积极作用,由此使体育产业发展顺利搭上"顺风车",相继产生了包括体育用品制造业、体育健身服务业、体育竞赛表演业、体育旅游业、体育彩票业、体育文化产业等在内的体育产业体系。与此同时,河北省在近些年将管理体制改革定位成抓手,不仅分析和兼顾了不同地区的要素优势,也积极总结和学习了世界各国的先进经验,体育产业呈现了可喜的发展势头,慢慢形成了相对合理的产业体系。就现阶段来说,河北省已形成以"环京津体育休闲旅游"为品牌,以体育旅游业为基础,体育健身休闲业、体育竞赛表演业、体育彩票业、体育中介业、体育用品制造业等协同发展的具有河北特色的现代体育产业发展体系。

(三)初步形成了一批体育产业聚集区

从本质上来说,体育产业聚集区充当着体育产业发展的空间载体和主体。就近些年来说,京津冀三地都将规划和建设体育产业聚集区设定为重要任务。发展至今,京津冀区域已经出现一批发展较好的体育产业聚集区。

以北京市的城市整体规划以及国民经济与社会发展规划纲要为根据,密切联系区县原本就具备资源特色以及发展基础,正确引领并促使体育产业各业态在各个区县以及各功能区的集聚发展,循序渐进地发展成为包括北京奥林匹克公园在内的八大体育产业集聚区。北京潮白河水上运动集聚区和龙潭湖体育产业园区都获得了良好的发展成效。

在完成体育产业集聚区的规划建设工作中,天津市主动吸纳文化创意理念,在分析并联系各个功能区资源的基础上高质量完成各项规划工作,逐步产生了天津奥林匹克中心、天津动漫体育产业基地、滨海高新体育产业研

第三章 京津冀体育产业一体化发展研究

发基地等颇具特色的体育产业集聚区。天津市滨海高新体育产业研发基地和海河教育园体育中心都依托多方面力量,采取多项举措,先后获得了很多可喜的发展成效。需要补充的是,天津市还想方设法挖掘并发挥了海河风景、小白楼金融街、津湾广场等资源,集中力量发展观光体育旅游、体育休闲娱乐等多个产业。

河北省坚持遵循"有选择、有退出,积极培育、重点打造"的原则,大力推进体育产业功能布局朝着更加合理的方向发展,从而逐步构建出包括崇礼滑雪运动基地在内的多个颇具特色的体育产业集聚区。就崇礼滑雪运动基地来说,贯彻落实的举措有改建并扩建滑雪场,如此便于冬季发展高级、中级、低级配置合理的滑雪运动产业,春季、夏季和秋季发展滑草、滑沙、滑板、轮滑等极限运动;科学建立国际滑雪学院,将崇礼构建成我国影响力大的国内滑雪教学、滑雪科研以及滑雪培训的基地;采取多元化措施吸引国际滑雪用具生产商和滑雪设备生产商进入我国,从而构建在我国拥有巨大品牌影响力滑雪用具生产基地以及滑雪设备生产基地;汇集多方力量申办和承办世界滑雪领域的会议、培训以及展览。

(四)探求体育产业合作发展之路

京津冀三地近年来在体育产业方面的举措是为三地关于体育产业合作探寻方法和策略、积极寻找三地体育产业一体化的发展思路。2010年8月3日,2010年京津冀体育产业发展战略高层论坛在秦皇岛市国家足球训练基地隆重举行,相关领导在《京津冀体育产业合作协议》上签字,这象征着我国第一个达到区域一体化要求的体育产业面世,京津冀体育产业正式迈入崭新的发展阶段。与此同时,京津冀联手推出总值超过90亿元的一批体育产业项目,三地在相互协作的基础上融资招商,共同寻找联动发展的崭新道路。从整体来说,京津冀在相互合作的前提下发展体育产业,对三地体育产业圈一体化目标的达成有显著的积极作用,能够对区域体育产业具体要素流动朝着合理、高效的方向发展有积极作用,此外对三地体育产业实现可持续发展有促进作用。

(五)形成一批特色体育产业品牌

近几年,京津冀分析并参照当地体育产业的发展状况和资源优势,想方设法把优势产业与特色产业的优势发挥得淋漓尽致,由此形成了一批拥有鲜明特点的体育产业品牌。举例来说,北京依托朝阳、海淀、延庆、顺义、东城等9个区县的道路,设计职业公路自行车赛道,这为北京市自行车运动注入了很大的发展动力,这能够从一定程度上推动北京体育产业的发展进程;天津蓟州以蓟州国际滑雪场、玉龙滑雪场、盘山滑雪场等场地为依托,将体育旅游设定为当地一大特色,集中力量发展冰雪产业、冰雪用品制造业以及户外运动产业;河北崇礼将滑雪产业设定为当地特色,将建立并发展开放式滑雪产业基地设定为崇礼的发展目标之一,集中力量发展和滑雪存在联系的个别产业。

(六)京津冀三地存在明显且程度不一的产业同构现象

产业分工指数的测算结果以及区域配置指数与区位商双重指标确定的主导产业类别对比分析结果都证实,京津冀三地的产业同构程度的确比较严重。就京津冀共有的主导产业来说,专用设备制造业、金属制品业、电气机械和器材制造业、医药制造业四大领域的同构程度就比较严重,这四大领域占三地工业总增加值的具体比重是 25.014 1%、20.647 8% 和 19.050 3%。详细来说,京冀两地的产业同构程度最低,同构产业类别主要集中于金属制品业、医药制造业、专用设备制造业、电气机械和器材制造业等四个领域,同构产业增加值占地区工业总增加值的比重分别为 25.014 1% 和 19.050 3%,为此大体上可以提出这样的观点,即京冀两地产业分工度达到了合理性要求,已经具备产业协同发展的大体基础。与其形成鲜明对比的是,津冀两地产业同构现象十分显著,同构类别最为集中的五大领域分别是黑色金属冶炼和压延加工业、金属制品业、医药制造业、专用设备制造业、电气机械和器材制造业,同构产业增加值占地区工业总增加值的比重分别为 51.832 6% 和 42.238 5%,这不仅清晰地反映了同构十分严峻,也反映了同构在地区经济发展过程中不容忽视的位置,还从侧面反映出京津冀协同发展在现阶段出现速度缓慢现象的具体原因。除了第二产业同构以外,京津冀三地的第三产业也存在或多或少的同构现象,如京津两地在金融领域的同构现象等。

(七)京津冀三地存在各自比较优势突出的主导产业

就参照区域配置指数以及区位商确定的三地主导产业进行对比后能够得出,某些主导产业是各地独有的,所以说每个地区绝无仅有的主导产业是各地拥有显著优势的主导产业,这里不就京津冀三地优势显著的主导产业展开详细阐述。

二、京津冀体育产业一体化的问题

(一)政府服务意识不强

关于京津冀体育产业合作进程不快的问题,中央政府和地方政府都应

第三章 京津冀体育产业一体化发展研究

当深刻反思。对于区域间合作发展来说,中央政府的认可、支持、协调、推动或者政策倾斜都是不可或缺的。但从近些年中央关于区域发展的战略规划的批复来看,京津冀受到了或多或少的冷落,这无疑不利于京津冀体育产业一体化发展。

除此之外,京津冀区域内地方政府主要是集中多方力量制定适宜的产业政策、投资政策以及税收政策等,针对京津冀区域合作开展并落实政策制定工作、产业规划工作、利益分配工作,机制创新的意识有待增强,这从某种程度上限制了京津冀区域合作。

(二)体育产业结构雷同

就京津冀区域内部来说,在合作意识不强、行政障碍以及由此产生的制度障碍与地域壁垒客观存在的大背景下,各区划常常会在体育产业发展历程中呈现出自成体系、各自为政的不良现象,始终未能产生切实有效的产业合作与分工机制,这大大加重了区间产业体系的趋同程度。虽然京津冀三地体育产业的产业梯度客观存在,但是区域范围内的产业合作十分有限,这不利于各地充分发挥地域优势,也会对特色体育产业的产生和发展产生阻碍作用。

从北京、天津、河北制定的"十二五"体育产业规划看,京津冀确立的体育产业发展方向大体一样,差异性与互补性未能达到特别显著的程度(表3-3)。就京津冀范围内来说,在区域壁垒与地区本位主义的双重作用下,通常情况下各市会独立完成体育产业的规划工作,这使得程度严重的产业结构趋同现象由此产生。由此产生的结果是地域间恶性竞争形成并加剧,资源利用的分散程度日趋严重,产业做大做强的难度进一步增加,体育产业结构优化与升级的难度大大增加,各地增强区域经济竞争力的速度有所减缓。

表3-3 京津冀"十二五"期间体育产业发展重点

地区	产业
北京	体育健身服务业、体育竞赛表演业、体育彩票业、体育旅游业、体育文化产业、体育中介业、体育营销会展业
天津	体育用品制造业、体育健身服务业、体育竞赛表演业、体育旅游业、体育彩票业、体育文化产业
河北	体育健身服务业、体育竞赛表演业、体育用品制造业、体育彩票业、体育中介业、体育旅游业

(三)体育产业合作层次不高

尽管京津冀体育产业已经正式踏上合作发展的道路,但整体的合作层次有待提高,合作规模有待拓展,内部合作的失衡问题比较突出,京津之间的合作次数和合作质量有待提高,京冀和津冀之间的合作次数比较多。立足于体育产业合作深度与合作广度两个层面展开分析,截至当前的合作停留在局部合作和松散合作的层面,深层次产业合作基本找不到,并未形成真正的区域产业合作以及梯度分工。

(四)体育产业合作机制不成熟

近些年来,京津冀区域为推进区域合作进程相继开展了各式各样的活动,具体包括召开京津冀合作论坛、签订合作协议、高层领导互访等。然而,整体分析的结果表明京津冀三地的体育产业一体化发展依旧处在探讨与造势阶段,和合作各方切身利益存在联系的具体方案以及思路方针并未形成并确定。举例来说,京津冀三方成立了"京津冀旅游局秘书处",但关于高层决策的协调并未形成切实可行的制度保障以及更深层次的协调机制。

从整体来说,京津冀体育产业合作层次有待进一步提升,规模有待进一步扩大,至今未能在寻求各方利益结合点和切入点两个方面出现实质性突破。

(五)体育产业发展较不平衡

在京津冀一体化上升为国家战略的大背景下,京津冀一体化速度不断加快,京津冀体育产业呈现出了良好的发展态势。在"十二五"期间,北京市体育产业发展规模呈现出了稳步扩大的良好态势,经济社会效益越来越显著。就近几年来说,北京市体育产业增加值年均增幅、总收入年均增幅、全市体育产业实现收入、全市人均实现收入、体育服务业实现收入、体育服务从业人数占体育产业总从业人数的比重、体育产业增加值占全市生产总值的比重都呈现出了增长趋势。天津市通过举办和承办第六届东亚运动会、天津国际马拉松赛、环中国国际公路自行车赛、世界汽车漂移系列赛、沃尔沃高尔夫中国公开赛等在我国和在世界范围内规模巨大的品牌赛事,为天津体育产业发展注入了巨大推动力。此外,河北省体育产业同样保持了良好发展势头,河北省2015年体育产业增加值已经提高至144.85亿。

从全局来分析,尽管京津冀体育产业发展速度迅猛,但京津冀三地体育产业发展并不均衡。就体育产业的发展力和竞争力来说,京津冀三地因为人口、经济、体育赛事、体育设施、相关产业等方面的优势存在差异,所以造成三地体育产业的发展力与竞争力难免会有差异。三地在体育产业发展力与竞争力方面的差异具体表现为：北京市最强、天津市次之、河北省最弱；三地在体育产业发展速度与发展水平方面的差异同样比较显著，其中北京市最快、天津市次之、河北省最慢。

（六）体育产业结构均欠合理

京津冀三地的体育产业发展都有各自独一无二的特色，具体如下。

北京市充分利用第 29 届夏季奥运会带来的"红利"，以"高产出、高效益、高辐射力"为标准，不断加大在体育产业方面的发展力度，相继建立了奥林匹克中心区、龙潭湖体育产业园等八大功能区，构建出了全市南北有大型体育主题公园，东西有特色体育健身园区的基本格局；汇集多方力量打造体育和文化、旅游等行业存在联系的综合产业链，由此形成和体育相关的产业集群；集中力量使体育竞赛表演市场的品牌影响力与商业价值得到质的提升，顺利举办了一系列在世界范围内水平较高的体育赛事，由此得到的社会效益与经济效益都比较客观。这些方面的成功举措有效扩大了北京市体育产业整体规模，促使北京市体育产业结构呈现出日益优化的趋势以及较强的发展力与竞争力。

分析天津市体育产业发展空间布局能够发现，天津市采取多元化措施着力打造"一轴两带多园区"。详细来说"一轴"即对接北京，沿海河和京津塘高速公路，将中心城区与滨海新区连接在一起的发展轴线，持续集中多方力量来发展体育场馆服务业等多项产业，想方设法对全市体育产业发展产生更显著的引领作用、示范作用以及辐射作用。"两带"是指东部滨海运动休闲，具体就是深入挖掘东部岸线蕴藏的资源，集中多方力量加大对滨海运动休闲度假产业的发展力度；带西部户外运动休闲带，设法将西部紧邻北京的区位优势发挥得淋漓尽致，着重发展将户外运动设定为鲜明特色的体育旅游业"多园区"，具体就是在"一轴"线建设各式各样的园区，在"两带"上建设多种类型的运动集聚区和运动装备制造业基地等，尽快构建出涵盖体育竞赛表演等门类的体育产业体系。

河北省在全面分析和兼顾本省区位、资源、产业基础等多重因素的基础上，汇集多方力量建构"一环引领、三极推动、五区支撑"的体育产业发展空间布局。具体来说，"一环引领"，即建设环京津体育产业隆起带；"三极推动"，即培育张家口奥运经济发展极、秦皇岛海洋体育产业发展极和石家庄都市体育产业发展极；"五区支撑"，即发展保廊沧体育用品制造聚集区、滨海运动休闲产业聚集区、"两山"户外运动产业聚集区、张承冰雪运动产业聚集区、冀中南特色体育产业聚集区，由此发展成健身休闲、竞赛表演、体育制造、冰雪、足球五大主导产业，以及体育培训、体育场馆服务、体育传媒、体育中介、科技体育、体育彩票产业六大潜力产业。

需要说明的是，尽管京津冀三地的体育产业发展的特色不尽相同，但存在体育产业整体规模偏小、结构不优的现实问题。立足于发展规模的角度来分析，从纵向角度来说京津冀三地体育产业规模都呈现不断发展壮大的态势，但从横向角度来说京津冀三地的体育产业规模和部分发达国家的体育产业规模还有很大差距需要跨越。最为突出的问题是，京津冀三地体育服务业整体规模偏小，经营单位的总体实力偏弱，体育服务消费动力有待增强。尽管天津市体育产业已经相继获得很多发展成绩，但和天津各式各样的体育资源、百姓持续增长的体育服务需求和体育产品需求相比，依旧存在很大差距需要跨越，具体表现是体育产业整体规模不够大，在推动消费、招商引资、提供就业机会三个方面的作用不够显著；开发和利用体育资源的整体效率比较低，未能对社会资本和外资投入产生强有力的吸引力。2015年，河北省体育产业总规模为836.181亿元，增加值为254.253亿元，占同期河北省国民生产总值的比重为0.85%，其中，体育用品及相关产品制造的总规模和增加值分别为686.94亿元和164.8亿元，占河北省体育产业总产出和增加值的比重分别为82.15%和64.82%，体育产业规模和市场主体不够大、不够多的问题相对明显。

立足于产业结构的视角展开分析，北京市体育服务业对体育产业增长的贡献率不断提高，体育服务业整体规模有待扩大，经营单位综合实力需要进一步增强，体育服务消费动力需要进一步强化。天津市体育产业结构还有必要加以完善，原因在于天津市资源优势突出的体育服务业所占的实际比重偏低；体育经营单位的综合实力有待增强，小微企业和轻资产运营企业要比大型企业、龙头企业、兼营企业、专营企业多出很多，与此同时很大一部分是体育系统下属事业单位或社会上的企事业单位的体育设施对外开放，补偿运营，在运营方面的动力与能力均需要大幅度增强。2015年，河北省体育服务业总产出和增加值分别为136.84亿元和86.35亿元，占河北省体育产业总产出和增加值的比重分别为16.37%和33.96%。分析表3-4能够得出，河北省体育产业总产出主要来源于体育用品制造和相关产品制造，但是包括体育管理活动、体育竞赛表演活动等在内的服务业产值较小。

第三章 京津冀体育产业一体化发展研究

表 3-4 2015 年河北省体育产业总产出和增加值

体育产业名称	总量（亿元） 总产值	总量（亿元） 增加值	结构（%） 总产值	结构（%） 增加值
体育产业合计	836.181	254.253	100	100
体育管理活动	8.81	5.71	1.05	2.25
体育竞赛表演活动	1.49	1.18	0.18	0.46
体育健身休闲活动	0.83	0.59	0.10	0.23
体育场馆服务	26.13	18.92	3.12	7.44
体育中介服务	0.061	0.033	0.01	0.01
体育培训与教育	5.14	1.5	0.61	0.59
体育传媒与信息服务	0.52	0.23	0.06	0.09
其他与体育相关服务	50.16	27.37	6.00	10.76
体育用品及相关产品制造	686.94	164.8	82.15	64.82
体育用品及相关产品销售、贸易代理与出租	43.69	30.81	5.22	12.12
体育场地设施建设	12.41	3.11	1.48	1.22

（七）体育产业圈一体化发展机制尚不完善

在京津冀经济一体化持续推进的大背景下，尤其是2022年北京冬奥会申办成功的背景下，京津冀三地在体育产业圈一体化发展力方面的合作意识以及合作意向都比较强。

具体来说，北京市在本市体育"十三五"时期发展规划中提出，创立京津冀单项体育协会联盟，全力打造京津冀地区群众体育品牌活动，不断加快京津冀体育产业圈一体化发展的速度；不断强化对体育生活化社区以及体育特色乡镇的建设力度，高质量完成全民健身设施布局的统筹工作，逐步形成以"一刻钟健身圈"为基础的全民健身设施网络，统筹京津冀体育产业错位发展。

天津市在本市体育"十三五"发展规划中提出，建立协同发展工作机制，具体包括建立京津冀联席会议机制、体育社团组织联系机制，成立京津冀体育产业协会，由此从根本上增加三地相互协商、相互协调、相互沟通的机会；打造京津冀体育健身休闲圈，建设一批体育健身休闲基地，三地协同组织和举办大规模的群众体育活动；通过举办教练员训练交流活动、联合举办高水平体育赛事、轮流承办体育传统项目校际竞赛交流等,通过相互协作使三地竞技体育水平得到大幅度提升;深入挖掘并利用京津冀三地蕴藏的自然资源,建设数十个品牌活动基地,着力打造一大批体育服务业重点项目,为京津冀体育产业一体化发展注入巨大推动力。

河北省在本省体育产业发展"十三五"规划中提出,联合北京市与天津市建设京津冀体育健身休闲圈,在环京津地区建立大型且知名度较高的体育休闲基地;和北京市与天津市联合起来构建服务于广大群众的健身场馆群,实行"健身一卡通";和北京市、天津市携手组织并举办在世界范围内知名度较高的体育赛时,科学构建高端赛事承办的联动合作机制,循序渐进地把京津冀地区打造成在世界范围内影响力较大的品牌赛事聚集区;联合三方力量打造京津冀体育产业带,逐步培育出在我国各地拥有巨大影响力的京津冀体育产业集聚区,大力支持在京津冀区域内的企业借助多种形式整合资源,实现跨越地区、跨越行业、跨越所有制经营的目标;集中多方力量推进京津冀体育人才智库的建立进程,将包括运动员和教练员在内的多种优质人力资源统筹在一起,集中多方力量来推进体育人才的培养环节、交流环节以及协作环节等。这些方面都充分证实,京津冀三地已经把体育产业一体化发展定位成一项重要任务,同时三地都反映出主动融入京津冀体育产业圈、加快推进京津冀体育产业一体化的意向和目标。

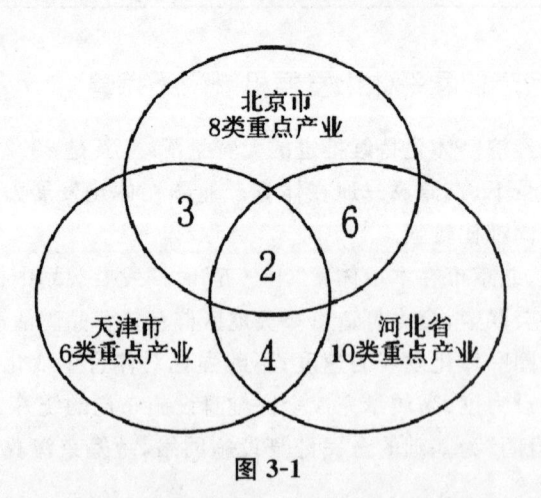

图 3-1

在图 3-1 中,"3"是指体育健身休闲、体育竞赛表演业、体育会展业;"6"是指体育健身休闲、体育竞赛表演业、体育制造业、体育传媒业、科技体育产业、体育彩票产业;"4"是指体育健身服务业、体育竞赛表演业、体育中介服务业、体育场馆服务业;"2"是指体育健身服务业、体育竞赛表演业。在实践过程中,京津冀三地的体育产业协同规模偏小、合作层次有待提高、内部合

第三章　京津冀体育产业一体化发展研究

作未达到均衡性要求,河北省和北京市、天津市的合作比较多,但北京市和天津市之间的合作十分有限。就体育产业来说,京津冀之间的合作存在松散、停留于局部合作、深度不足、广度不足的问题,着重反映在体育产业结构同质化问题突出和京津冀体育产业梯度落差大两个方面,具体如下。

一方面,分析京津冀体育产业发展特色能够得出,北京市重点发展的八类产业和天津市重点发展产业雷同的有三类,和河北省重点发展产业雷同的有六类;天津市重点发展的六类产业,与河北省重点发展的十类产业雷同的有四类;京津冀三地重点发展的产业中有两类产业雷同(图3-1)。体育产业同质化问题充分说明京津冀体育产业结构的趋同性问题,这不仅会对特色产业形成进程以及京津冀体育产业一体化发展进程产生制约作用,还会对京津冀三地之间整合并优化体育资源产生一定的负面作用,也会催生区域间的恶性竞争,由此出现京津冀体育产业综合竞争力被削弱的情况。

另一方面,不管是体育产业的发展速度、发展规模、发展竞争力,北京市体育产业无疑都在京津冀三地中表现得更加强势,天津市次之,河北省体育产业相对最弱,三地反差较大的体育产业发展梯度无疑会对京津冀体育产业方面的衔接和一体化发展产生显著的负面作用。就体育产业发展的区域格局来说,地处河北省的"环京津贫困带",横亘在北京市与天津市之间并呈现出一种"孤岛式",这无疑会对北京市和天津市之间体育产业的空间布局产生阻碍作用,并由此出现北京市和天津市之间体育产业衔接断裂的情况。基于这些情况,河北省提出了"一环引领"战略,具体就是指建设环京津体育产业隆起带,加快推进京津冀体育产业一体化的发展速度。河北省要想尽快实现这一战略意图,必须把京津冀三地的力量联合起来。

从整体来说,造成京津冀体育产业协同规模有限、合作层次偏低的直接原因是京津冀体育产业圈一体化发展缺乏完善且成熟的合作机制。截至当前,尽管京津冀三地围绕体育产业圈一体化相继开展了高层领导互访、签订合作协议、举办合作论坛等,但三地之间的合作依旧处在探讨和造势阶段,京津冀体育产业一体化发展至今未确定出清晰明了的发展思路和详尽可行的方案以及实质性进展。具体来说,北京市提出创立京津冀单项体育协会联盟,天津市提出成立京津冀体育产业协会,河北省提出联合组建京津冀体育产业协会,但怎样科学定位这些机构的设置,赋予这些机构哪些功能,这些机构通过哪些途径将自身作用充分发挥出来,都需要探讨与论证,同时在实践过程中不断完善、持续发展。

第四节 京津冀体育产业一体化发展的优势与劣势分析

一、京津冀体育产业一体化发展的优势分析

(一)政策优势

2014年7月,京津冀三方签署了《京津冀体育协同发展议定书》;2014年10月20日年国务院印发了《关于加快发展体育产业促进体育消费的若干意见》两个政策的出台提供政策保障。2015年3月16日出台的《中国足球发展改革总体方案》提出加大国足投入、新建两个训练基地,到2025年建5万所足球特色学校。由北京市和河北省张家口市联合申办2022年冬奥会和天津市承办2017年第13届全国运动会等大型赛事活动同样为本区域体育产业发展注入了很大的发展动力。

(二)经济优势

北京2014年城镇居民人均可支配收入为43 910元,比去年增长了8.9%;北京2014年农村居民人均可支配收入为20 226元,比去年增长了10.3%。天津市2013年城镇居民人均可支配收入为32 658元,比去年增长了10.2%;天津市2013年农村居民人均可支配收入为15 405元,比去年增长了13.5%。河北省2014年城镇居民人均可支配收入为24 141元,比去年增长了8.6%;河北省2014年农村居民人均可支配收入为10 186元,比去年增长了10.9%。经济增长为体育用品制造业、体育用品销售业以及体彩的发展注入了巨大动力,对本区域居民体育消费水平的提高有积极作用。与此同时,京津冀近几年的GDP总量的年增长水平均超过了10%,增量水平的优势是显而易见的。实现京津冀体育产业一体化需要坚实的经济基础,而这两大都市均拥有凭借区内社会资本机制大力发展体育产业的可能。

(三)区位优势

经济学理论明确指出,区域作为一种资源发挥着很大影响,其对本区域经济发展信息、经济发展机遇以及经济发展空间有直接影响或者间接影响,

第三章 京津冀体育产业一体化发展研究

京津冀作为全国范围内政治、经济以及文化的中心地带,是全国范围内的发展活动和发展空间最大的区域之一,此外三地便利的交通、发达的市场以及通畅的信息都完全有理由将该区域列入沿海地区与经济相对发达地区。

就北京与天津来说,两个城市都是现代化的国际化大都市,和世界各国在经济方面与文化方面的交流很多,有关大众观念的更新速度与更新深度都比我国多数城市的民众超前,广大群众在法制观念、市场观念以及竞争观念三个层面的水平同样很高。与此同时,北京与天津的城市管理水平都很高,如此能够从制度层面为体育产业一体化发展提供稳固保障,可以将京津冀地区体育产业发展的软环境优势彰显得淋漓尽致。发展至今,在"京津冀一体化"和"首都经济圈"上升为国家战略的大背景下,河北省环京津区位优势日益显著,三地在地理空间方面的区位优势能够对体育产业聚集发展产生强有力的吸引力。

(四)人力资源优势

我国很多知名度较高的大学和研究机构大量聚集在京津冀地区,其中北京和天津的国家重点大学与专业体育院校十分多。这就使得京津冀人力资源的优势更加突出,而人力资源方面的优势能够为三地体育产业一体化发展产生保障性作用。

(五)体育资源优势和体育产业优势

京津冀地区的体育资源十分丰富,主要反映在以下三个方面:第一,坚持参与体育锻炼的人数庞大,具体是指三地经常参与体育锻炼人口数量占总人口比例高于全国平均水平;第二,体育设施相对完善,具体是指三地的体育健身设施、全民健身路径、全民健身户外活动基地、不同类型的公共体育设施以及国家全民健身活动中心都达到了比较可观的数量;第三,体育人才资源丰富,具体是指北京与天津都属于人才聚集地,比我国多数城市的体育人才总量要多。同时,水平较高的体育人才同样比较多,且京津冀三地的一线社会体育指导员数量同样在逐年增加。总而言之,京津冀地区的体育产业比较发达。

对于京津冀地区而言,应当想方设法把区域内的经济优势与体育发展优势发挥出来,在拓展体育市场的过程中始终秉承积极主动的态度,适度加大发展体育产业的力度,尽最大可能将体育产业培育成国民经济崭新的增长点,将其拉动社会消费、刺激经济、提供就业机会的作用全面发挥出来。截至目前,北京与天津充当着全国体育产业发展的龙头,体育产业化趋势十分显著。京津冀应当协同探寻国际体育中心城市的体育产业发展模式,逐步培育出以健身娱乐、竞赛表演以及体育彩票为主导的体育市场体系。

(六)体育传统项目和体育旅游资源优势

就京津冀来说,体育传统项目有邯郸永年太极拳、保定空竹、沧州武术、吴桥的杂技和张家口冰雪节、天津的击剑、水上快艇、踢毽子等。除此之外,京津冀拥有的体育旅游资源同样有多元化特征,如此能够为三地健身娱乐的可持续发展提供有利条件。

(七)北京奥运会的大力推动

区域优势和政府支持是对体育产业发展有重要影响的因素,也是加快体育产业集聚速度的重要因素。北京2008年奥运会成功举办无疑对京津冀体育产业一体化发展发挥了催化剂的作用,一方面为北京体育产业发展提供了齐全的硬件设施,另一方面为北京体育产业集聚发展提供了良好的发展机会。天津作为奥运会协办城市,在其筹办和举办奥运会期间使得天津在世界范围内的知名度大大提高,加快了天津体育产业和相关产业的发展速度,天津2013年东亚运动会和2017年全国运动会的举办都为天津集聚了一大批优质体育资源。除此之外,2008年北京奥运会和2022年北京－张家口冬奥会无疑都会为河北省体育产业的开发提供巨大空间,河北体育产业及相关产业的发展速度必然会出现大幅度提升。

二、京津冀体育产业一体化发展的劣势分析

(一)各地区发展失衡

北京和天津是两大直辖市,每一项经济指标都处于领先位置。但从整体来分析,京津冀和长三角以及珠三角的差距很大,具体表现为京津冀的人均国内生产总值、城镇居民人均可支配收入、农村居民人均可支配收入都比长三角以及珠三角要低。产生这种局面的原因和河北省以及京津周围的贫困县有很大关系,所以说京津冀应当设法加快三地的整体发展速度。

除此之外,京津冀区域内各城市的发展水平同样存在失衡问题,相关统计数据表明北京和天津的人均国内生产总值、城镇居民人均可支配收入、农村居民人均纯收入远远高于全国平均水平,但河北省高于全国平均水平的城市比较少。

（二）产业梯度落差过大

从整体来说，北京和天津产业发展快、产业定位高，但河北省部分城市产业发展速度有待提高，产业梯度落差有待减少，如此大大增加了河北省内形成平衡链接产业链的难度。最具代表性的是"环京津贫困带"，其使得北京和天津之间出现了产业对接断裂，整个区域表现出了"孤岛式"发展态势。北京在东部发展带上重点发展通州、顺义和亦庄，在布局上与河北、天津实现对接。针对这种发展形势，京津冀三地政府应当主动跳出行政区划圈子，促使产业布局的规划工作达到合理性要求，尽快达到区域对接目标，推动京津冀体育产业朝着可持续发展的方向发展。

（三）区域研发能力不足

京津冀科技资源优势十分明显，但科技研发依旧处于比较独立的状态，换句话说就是离散状态，未能完全形成紧密衔接、分工合作、垂直一体的区域创新体系。有关京津冀三地的统计数据表明，京津冀三地各自为战的现象比较严重，相互之间合作发展的机会十分有限，这使得京津冀区域的创新水平大打折扣。

第五节　京津冀体育产业一体化发展战略构想

一、京津冀体育产业一体化发展的规划设想

尽管京津冀在行政区划上被分成一省两市，但三地在经济、文化、地理三个方面是无法割舍的整体，所以说京津冀体育产业规划布局一定要以积极主动的态度跳出行政区划圈子，在立足于全局的基础上完成各项规划工作与布局工作，推动京津冀体育产业圈一体化的发展进程，设法使京津冀区域的综合实力得到大幅度提升。

立足于全局来分析，未来京津冀体育产业空间布局是"一轴三核三带多中心"的区域发展格局。具体来说，"一轴"指串联"北京中心城—天津中心城—滨海新区核心区"的发展轴；"三核"指北京中心城、天津中心城以及滨海新区核心区；"三带"指环滨海湾休闲旅游带、山前传统发展带、环京津燕山和太行山区生态文化发展带；"多中心"指在一定区域规划的体育产业园区，如北京龙潭湖体育产业园等。

（一）指导思想

京津冀体育产业圈一体化发展，一定要坚持以邓小平理论和"三个代表"重要思想为指导，将科学发展观作为关键性统领，全方位贯彻落实《关于加快发展体育产业的指导意见》，设法将市场配置资源的基础作用与政府统筹协调的功能充分结合在一起，在各个方面都紧紧围绕打造我国北方经济增长龙头的整体发展战略，想方设法把比较优势与区域整体优势的作用发挥得淋漓尽致，采取最适宜的手段培育发展和京津冀区域发展要求相吻合的体育产业集群，集聚多方面力量来构建集创新型、集约型以及生态型于一体的体育产业发展模式，循序渐进地达到京津冀区域内资源优化配置的目标，对京津冀体育产业结构优化升级产生带动作用，运用多元化措施促使京津冀三地的整体实力有所提高，推动京津冀区域经济朝着全面、协调以及可持续发展的方向不断前进。

（二）规划目标

从当前到今后一段时间内，全面贯彻落实中央加强与完善体育产业发展的政策措施，以京津冀三地体育产业一体化发展的实际状况和生产要素禀赋为重要参照，加快体育产业结构的优化速度，从根本上提高创新水平，由此构建出以体育传媒、体育经纪、体育研发等产业集群为龙头，以体育旅游、体育彩票、体育健身娱乐、体育竞赛表演产业集群为发展重点，以体育用品制造产业、体育彩票业为支撑的区域体育产业结构体系。

截至2017年，京津冀区域内的高端体育产业比重出现了本质性提升，产业结构优化力度十分显著；创新水平获得大幅度提升；区域分工与产业布局的科学性特征日趋显著，体育产业一体化发展产生的实际效益出现大幅度提升。

到2022年，争取形成高端体育产业服务业发挥主导性作用的产业结构，同时使体育产业结构达到合理性要求；形成一大批区域特色鲜明的体育产业品牌，从本质上增强体育产业对经济发展产生的引领作用与支撑作用；区域内部的协调程度有所提升，逐步形成分工科学、特色显著的产业集群。

（三）规划内容

1. 京津唐发展轴

京津唐发展轴是串联"北京中心城—天津中心城—滨海新区核心区"的发展轴，此轴西起北京中关村，东至滨海新区，中间串联北京亦庄经济技术

第三章 京津冀体育产业一体化发展研究

开发区、通州国家环保产业示范园、廊坊高新技术产业园、武清新技术产业园和天津经济技术开发区等经济开发区,在京津冀区域经济发展过程中发挥着主轴的作用。对于这个区域的体育产业应当把发展体育产业研发、发展世界范围内影响力大的品牌赛事产业、高端健身休闲产业、推进国际体育的沟通和协作等定位成立足点,想方设法对京津冀体育产业圈一体化发展发挥引领作用、示范作用以及辐射作用。

(1)积极培育京津同城商务休闲区和京津体育产业研发基地等产业功能区

①京津同城商务休闲区

京津同城商务休闲区范围包括北京市的通州区、大兴区;廊坊市的市区、三河市、大厂回族自治县、香河县;天津的武清区。立足区位优势以及高尔夫、旅游度假村、会展中心等资源,发展体育会展、休闲体育、体育娱乐、康体等产业。

②京津体育产业研发基地

全面挖掘并运用通州区、廊坊市、武清区的电子信息技术优势,大力推动华为、中兴等企业发挥自身的依托作用,建立以通州开发区、廊坊开发区、龙河工业园、永清工业园、固安工业区、武清开发区为主题的永定电子信息产业基地和燕郊电子信息产业园,汇集多方力量发展体育电子信息产业、体育动漫产业等。

(2)着力打造高尔夫休闲运动区、温泉度假区等重点产业集聚地

①高尔夫休闲运动区

充分依托京华、华堂、第一城、新奥、东方大学城、温丽河、天鹅湖、天河城等高尔夫俱乐部以及周边资源,建立高尔夫学院,同时吸引有关企业入驻高尔夫休闲运动区,汇集多方力量发展高尔夫装备制造、高尔夫培训、高尔夫运动、体育旅游、体育会展等。

②温泉度假区

对区域内部的廊坊温泉度假村、愉景温泉酒店、京东第一温泉、夏垫伊斯兰温泉旅游区的资源以及周边资源进行整合和归纳,促使配套设施与配套服务更加优化,采取最有效的手段打造温泉养生集聚地。除此之外,将发展温泉养生、休闲娱乐以及旅游观光等设定为着重发展的项目。

(3)积极培育大兴时尚公园、龙马花园马术俱乐部等新兴特色体育产业园区

①大兴时尚公园

大兴时尚公园地处大兴区星明湖度假村内,主题特色分别是极限运动和时尚运动,该公园先后引入了在世界范围内占据领先位置的时尚体育发

展理念与要素,服务对象是世界范围内的高端消费群体,同时组织并举办了形式各异的极限运动培训、体育赛事和国际交流活动,对时尚和极限运动的潮流产生了显著的引导性作用,尽最大可能建立达到国际水准、领先于我国各地的极限运动产业集聚区。集中力量发展体育健身休闲业和体育文化创意产业。

②龙马花园马术俱乐部

位于通州区潮白河畔,建设跑马道、马术障碍赛赛场、马术训练场、马匹调教场等项目,另外还建设小型游泳池、餐厅、摩托艇、自驾船等,并完善配套服务,重点发展马术运动等。

2. 京津冀体育产业三大发展带

(1) 环滨海湾休闲旅游带

环滨海湾休闲旅游带北起秦皇岛,南到沧州,包括秦皇岛、唐山、沧州以及天津的塘沽、汉沽的临海区域等,区位优势十分显著,为当地发展滨海体育旅游、水上运动以及沙地运动都提供了优良条件。将发展体育赛事、体育技能训练、滨海体育旅游以及体育休闲健身等设定为重要发展目标。

①着力打造大滨海休闲旅游区、秦皇岛海上运动产业集聚区等重点体育产业功能区

A. 大滨海休闲旅游区

包括秦皇岛市的市区、昌黎县、抚宁县;唐山市的市区、遵化市、迁安市、迁西县、玉田县、滦南县、唐海县、乐亭县;天津市的汉沽区、塘沽区、大港区;沧州的黄骅市、海兴县。以秦皇岛、唐山为中心城市,整合秦皇岛海滨度假区、乐亭海岛度假、唐山南湖休闲公园、曹妃甸湿地休闲区、天津海滨旅游度假区等特色资源以及周边资源,完善基础配套设施,发展滨海体育旅游、休闲体育旅游产业。

B. 秦皇岛海上运动产业集聚区

建设秦皇岛及国际国内海上运动的训练基地,以及海上休闲度假场所的旅游基地,积极开展摩托艇、游艇、独木舟、帆船、帆板、海上高空伞、海上自行车、快艇海钓、潜水、海上生存等项目,重点发展体育赛事、体育健身休闲业、海上运动培训业以及海上运动产品制造及研发。

②积极培育天津海滨旅游度假区、唐山乐亭沙漠运动基地等体育产业功能区

A. 天津海滨旅游度假区

位于天津市塘沽区高沙岭东面,有主题公园区、海上休闲区、湿地旅游区以及综合服务区。依托区域内资源,完善配套设施,建有海滨浴场、水上

运动场、温泉游乐宫、椰林木屋、金沙滩海鲜宫、滨海别墅、金海宾馆等项目。重点发展体育旅游、体育会展、体育赛事等。

B.唐山乐亭沙漠运动基地

依托乐亭海滨沙漠的独特资源,引入专业机构,大力开展沙地运动,构建国际一流沙地运动基地。发展沙地排球运动、滑沙、沙雕、沙地汽车越野、沙地摩托车越野等项目,举办国际、全国和区域性的沙地运动大会,形成品牌和影响。

③着力打造衡水湖户外活动基地、秦皇岛国际象棋培训基地、东疆水上运动基地等特色体育园区

A.衡水湖户外活动基地

该基地位于河北省东南部,是京津都市圈旅游休闲的承接地带。园区内将建有拓展项目(户外拓展、野外生存训练)、沙滩水世界(游泳健身、水上娱乐)、划船、环湖健康跑、环湖自行车赛、风筝赛、攀岩、沙滩排球、网球、篮球、乒乓球及户外健身路径。充分整合园区及周边休闲娱乐资源,完善基础设施,建设融会议、休闲、健身、度假等综合功能于一体的健身户外活动基地,重点发展体育赛事、体育会展、体育健身休闲业。

B.秦皇岛国际象棋培训基地

旨在培养少年儿童的国象兴趣,以赛事为主进行推广活动,共同促进国际象棋在中国的普及与发展。主要设少儿国际象棋比赛,还设有亲子赛、教练赛、快棋赛和盲棋赛等国际象棋嘉年华活动。重点发展象棋培训、象棋比赛。

C.东疆水上运动基地

东疆应依托自身优势,大力引进龙舟、帆船、帆板、摩托艇、划艇、游艇等水上运动项目。同时,将设立帆板俱乐部、游艇俱乐部,对游客展开相关培训,使东疆湾成为天津水上运动的训练基地和赛事基地。

(2)山前传统发展带

山前传统发展带是指燕山和太行山的山前城镇密集区,包括北京市的顺义区、平谷区和河北的秦皇岛、唐山、保定、石家庄、邢台、邯郸市这些位于京广铁路和京秦铁路沿线的县市。该传统发展带的历史文化传统悠久,文化积淀深厚,文化遗产也最为丰富。体育产业发展应以体育用品制造业和体育健身娱乐业、体育彩票业等为支撑,全面发展体育旅游业,着力打造特色体育品牌。

①着力打造潮白河水上运动集聚区、金山岭—平谷—蓟县户外运动基地、石家庄裕彤国际体育中心等重点体育产业功能区。

A. 潮白河水上运动集聚区

以奥林匹克水上公园为核心,充分整合顺义奥林匹克水上公园及周边休闲娱乐资源,完善基础设施,建设融会议、休闲、健身、度假等综合功能于一体的体育休闲旅游基地,重点发展体育赛事、体育会展、体育健身休闲业。

B. 金山岭—平谷—蓟县户外运动基地

以北京平谷国际徒步大道为主线,依托金山岭长城、平谷徒步大道、于桥水库等自然资源及周边环境,完善配套设施,建成集徒步、攀岩、滑雪、山地自行车、山地越野、山地拓展运动、户外运动培训基地多功能服务区于一身的国际山地户外运动产业集群。

C. 石家庄裕彤国际体育中心

位于石家庄市城市中轴线的商业带中山东路与体育大街交叉口处,内设大型超市、餐饮区、健身娱乐区、保龄球、桑拿浴及周边多层宾馆、写字楼等,还有可容纳 35 000 余名观众的体育场以及大型悬空式国际标准足球场。重点发展体育会展、体育赛事、体育竞技表演、体育健身休闲等。

D. 邯郸游泳训练中心

位于丛台路以南,滏阳河以西,东庄村以北,春厂村以东,内设标准比赛池、比赛放松池、幼儿体育教学区、健身中心的多功能训练中心。重点发展游泳、艺术体操、竞技体操等体育赛事、体育技能训练以及体育休闲健身。

②积极培育永年广府健身户外基地、邢台水上训练基地、西柏坡红色旅游区等一批新兴特色体育产业园区

A. 永年广府健身户外基地

位于永年县广府镇,基地内有太极拳、太极剑、太极扇、刀、棍、健身秧歌、健身操、乒乓球、篮球、羽毛球、健身路径、健步走等体育健身休闲项目。重点发展竞技表演业、体育休闲健身业。

B. 邢台水上训练基地

位于七里河北岸,规划建设沙滩运动项目区、水上运动项目区、球类运动项目区、休闲运动项目区、湿地运动项目区。既可以进行赛艇、皮划艇等水上项目的训练和比赛,也可为市民游泳、沙滩排球、垂钓等休闲活动提供条件。

C. 西柏坡红色旅游区

整合以西柏坡为龙头的红色旅游资源,统筹周边绿色旅游、温泉旅游、古文化旅游以及乡村旅游整体发展,打造西柏坡红色旅游基地。重点发展休闲旅游、度假旅游、休闲健身。

第三章　京津冀体育产业一体化发展研究

二、京津冀体育产业一体化发展的战略思路

在经济全球化与市场化的大背景下,各地之间的要素流动速度大大加快,区域间经济依存以及互动效应越来越深,这对区域经济协调发展注入了巨大推动力。在当前以及今后的发展过程中,北京和天津都无法承担起更大区域范围内的经济竞争,京津冀区域合作发展成为大势所趋。对于京津冀区域发展来说,京津发挥着核心性作用,而河北则是京津经济发展的自然延伸,在京津产业转移的过程中发挥着承接性作用。借助功能分工达到适宜各地区的发展目标,从根本上加快京津冀区域内部经济、社会、资源以及环境等多个方面的协调发展进程,由此逐步达到京津冀三地发展共赢的目标。对于京津冀体育产业合作发展而言,一定要主动跳出京津,立足于战略高度,基于可持续发展,站在区域的高度来探寻发展之路。

(一)加强京津冀体育产业合作的基本思路

1.建设区域经济共同体,在竞争与合作中实现共赢

世界各国区域经济发展的诸多实践都证实,区域内各地合理分工和积极协作是达到区域经济效益最大化的两条有效途径。京津冀体育产业圈一体化发展拥有相对明显的区位优势以及比较稳固的产业合作基础。京津冀三地要想使体育产业的综合竞争力得到质的飞跃,三地就必须达到密切协作、协同发展的要求。京津冀区域内各地区都面临着体育产业结构优化升级的任务。京津冀肩负的重要任务是积极参与全球化竞争。从根本上提高产业竞争力。北京和天津应当尽早跳出行政区划的圈子,以积极主动的态度和河北展开密切协作,此外河北应当拓宽视野并拥有宽广的胸怀。需要注意的是,京津冀一定要彻底摒弃狭隘的行政区划观念,科学构建区域经济共同体,由此为体育产业合作发展提供良好平台,循序渐进地达到京津冀体育产业协同发展的目标。

2.发挥各自比较优势,优化产业结构

由于区域经济发展过程中存在不同程度的要素空间分布失衡的问题,进而使得各地区之间形成了互补与竞争的关系。各地区在综合分析并参照当地比较优势以及实际发展状况的基础上大力发展特色产业,并由此逐步提高和优化产业结构。就北京而言,应当坚定不移地走发展高端体育产业的道路,应当稳步提高优势显著的体育赛事产业、体育健身娱乐业等发挥支

柱性作用的产业,主动培育发展潜力大的体育旅游产业、体育中介产业等;就天津而言,应当采取多元化措施来调整和优化产业结构,将发展体育竞赛表演、体育健身休闲、体育技能培训、体育用品制造、体育中介等设定为发展目标中的核心目标;就河北而言,应当把资源优势与产业基础定位成立足点,集中各方力量打造乐亭滨海旅游等拥有浓郁特色的产业,着重发展体育竞赛表演、体育健身娱乐、体育彩票等产业。

3. 引导产业合理布局,推进产业集群发展

因为京津冀区域的体育产业布局在很长时间内都处于各自为政的状态,所以造成各个行政区内部以及同一个行政区内部的产业布局速度都比较慢。要想提高京津冀区域的产业竞争力,同时使不同类型的生产要素成本有所减少,就一定要以积极主动的态度稳步发展产业集群。就体育产业一体化发展目标来说,应当全面分析和联系京津冀区域规划以及国家划分主体功能区的详细化要求,严格遵循集中布局、集群发展的原则,精准定位京津冀区域内的重点发展轴线以及产业发展区域。放眼未来能够发现,京津冀区域内的各个地区应当坚决摒弃单体竞争的思想,密切分工与协作,由此为京津冀体育产业一体化发展注入发展动力。

4. 形成京津冀城市群,推进体育产业合作发展

判定一个国家或者地区在社会与经济两个方面的发展水平的关键性标志是城市群。截至当前,我国已经大体形成珠三角城市群、长三角城市群以及京津冀城市群。具体来说,京津冀城市群包括北京、天津两大直辖市,河北的石家庄市、廊坊市、唐山市、秦皇岛市、邯郸市、邢台市、保定市、承德市、张家口市、沧州市和衡水市。在京津冀体育产业圈一体化发展的过程中,一定要以区域空间结构和各地自然条件与比较优势为重要依据,精确确定出京津冀区域内各个城市的功能定位,从而逐步产生区域内多层圈发展的战略格局。立足于全局来分析,京津冀区域的空间布局是:形成以京津唐为主发展轴,沿海产业带和京广线北段为副发展轴的空间布局,形成京津保、京津唐两个三角发展框架,大中小城市和小城镇相结合,多层次、开放型、产业联系紧密的现代城市体系。

5. 打破行政区划,共同构建体育产业带

体育产业集群是体育产业带得以产生和发展的关键性基础,具体就是各种类型的企业之间构筑出分工协作的关系。通常情况下,体育产业带由政府、企业以及社会这三大利益主体组成。在地方保护主义的限制和制约

下,很多生产要素区域间流通面临着前所未有的困难,实现体育产业优化升级更是难上加难,如此必然会对京津冀区域经济协调发展产生负面影响,所以说各级政府应当共同解决各个方面的问题。当前,京津冀体育产业带的空间布局是在现有行政区划的基础上完成清晰具体的规划布局工作,通常都是把自身的经济发展设定为目标,未能将体育产业集群发展地理临近性考虑在内。在这种情况下,侧重点只是针对各自行政区域产业体系的补强,对京津冀体育产业一体化发展目标的达成有负面作用。为此,一定要大力革新理念并积极拓宽视野,立足于崭新视角看待和分析区域合作问题,并由此提出行之有效的发展策略。在综合多名专家和学者意见的基础上,这里提出了跨行政区划产业带构建的一般框架,如图 3-2 所示。在政府、企业、社会三大主体分工与协作的基础上,京津冀区域内有关体育产业的生产要素的流通越来越合理,体育产业实现集群发展,由此发展成为拥有核心竞争力的体育产业带。

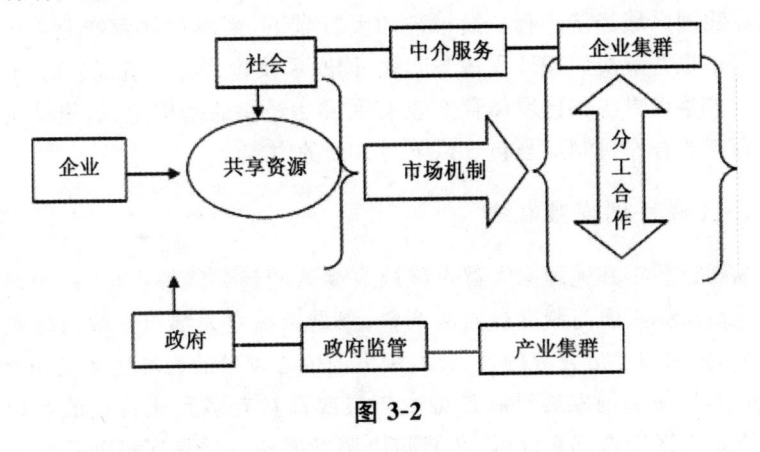

图 3-2

(二)京津冀体育产业合作的基本原则

在京津冀体育产业圈一体化发展的过程中,有很大必要遵循有关的发展原则,不然将会使一体化发展难以产生并继续,京津冀体育产业圈一体化发展应当遵循的原则如下。

1.互利互惠原则

在将区域内各个地区的利益考虑在内的基础上,借助产业分工和合作,加快聚集效应与累积效应的产生速度,由此顺利实现互利共赢的目标。

2.优势互补原则

京津冀区域内的各个地区应当遵循比较利益原则实施产业分工,凭借区域要素流动与商品贸易等形式达到优势互补的目标,从而加快推进区域共同发展目标的实现。

3. 市场主导原则

对于区域发展来说,一定要充分发挥市场机制调节的主导性作用,同时保证政府宏观调控发挥辅助性作用,由此协力推动市场平稳发展。

4. 系统协调原则

从本质上来说,区域发展应当是达到整体性要求的发展,应当形成统一的区域发展规划,同时保证形成了全面创新与完善的协调机制、制度以及机构,为京津冀区域经济一体化发展注入推动力。

(三)京津冀体育产业合作的机制

在我国区域经济进程持续推进的大背景下,京津冀体育产业一体化发展必须正视并解决区域性矛盾与问题,同时尽快构建合作机制来协调处理。在充分借鉴世界各国区域体育产业发展成功经验的基础上,这里认为京津冀体育产业合作机制应当包含以下几方面的内容。

1. 区域协调发展机制

纵观近些年其他国家大都市区政府变革的趋势能够得出,一个崭新趋势是凭借法律层面与制度层面的调整,来重新确立大都市区政府体系的职责关系,由此构建出充分融合、有凝聚力的中心领导的区域协调机制。如图3-3所示,区域协调发展机制是维度与层次都具有多元化特点的系统性机构。立足于区域内部来分析,区域间协调发展的本质是区域间产业和企业的合作,如此合作同样是凭借资金、资源、技术、人才等要素的流动达成的;立足于区域外部来分析,区域协调发展机制会受到来自政府和市场机制两个方面的推动力。城市作为组成区域的诸多单元中的核心单元,对京津冀体育产业一体化发展发挥着不可忽视的影响,所以说有很大必要构建京津冀区域城市行政组织。京津冀区域城市行政组织可以形成相对完善的区域协调发展体系,对区域市场建设产生统一作用,从根本上加快区域经济协调发展的速度。

2. 资源共享协调机制

对于市场经济条件下的区域合作来说,政府宏观调控和市场机制制衡都是必不可少的,此外制定有助于资源共享的政策也有很大的必要性。相关部

第三章 京津冀体育产业一体化发展研究

门和人员一定要高度重视自然资源利用的一体化规划,针对区域内土地、能源以及水等各种类型的资源实施统一的规划与管理,大力支持集约化发展。

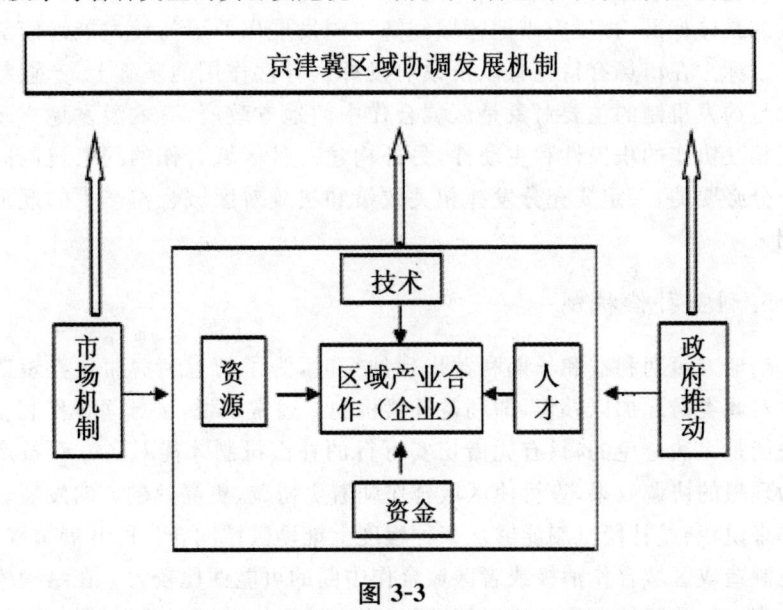

图 3-3

需要补充的是,有很大必要制定便于要素流动的政策,放开针对劳动力、科技以及资金等要素流动的约束,从根本上推动生产要素科学流动的进程。

3. 产业分工协调机制

在市场经济的大背景下,构建产业分工协调机制能够有效应对市场机制失灵或者市场机制存在不足的情况,原因在于此类以主动培育企业为主体的区域经济合作组织可以在市场机制以及自身趋利动机的双重影响下,逐步达到资源有效配置的目标。在市场经济中,企业扮演的角色分别是资源组合配置的独立主体以及区域经济合作的主体,构建此类跨地区性的区域经济组织能够从某种程度上妥善处理分工过程中"市场失灵"的问题,同时在市场化改革中构建政府逐步退出分工机制提供最优化通道。对于京津冀产业分工协调机制来说,一定要把市场的作用设定为基础,密切联系政府的协调政策,采取多元化措施把企业组织作为市场主体的作用发挥得淋漓尽致。

4. 产业绩效评价与约束机制

切实有效的绩效评价机制对区域经济合作是十分必要的,原因在其能够确保区域经济合作始终处于推进状态。对于产业绩效评价和约束机制来说，不仅不能和市场规律相违背，也不能把片面的经济指标设定为衡量合作绩效的具体标准，相反应当把区域经济协调发展以及可持续发展设定为关键性目标。在市场有待完善以及政府发挥主导性作用的基础上，产业绩效评价与约束机制的主要对象是区域合作中的地方政府，有效激发地方政府之间相互协作的积极性和主动性，另外构建一种区域合作的约束机制同样是十分必要的，一定要充分发挥相关政策和法规对区域合作产生的规范性作用。

5.利益补偿机制

当地方短期利益和长期利益出现冲突时，为了长远利益而放弃短期利益并对此类情况加以补偿，即利益补偿机制。通常来说，区域间合作利益分配失衡是无法避免的，只有凭借切实可行的补偿机制才能对各方利益产生最为理想的协调效果，方可使区域合作朝着更协调、更高效的方向发展。从整体来说，利益补偿机制能够从某种程度上推动区域间合作的开展进程，该项机制造成区域合作消极或者区域合作中断的可能性比较大。在结构松散以及多个行政区域合作的情况下，要想为区域合作有序开展提供保障，就需要能够对区域合作产生推动力的利益补偿机制。

(四)京津冀体育产业合作的路径分析

1.以政府为先导的产业合作路径

京津冀区域体育产业圈一体化发展要想达到宏观调控和长远规划的双重要求，就必须保证相关政府充分发挥自身作用。就现阶段来说，我国区域经济发展必须面对巨大的发展障碍，其中行政壁垒被界定为最大障碍，其通过局部且暂时的利益来损害区域整体利益以及长远利益。面对京津冀体育产业同构程度严重的情况，要想有效规避体育产业结构趋同现象就必须充分发挥京津冀政府的先导作用，科学建立京津冀体育产业合作指导委员会，从而为区域产业协同发展注入巨大推动力。对于京津冀三地政府来说，一定要在创建统一区域产业机制与创造优良区域市场两个环节发挥应有的作用。

2.以市场为主导的产业合作路径

对于区域合作发展来说，只有政府合作是万万不行的，原因在于如此会使计划经济形成的可能性大大增加，经济发展的活力同样会慢慢丧失。由此可见,京津冀一定要高度肯定市场机制的作用,充分发挥市场的导向作用,设法构建出开放、统一、公正、透明的市场合作机制。建议采取的举措有建立京津冀产权交易市场,如此能够为跨地区产权重组、异地并购以及产权交易等行为创设有利条件。从整体来说,科学创建京津冀体育市场合作机制能够加大对行政区划的破除力度,能够更加彻底地消除制约要素合理流动的区域壁垒,由此达到资源要素优势互补以及共享的目标,加快实现互利共赢目标的速度。

3. 以企业为主体的产业合作路径

对于市场来说,企业扮演着载体与参与者两种角色。不管是区域基础设施建设,还是区域产业重组和区域产业升级,均是由企业最终完成的。对于区域合作发展的整个过程来说,企业发挥着直接参与作用和带动作用。对于京津冀体育产业合作来说,必然需要三地企业密切合作,尤其是大型企业之间要密切合作,凭借企业在整个行业中的地位和知名度来加快体育产业的发展速度。

(五)京津冀体育产业合作的具体对策

1. 构建体育产业协调发展机制,加快体育市场体系建设进程

对于京津冀地区来说,整个区域在区位、人力、技术、资源四个方面的互补优势比较显著,从理论上来说应当是经济一体化发展的一级,但行政壁垒大大增加了三地在统一发展规划与具体政策上达成一致的难度,只是凭借省市领导们开会达成原则性"共识"来加快京津冀体育产业发展进程的难度很大。由此不难得出,京津冀三地构建体育产业合作工作机构是十分必要的。

首先,要构建出科学可行的京津冀体育局长联席会议制度。京津冀体育产业合作发展涉及三方发展利益,是一项尤为复杂的系统工程,必须确保京、津、冀三方高层领导及时沟通并达成共识。为此,建议建立京津冀体育局长联席会议制度,京津冀体育局长应由京津冀三地体育局长轮流担任,并定期召开联席会议。联席会议的主要任务是编制、审议、评估落实办公室年度计划实施方案,研究、编制、审议和实施京津冀体育产业发展规划,统筹协调合作发展的思路及实施战略决策,从根本上解决京津冀体育产业圈一体化发展过程中产生的普遍性问题。

其次,构建专门工作办公室。京津冀体育产业专门工作办公室是在体育局长联席会议领导下开展工作的。专门工作办公室主任由联席会议召集人所在的体育局主管相关业务的副局长担任,副主任由主任主管处负责人担任,成员为三地体育局业务处人员。办公室主要职责是全面贯彻落实体育局长关于体育产业工作的方针、政策,检查、指导和扎实推进各地的专项工作,对各个地区体育产业工作开展全方位、深层次的调查与研究,研究制定体育产业年度工作规划,高质量完成和体育产业圈一体化发展存在关联的日常工作档案的收集工作、整理工作以及保管工作。

最后,组建京津冀体育产业行业联合会。对于京津冀三地政府来说,建议协商组建京津冀体育产业行业联合会,借助会员企业协同制定行规行约,共同维护市场秩序,共同协商处理相关事宜。具体宗旨是遵守宪法、法律、法规,遵守社会道德风尚,全面贯彻落实党与政府关于体育产业的方针政策,为会员企业合法利益提供全方位保障,有效协调各个企业之间的关系,推动中国体育市场更加繁荣。

2. 发挥"区位优势",确立各地区的主导产业

在京津冀体育产业圈一体化发展的过程中,一定要严格遵循"抓住重点、统筹兼顾、发挥优势、形成支柱"的发展原则,参照各地区突出优势来精准定位各地与之对应的主导产业,由此形成达到合理性要求的分工布局,最终顺利达到错位发展的目标。

由于北京市在科技、人才、经济、市场等方面占据显著优势,同时基于北京要建设成为宜居城市的目标,北京的体育产业应当朝着高端化方向发展。对于天津的体育产业来说,应当在京津共赢的关系中将自身优势充分挖掘出来,尽可能和北京实现错位互补发展。河北在自然资源、土地以及劳动力等方面拥有显著优势,河北应当把服务配套京津的体育产业设定为立足点,同时积极和京津实现人才层面、技术层面以及金融层面的对接,为京津冀体育产业结构升级注入推动力。

3. 整合人才市场,提高体育产业人才水平

对于区域经济与社会发展来说,人力资源发挥着动力性作用,能够对区域产业合作发展产生深远影响。区域高素质人才对区域内部生产率水平以及科研水平的提升都有显著的推进作用,此外能对区域经济可持续发展进程产生推动力。京津冀区域拥有的高素质人才很多,但不足之处是分布失衡,绝大多数高素质人才都聚集在京津地区,这无疑会对京津冀体育产业一体化发展产生负面影响。由此不难发现,整合京津冀体育人才市场、从根本上提高体育产业人才素养势在必行。

在结合并剖析近些年实际的基础上,绝大部分学者提出"产学研教"一

第三章 京津冀体育产业一体化发展研究

体化的区域人才培养模式是培养并提高体育产业人才素养的最佳方式。在区域合作模式下,区域的研发机构和高等院校能够和企业间开展全方位合作,各方合作的途径与机会都会出现大幅度增长。各院校间、各企业、各研发机构之间进行知识交流或是技术交流;研发机构和企业的合作是知识生产;高等院校和企业的合作是知识运用;高等院校和研发机构是知识的实践。京津冀三地在培养体育人才的过程中一定要大力支持高校积极和体育企业、研发机构密切协作,共同探索出"产学研教"一体化的区域人才培养模式,集中多方力量来培养体育研发人才、赛事运营人才以及体育营销人才等。

三、京津冀体育产业一体化发展的建议

(一)建立京津冀体育产业发展新模式

建立京津冀体育产业投融资平台,推动体育产业人才、项目、资本、市场等资源要素持续集聚、持续流动,加快推进项目的交流进程、洽谈进程、合作进程,加快推进高新技术成果的商品化进程与产业化进程。对于京津冀体育产业一体化发展来说,开放的经济环境、共同的技术研发平台以及富有创新意识的管理手段都是不可或缺的元素。

(二)加强区域整合,形成集群优势

尽管京津冀三省市都完成了或多或少有关体育产业的规划发展工作,但并未立足于全局来规划布局,如此势必会出现资源未被充分利用的问题,同时因为资源比较独立而造成效能整合不足,从一定程度上加重体育产业结构同构的程度,对生产要素跨地区整合以及区域产业集群发展产生负面影响。在未来京津冀三方应当坚决摒弃独立发展的思路,把京津冀区域整体竞争设定为立足点,从根本上推动京津冀体育产业集群发展的进程。为此,京津冀三方政府应当适度加大合作力度,保证规划与布局达到严谨性要求和科学性要求,从而为体育产业集聚优势的形成提供便利,促使京津冀区域的经济效益与社会效益都获得质的飞跃。

(三)发挥"区位优势",优化体育产业结构

截至当前,京津冀三省市各自的体育产业结构已经大体形成,但产业结构需要优化与升级之处还有很多。京津冀区域内的各个地区应当参照当地资源要素禀赋来深化产业分工,由此为合力产业结构的产生提供便利。在

区域经济发展的历程中,各个地区一定要全面兼顾自身要素禀赋优势以及协同发展的指导思想,积极主动地跳出行政区划的限制,科学、精准地定位优势产业,在立足于全局的基础上完成各项规划工作,保证空间布局达到合理性要求,由此将整体区域产业结构逐步调整至最佳状态。

(四)利用产业差异性和互补性,规划体育产业合作项目

京津冀三地间隔距离较短,交通四通八达,生产要素资源互补性十分显著,为京津冀体育产业一体化发展提供良好条件。北京与天津作为我国人力资源和科技资源都尤为丰富的地区,在体育产业的管理方面、营销方面以及技术研发方面都拥有多重优势。河北省在劳动力资源、土地资源以及旅游资源等方面同样具备得天独厚的优势,这些优势为体育用品制造业和体育旅游业的发展奠定了相对稳固的基础。人文景观是北京与天津旅游资源中的主要部分,而自然景观则是河北旅游资源中的主要部分,为此建议三地合作发展,汇聚多方力量打造精品体育旅游线路。除此之外,北京与天津可以将低端体育产业转移至河北发展,同时为河北提供智力支持与资金支持。

(五)构建体育产业协调发展机制,推动体育市场体系建设

在体育产业一体化发展的过程中,京津冀体育产业相继出现产业同构、区域发展失衡、市场体系有待健全等现象,这些现象和京津冀区域体育经济管理存在很大联系。京津冀三地要想缩小区域经济差距,尽快达到区域协调发展的目标,一定要构建出达到科学性要求和合理性要求的体育产业协调发展机制,推动体育市场体系朝着更加优化的方向发展,促使体育产业管理水平得到大幅度提升,推动京津冀体育产业朝着可持续发展的方向发展。针对京津冀体育产业一体化发展的目标,相关人士和相关部门应当尽快完成以下三方面的推进工作。

首先,推进京津冀区域体育产业价值链的建立与完善。对于京津冀体育产业政策框架,国家应当制定并执行鼓励政策和扶持政策,把体育产业一体化的结构、组织、布局以及技术等环节定位成着手点,合理有效地完成关于京津冀体育产业价值链的设计工作与打造工作。国家应当立足于人才培养、经费支持、科技攻关、沟通协调等多个层面,设法增强京津冀体育产业聚集的吸引力,推动京津冀体育产业一体化发展进入良性循环的发展轨道。

其次,推进体育产业价值链的专业化建设。京津冀三地一定要分析并联系当地在地理、体育资源以及环境三方面的优势,将北京、天津以及河北分别设定为龙头、中心以及落脚点,设计并打造出有助于京津冀体育产业发展的专业化产业价值链,采取科学手段将京津冀体育产业结构分布调整至

最佳状态,促使体育市场元素的流通发生根本性改变,从而让体育市场元素流通逐步从无序过渡到有序。

最后,推进物流与供应链的建设进程和发展进程。体育产业链组成并非是单一市场元素的横向联系,同样不是体育资源纵向叠拼,相反是交通、物流和体育产品跨时空、跨地域的立体化、多元化的交汇与流通。体育产业物流与供应链的建设和发展不但能进一步夯实京津冀体育产业一体化发展的基础,而且能为一体化发展发挥保障性作用。

第四章 京津冀区域优势体育产业的培育与发展研究

随着京津冀协同化发展政策的提出,京津冀体育产业的协同发展也引起了学者们的兴趣。京津冀区域的体育产业发展基础不同,体育产业资源优势也不相同,因此,如何在京津冀区域内,发展适合自身优势的体育产业显得非常重要。本章主要针对京津冀区域优势体育产业的培育与发展进行研究,主要包括对影响京津冀区域优势体育产业发展的因素、京津冀区域优势体育产业的选择和京津冀区域优势体育产业培育与发展的策略。

第一节 区域优势体育产业相关概念解析

一、"区域"概念

关于"区域"的定义有很多,小到一个村落和社区,大到一个城市和国家,都可以用区域来描述,区域是指那些具有特定生产和生活能力的群体聚集在一起生活的完整意义上的地区,根据不同研究的需要,需要对其进行相关的定义。本研究主要采取的是经济学上的定义,主要是在对省市各区域经济发展进行研究的基础上,对体育产业的协同发展进行研究,本研究主要是针对京津冀这一区域进行研究和讨论。因此,这里的区域就特指京津冀地区。

二、"体育产业"概念

(一)广义的体育产业说

广义的体育产业指的是与体育运动相关联的一切生产、经营和服务活动,其所生产出的体育物质产品和体育精神产品,可以满足人们的物质生活和精神生活。体育产业是国民经济中的重要组成部分,可以拉动我国经济的增长,带动社会就业,甚至成为一个国家的支柱性产业。广义的体育产业说,包含的范围非常广泛,是一种宏观的产业发展说。

(二)狭义的体育产业说

狭义的体育产业指的是人们常说的体育服务业,体育服务业主要是提供给消费者活劳动的体育服务简称,主要包括了体育竞赛表演业、健身休闲业、体育教育培训业、体育媒体、体育旅游等,不包括体育用品业等,这是狭义的体育产业说。

(三)体育产业概念的界定

总的来说,体育产业是随着社会经济的不断发展而出现的一种新的产业形态,它是体育运动由原来的自给自足的自为模式向组织化、生产化、消费化和盈利化的产业运营模式转变的产物。

我们将体育产业的概念界定为:那些为社会提供体育产品或体育服务的经济活动的集合以及经济部门的总和。

三、优势产业

关于优势产业的界定,学界主要有两种看法。第一种观点认为,通过对目标产业的分析,看该产业与其他产业相比是否具备一定的竞争优势,在本区域内具有优先的发展优势和市场前景,则这个产业就是优势产业。另一种观点则认为,如果该产业在该区域的经济结构中占据较大的比例或者所占比重呈上升趋势,在国民经济各部门中占据较大的优势,则为优势产业。

本研究认为,优势产业主要是指在特定的区域内,一些产业在资源、成本、技术、人才、管理等方面具有一定的优势,从而呈现出相应的竞争优势,呈现出生机勃勃发展趋势的产业。

四、区域优势产业

关于区域优势产业的概念有很多,主要包括以下几个(表4-1)。

表 4-1 区域优势产业的概念

观点	主要特点
资源配置合理,运行状态良好,获取附加值能力强、资本运营效率较高,投入产出比率较高,在经济总量中占有较大份额的产业	产出所占份额高 资本运营效率高 投入产出比率高
某地区某产业在全国同一产业总量中占有较大比重,具有明显区位优势的产业	具有区位优势 产业所占份额高
以地区客观实际为依据,某一区域具有市场竞争力、经济效益良好的产业	符合区域实际 具有竞争力 经济效益好
以区域现有或潜在比较优势为依托,符合区域功能定位,依赖市场机制与政府引导,产业绩效高、产品市场空间广阔,在产业链条起决定性作用的产业或产业群	基于区域功能定位 产业绩效高 市场竞争力强

区域优势产业主要是指利用和挖掘本区域的禀赋资源,开拓和挖掘出适合本区域发展的优势产业,这个产业与区域内的其他产业相比,能够以竞争优势迅速占领本区域消费市场,同时,该产业是健康可持续发展的产业。

五、区域优势体育产业

区域优势体育产业主要是指在特定区域内,具有相对竞争优势的体育产业或体育产业群。主要是指在特定的区域内,体育产业相对于其他产业来说,具有一定的发展优势,依托本区域内的自然资源等条件,体育产业可以迅速崛起,为本区域的产业发展和转型做出一定的贡献。对于本研究中的京津冀区域来说,近些年来,特别是北京奥运会后,该区域内的体育产业发展迅猛,各种体育赛事层出不穷,人们对健身和休闲的期待和愿望也越来越高,特别是随着北京和张家口联合申办 2022 年冬奥会的成功,进一步带动了该区域内体育产业的发展。在未来的一段时间内,体育产业将会是京津冀地区发展较快的重要产业之一,成为真正的区域优势体育产业。

第二节 影响京津冀区域优势体育产业发展的因素分析

一、京津冀区域体育竞赛表演业发展影响因素

(一)体育竞赛表演业概述

体育竞赛表演业是体育产业的主体部分,在体育产业的发展中起着决定性作用。体育竞赛表演业主要包括职业体育赛事的表演活动、商业性体育赛事的表演活动。体育竞赛表演业具有一定的特点,主要表现在以下几个方面。

1. 产品方面

体育竞赛表演业的产品主要是通过运动员在运动场上进行高水平的运动技能发挥,展现给观众的表演项目,通常情况下,这种服务是有偿性的。由于体育赛事的不可预测性,高水平的赛事往往能够吸引很多人的关注,具有很强的影响力。体育竞赛表演的产品也会随着赛事质量的高低,展现出相应的市场竞争力,具有一定的稀缺性。

2. 消费方面

同其他产品不同,体育赛事的消费是同生产在同一时间进行的,在运动员参加比赛的过程中,就是观众进行体育赛事消费的过程。体育竞赛表演的消费包括很多方面,除了那些买票去现场看比赛的观众以外,通过购买赛事版权,在电视机前花钱观看体育比赛,购买运动员球衣,购买体育赛事的衍生产品等,都属于消费层面的内容。

3. 市场方面

体育竞赛表演市场是一种比较独特的市场,通常而言,是由政府主导的,一个国家的体育赛事往往是由该国家单项体育协会决定的,例如每个国家在一个体育项目内,只允许有一个最高级别的职业联赛。因此,对于高水平职业体育赛事来说,体育竞赛表演的市场往往具有一定的垄断性。但是对于一些商业性体育赛事来说,其市场往往是由自身的影响力和赛事质量

来决定的。能不能形成良好的体育竞赛表演市场,根本还是由这项赛事的质量来决定的。

(二)京津冀区域的体育竞赛表演业发展现状

在京津冀区域内,由于经济、文化等社会条件发展的不同,各个地方的体育竞赛表演业发展情况是不一样的。下面分别进行简单概述。

1.北京市体育竞赛表演业

北京市作为我国的政治、文化和经济中心,在世界上非常具有影响力,体育作为宣传城市的重要名片,近些年来,特别是北京奥运会结束后,北京的体育竞赛表演业发展迅速,北京市也提出了要打造国际体育中心城市的目标,培育和发展了一系列品牌体育赛事,主要包括中国网球公开赛、斯诺克中国公开赛、"沸雪"世界单板滑雪赛、中国杯花样滑冰大奖赛、中国马球公开赛、北京国际体育舞蹈公开赛、国际沙滩排球世界大满贯北京赛、国际田联世界田径锦标赛等著名体育赛事,为北京市民和全国观众呈现了精彩的赛事盛宴,每年都会吸引很多人到现场观看比赛,并具有广泛的社会影响力。

除了这些国际性赛事以外,北京还拥有着多支职业体育俱乐部,包括北京国安、北京人和、北京北控等职业足球俱乐部,北京首钢、北京北控职业篮球俱乐部,这些职业体育俱乐部是北京市体育竞赛表演业的重要组成部分,为广大观众呈现了非常好的赛事体验。特别是北京国安足球俱乐部和北京首钢篮球俱乐部,已经成了很多北京市民的精神支柱,很多球迷通过支持自己喜欢的球队、购买球队的球衣,促进了体育消费市场的发展。

总体来说,北京作为我国的文化中心,已经拥有了很多品牌体育赛事,这些赛事的影响力也在不断提升,随着北京经济社会的不断发展,以及体育产业的不断发展,北京的体育竞赛表演业将会更加快速地发展。

2.天津市体育竞赛表演业

天津作为我国的国家中心城市和环渤海地区经济中心,在我国北方占据着非常重要的地位,近些年来,无论是经济,还是文化都发展得非常迅速,在国内和国际上都具有非常高的知名度和影响力。天津与体育也有着不解之缘,我国近代体育的开端就始于天津,1898年篮球运动发端于天津,为我国现代体育运动的发展做出了很大的贡献。

近些年来,随着天津经济的不断发展,以及人民生活水平的不断提高,人民对健康的关注度也越来越高,天津的体育产业也取得了非常好的发展

第四章　京津冀区域优势体育产业的培育与发展研究

和进步。在体育竞赛表演业方面,主要包括海河国际龙舟赛、团泊湖国际铁人三项赛、全国武术运动大会等赛事,成为天津对外宣传的窗口和城市名片。特别是在职业体育领域,天津拥有两支中超足球俱乐部,分别是天津泰达和天津权健,其中天津泰达是中国职业足球的老牌劲旅,一直在中国顶级职业足球联赛里奋战,形成了一大批忠实的球迷。而天津权健是近几年中国职业足球领域内的新贵,自组建足球俱乐部以来,球队老板就一直加大投入,在中国职业足球领域内掀起了一阵阵风浪,吸引了一大批年轻球迷的关注。此外,天津也拥有一支职业篮球俱乐部——天津荣钢篮球俱乐部,俱乐部成立以来,给天津的篮球迷们带来了很好的赛事观赏体验。

总体来说,天津市的体育竞赛表演业发展得比较好,具有一定的规模,并形成了一定的影响力,但是天津市缺乏一些国际性体育赛事,没有培育具有品牌影响力的体育赛事,体育竞赛表演市场具有很大的发展潜力。

3. 河北省体育竞赛表演业

在京津冀区域内,和北京和天津相比,河北省的经济和社会发展程度不是很发达,其体育竞赛表演业虽然没有形成一定的规模,但是,随着近几年体育产业的不断发展和中国足球改革的不断推进,河北在职业足球领域形成了一定的发展,并具有了一定的影响力。主要包括河北华夏幸福足球俱乐部和石家庄永昌足球俱乐部,其中河北华夏幸福足球俱乐部是中超劲旅,球队内拥有多名球星和中国国家队的国脚,在中超赛场上取得了不俗的战绩,受到河北球迷的喜爱和关注。石家庄永昌足球俱乐部目前在中甲联赛奋战,球队虽然成立时间不久,但是有过在中超奋战的经历,并且在中超赛场的那一段时间里,赢得了石家庄很多球迷的喜爱,受到了很多的关注。

总体来说,河北省的体育竞赛表演业发展较为缓慢,但是仍然取得了很好的成就,体育竞赛表演业是需要强大财力支撑的产业,能够拥有两支职业足球俱乐部,也说明了河北体育产业发展迅猛的趋势。

(三)京津冀体育竞赛表演业发展的影响因素

1. 地理位置

体育竞赛表演业的核心部分就是体育赛事,一项体育赛事要想吸引观众到现场来观看,那么其地理位置就显得非常重要了,只有那些交通便利的体育赛事才会吸引更多的人前去观赛。地理位置的影响主要体现在以下几个方面。

(1)优越的地理位置,方便观众直接到达,减少了人们在路上的时间以及在路上消耗的精力，从而可以投入更多的精力到比赛当中。

(2)优越的地理位置可以实现体育赛事产业价值的最大化，是体育竞赛表演业发展的重要外部因素。

(3)地理位置在一定程度上也影响着体育竞赛表演业发展的空间，如对于北京这个寸土寸金的地方，要想拥有一个专门的主场，是非常不容易的，北京的工人体育场作为北京国安队的主场，其处于朝阳区的繁华区域，每到比赛日，往往能吸引很多的球迷到现场来观战，同时在其周边已经形成了相应的产业链。而北京北控、北京人和等足球俱乐部的地理位置，相对而言，就不是非常好，在一定程度上影响了其球队的号召力。

总之，地理位置在一定程度上决定着体育竞赛表演业的发展，应该尽可能地选择那些比较优越的地理位置。

2.城市化发展程度

一个地方的城市化发展程度在一定程度上决定着这个地方的体育产业发展基础，同时也影响着体育竞赛表演业的发展。其主要体现在以下几个方面。

(1)城市化能够为体育竞赛表演业的发展提供条件，为体育竞赛表演业提供一定消费能力的人群。同时，城市化程度较高的人群中，其受教育程度和学历背景都比较高，具有一定的体育消费意识和体育参与意识，从而为体育竞赛表演业的发展提供相应的市场。

(2)城市化水平的高低对于体育竞赛表演业的需求市场具有重要的影响。发达国家的体育产业发展实践表明，体育市场规模的大小与城市化水平具有正相关关系，城市化水平越高，体育产业发展潜力较大，市场规模也较大，人们的购买欲望相对较为强烈。城市化发展水平较高，则城镇人口比例较高，城镇人口的闲暇时间相对较多，并且闲暇时间较为规律，这些因素是体育消费活动的重要条件，对体育竞赛表演业的发展起着非常重要的作用。

从京津冀区域的发展程度来看，北京的城市化水平最高、天津次之、河北省较为落后，这在一定程度上也反映了北京体育竞赛表演业发展较为成熟的原因，其拥有较高的城市化水平，人们的受教育程度和生活质量要求也较高，从而为体育竞赛表演业的发展提供了很好的市场。

3.居民收入水平

居民收入水平是决定一个地区体育产业发展的重要因素，国际研究表明，当一个地区的人均收入超过8 000美元时，这个地区的体育产业才会迅速发展。主要是因为以下几个因素。

（1）居民收入水平在一定程度上反映了人们的购买力。体育竞赛表演业是体育产业中的上游产业，其所生产的体育赛事产品的定价往往会比较高，尤其是一些高水平的赛事，其门票价格可能比较昂贵，因此，要想到现场去观看体育比赛，必须具有一定的收入水平。

（2）居民收入水平决定着一个人的消费能力和消费意识。只有当一个人的收入水平达到一定程度以后，在满足基本物质生活需求的基础上，人们才会去考虑更高一层次的精神需求，而去现场观看体育竞赛表演是一种非常好的满足精神需求的消费方式，从而促进了体育竞赛表演业的发展。

4.体育场馆

体育场馆是体育竞赛表演开展的场所，体育赛事的举办离不开体育场馆的支撑，特别是对于一些高水平赛事来说，它们对场馆的要求还比较高。在京津冀区域，由于北京奥运会的举办，北京市拥有的体育场馆数量非常多，而且质量都比较高，如鸟巢、水立方、五棵松等大型体育场馆，现在已经成了北京的地标性建筑，每年都会承接很多体育赛事，促进了北京市体育竞赛表演业的发展。天津市在2017年举办完全运会后，也拥有了一些高规格的体育场馆，为天津体育竞赛表演业的发展奠定了一定的基础，而河北华夏幸福足球俱乐部也在积极建造属于自己俱乐部的专业球场，这在一定程度上提升了河北体育竞赛表演业的发展。

高水平的体育场馆可以为体育赛事提供高质量的保证，体育场馆设备具有较高的规范性和科学性，则运动员才能够有高水平的发挥，从而才能够为观众呈现高水平的体育赛事。例如篮球场地，对地板具有较高的要求，如果地板较滑，运动员很多动作无法施展，从而大大影响比赛的观赏性。因此，体育场馆是影响体育赛事的重要因素之一。

5.配套基础设施

由于体育竞赛表演业的自身特点，其对于配套基础设施有着比较高的要求。主要包括参赛人员的交通、食宿等后勤保障问题，观赛人员的交通、食宿等问题，这些都需要较高质量的配套基础设施。

在京津冀区域，北京的配套基础设施是最完善和发达的，便捷的公共交通系统，遍地林立的星级酒店，都在一定程度上为体育竞赛表演业的发展提供了相应的服务和便利条件。相对而言，天津也拥有较为完善的配套基础设施，而河北相对而言，较为落后，这些都在一定程度上影响了各个地方体育竞赛表演业的发展，体现出体育竞赛表演的质量。

上述因素是影响京津冀区域体育竞赛表演的重要因素,除了上述因素之外,一个地方的政务服务水平,人们的体育意识等都会对体育竞赛表演的发展产生重要的影响。

二、京津冀区域体育健身休闲业发展影响因素分析

(一)体育健身休闲业概述

体育健身休闲业是体育产业中一个重要的组成部分,是以体育为手段,以人们参与体验为主要形式,促进人们身心健康发展的经济活动。体育健身休闲业是体育产业发展的有力引擎,是需要人们亲身参与的一项活动,完全契合近年来人们主动向参与性、体验性消费转变的方向。

体育健身休闲活动,主要包括人们日常的健身活动、户外活动、民族传统体育运动以及一些特色运动等,体育健身休闲业的发展主要是为了满足人们日益增长的体育健身需求。

(二)京津冀区域体育健身休闲业发展现状

这几年来,随着人们生活水平的提高,特别是在京津冀区域内,人们的收入和生活水平取得了显著的提高,人们对美好生活的向往越来越强烈,其中对于健康的追求也越来越明显。人们的健身意识明显增强,特别是在北京,到处可见健身锻炼的人们。总体来说,人们的健身意识明显增强,从而进一步促进了京津冀区域健身休闲业的发展。

1. 北京市体育健身休闲业

这几年来,北京市居民的健身热情随着生活水平的提高也在不断上涨,体育健身休闲业发展迅速。随处可见的健身房,公园里到处可见的广场舞锻炼人群,周末一票难求的羽毛球场地等,这些说明了人们的健身热情。北京马拉松的报名需要摇号才能决定参赛名额,北京国际长跑节、鸟巢半程马拉松、奥林匹克森林公园的10公里跑等路跑赛事层出不穷,冬季滑雪季时,北京各大滑雪场的人满为患,周末时人们选择到近郊远足、旅游等。同时,北京每年都会举办一些群众性业余赛事,引导市民来参与。这些都反映了北京市的体育健身休闲业正呈现着生机勃勃的发展潜力。

2. 天津市体育健身休闲业

这几年天津市的体育健身休闲业发展迅速,特别是2017年全运会在

第四章　京津冀区域优势体育产业的培育与发展研究

天津的召开,进一步促进了天津市体育健身休闲业的发展。目前,天津市比较有名的群众性赛事有天津国际马拉松赛、环中国国际公路自行车赛等比赛,这些赛事极大地带动了天津市民的健身热情,促进了其健身休闲业的发展。

3. 河北省体育健身休闲业

这些年来,河北省利用自己的自然资源,如依托太行山、燕山自然资源,建设登山健身步道、攀岩基地、山地越野赛场、汽车露营地等设施,开展登山、攀岩、定向、徒步、穿越、探险、拓展、骑行、露营等户外休闲运动。开发秦皇岛、唐山、沧州海洋运动资源,发展帆船、帆板、游艇、海钓、潜水、航海模型、水上滑翔等水上运动。以张家口、承德等北部地区为主轴,辐射带动太行山及华北平原地区建设室外雪场、室内冰场,发展大众滑雪、滑冰、冰球等项目。挖掘传统民族体育运动资源,发展武术、太极、气功等健身休闲运动。同时,也举行了一些路跑赛事,如石家庄(正定)国际马拉松、秦皇岛国际马拉松、衡水湖马拉松、承德马拉松、唐山国际马拉松等路跑赛事,极大地带动了河北省人们参与健身休闲的热情和动力,促进了河北省体育健身休闲业的发展。

(三)京津冀区域体育健身休闲业发展的影响因素分析

1. 居民收入水平

人们物质生活水平的提高是其体育健身休闲产业发展的重要保证。人们进行体育健身消费的重要目的是满足身心健康的需求,是一种较高层次的需求。消费者必须具备一定的消费能力和消费意愿,消费者的收入水平会限制其预算,人们会根据自身的收入水平来制定相应的预算,避免入不敷出。一些体育休闲类项目需要一些装备,而这些装备往往需要一定的花费和投入。

人们的收入水平决定了其支付能力。如果人们的购买力小,投入体育健身方面的费用也会相对较少,从而使得体育产业的规模较小。如果人们的收入水平较高,并且有意愿投入体育健身休闲方面,那么自然会促进体育健身休闲市场的繁荣和发展,并吸引更多的资源投入到健身休闲业,从而促进体育健身休闲业的不断壮大。

2. 体育场馆设施

体育场馆设施是现代社会经济水平发展到一定程度的重要标志。人们在健身休闲过程中,体育场馆设施是其参与的重要保障,体育健身场馆的数量与分布特点对于该产业的发展具有重要的影响。充足的体育场馆设施能够吸引更多的人参与其中。方便快捷的体育场馆设施,更容易带动体育健身休闲业的发展,所以,通常情况下,体育场馆设施都应该在市区里,交通容易到达,或者在小区内,方便人们参与其中。

对于一些体育项目来说,人们在进行健身休闲时,并不需要很好的体育场馆,如户外跑步、登山等,对于这类体育休闲项目,只需要带好装备,积极参与其中即可。

3.城市化发展程度

(1)城市化发展程度是体育健身休闲业产业布局的重要影响因素

健身休闲行业一般都会选择在城市化水平较高的地区,这一区域的人们健身意识较强,非常有利于体育健身休闲业的发展。

(2)城市化发展程度影响健身休闲产业的市场空间

城市化水平越高,人们的健康意识和体育锻炼需求就越旺盛,同时,城市里的人们收入相对比较高,闲暇时间较多,从而使健身休闲有了一定的保障。同时,随着城市化进程的加快,人们的工作压力逐渐加大,生活节奏也不断加快,从而出现了一些亚健康的疾病,为体育健身休闲业的发展提供了一些良好的发展空间。此外,城市化的不断发展为健身休闲产业的发展提供了良好的外部发展条件,如基础设施等。

4.体育人口的数量

体育人口数量的多少决定了一个地区体育健身休闲产业的发展,大量的体育人口为体育健身休闲业的发展提供了广阔的发展空间。具体而言,其主要体现在以下几个方面。

(1)体育人口是健身休闲产业的潜在消费群体

体育人口是健身休闲产业的潜在消费群体,在一定的刺激和引导下,其会进行相应的健身休闲活动。体育人口对于体育的偏好较强,其在很大程度上能够成为体育健身休闲活动的消费者。

(2)体育人口可以拉动周围的体育消费

如果一个地区,体育人口较多,人们都有积极向上的健身习惯和健身氛围,那么自然会带动周围人群的健身和休闲,从而增加体育健身休闲产业的潜在消费群体,促进体育健身休闲产业的发展。

三、京津冀区域体育教育培训业发展影响因素

(一)体育教育培训业概述

体育教育培训业,是体育产业中的最基础部分,主要是针对青少年群体开展的体育技能和体育兴趣的培训,如篮球培训、足球培训、羽毛球培训、击剑培训、网球培训、武术培训、冰球培训等。

随着我国素质教育的不断推行,人们对体育教育理念的认同,体育教育培训行业不断蓬勃发展,各类体育培训如雨后春笋般崛起,也出现了一些规模较大的公司,目前,体育教育培训业已经成为现阶段我国体育产业最具活力和投资价值的一个行业。

(二)京津冀区域体育教育培训业发展现状

目前,全国的体育教育培训行业发展都较为迅速,在京津冀区域内,以北京为龙头的体育教育培训行业更是发展非常火爆,北京的体育教育培训市场主要包括篮球培训、足球培训、网球培训、羽毛球培训、游泳培训、轮滑培训、滑雪技能培训以及冰球培训等,北京拥有很多的体育教育培训机构,可谓是琳琅满目,反映了北京体育教育培训行业蓬勃发展的趋势。天津和河北省的体育教育培训业也呈现出比较好的发展趋势,发展势头良好。

(三)京津冀区域体育教育培训业发展的影响因素

1.居民收入水平

体育教育培训业,大部分针对的是一些青少年儿童和白领阶层人群,对于青少年儿童来说,他们的父母往往都是中产阶级以上的群体,这类群体的收入都比较高,他们或者对自己孩子的教育投入比较高,而体育培训是其中的一个方面。对于公司白领来说,他们出于对自身健康和身材等方面的要求,通过参加体育培训来掌握体育技能,从而达到促进身心健康的目的。这也是为什么北京、天津和河北的一些大城市,体育教育培训业发展得比较好的原因。

2.体育认同感

这里所说的体育认同感主要是指,由于长期以来,中国人对体育教育的认识不足,对体育的重视度也不够。只有对体育价值和功能具有一定的认

识,才会去参与培训,或者让孩子参加体育教育培训。从这个角度来讲,对体育的认同感在一定程度上决定着这个地区体育教育培训业的发展。

3. 体育场馆设施

体育教育培训业对体育场馆设施的依赖性比较强,在城市里,人们往往是通过去比较便捷的体育场馆中参加体育培训,因此,只有拥有足够数量和质量的体育场馆设施,才能吸引更多的人参与到体育教育培训当中来,从而促进体育教育培训行业的发展。

4. 体育教练员

体育教练员是体育教育培训行业的重要支撑,一个体育教育培训机构要想在市场和社会中立足,必须拥有高质量、数量足的体育教练员团队。因此,通过各种渠道补充和更新体育教练员的数量,才能促进体育教育培训机构的健康发展,从而促进体育教育培训行业的快速发展。

四、京津冀区域体育传媒及信息服务业发展影响因素

(一)体育传媒及信息服务业概述

体育传媒及信息服务业是指通过网络、电视、广播、报纸、书刊等手段进行的体育信息服务。体育传媒及信息服务业对体育产业的发展起着非常重要的作用,可以这样说,正因为有了体育传媒等信息产业的发展,才为体育产业的发展插上了腾飞的翅膀。因为电视、网络等传播手段,为体育赛事等活动提供了传播的方式,让职业体育赛事成为产品,形成了体育赛事版权,并通过书刊、电视、网络等方式,极大地提高了体育的传播力和影响力。

现代社会已经进入了信息社会,体育产业的发展更离不开信息的服务,体育信息和体育传媒为关注体育赛事、体育明星、体育热点的人们提供了可供讨论的话题。同时,任何一项体育赛事和活动,都离不开体育传媒及信息的服务。

(二)京津冀区域体育传媒及信息服务业发展现状

在京津冀区域内,北京的体育传媒及信息服务业最为发达,由于北京的第三产业最为发达,集聚了很多互联网企业,互联网企业构筑了体育传媒及体育信息服务业的基础。因此,这里主要探讨北京市的体育传媒及信息服务业。

第四章　京津冀区域优势体育产业的培育与发展研究

目前,我国的门户网站都设有体育专栏,如网易体育、搜狐体育、新浪体育、腾讯体育等,这些门户网站基本在北京都有很多的业务,在北京有相应的工作团队,业务开展良好。这些门户网站都有自己的特色,都在不断打造属于自己的体育王国,其中比较有代表性的是腾讯体育,腾讯体育通过购买美国男子职业篮球联赛(NBA)的版权,成为中国新媒体转播网络平台,这几年通过打造自己的转播平台、策划各种 NBA 的特色节目,已经吸引了很多篮球迷。同时,腾讯体育还推出了体育会员,购买体育会员的球迷也越来越多,取得了非常好的业绩。此外,新浪体育作为我国体育门户中的传统巨头,也在积极打造属于自己的体育矩阵,仍然是体育传媒和信息领域的重要成员。

此外,北京还是中央电视台体育频道的所在地,中央电视台作为我国的体育传媒和转播龙头,拥有很多独家的体育转播和传媒资源,其所制作的节目仍然是高质量的,吸引很多人的关注和喜爱。此外,其拥有奥运会和世界杯的独家转播权,从而有了这些体育信息和节目的独家制作权。因此,在体育信息和传媒领域,其具有一定的垄断地位。

除了传统的体育节目类信息网站,随着中国体育产业和新媒体的发展,北京也出现了很多体育商业新媒体服务商,如体育大生意、体育产业生态圈和体育 BANK 等,这些体育产业的新媒体,通过制作各种体育产业的新内容,为体育产业从业者搭建学习、交流的平台,并取得了很好的服务效果,刮起了相应的体育产业风,为体育传媒和体育信息的发展做出了相应的贡献。

(三)京津冀区域体育传媒及信息服务业发展的影响因素

由于体育传媒和信息服务业的特殊性,其影响因素主要包括以下几个方面。

1. 第三产业发展程度

由于体育传媒及信息服务业是明显的第三产业,其发展离不开相应的第三产业发展的带动,如其需要先进的计算机技术、信息传输技术等,都必须具有较高的发展程度,此外,需要相应的技术从业人员和工作人员。北京市的产业结构中,第三产业所占的比值比较重,占 90% 以上,因此,其第三产业尤为发达,为体育传媒与信息服务业的发展提供了足够的技术支持和人才保障。

2.扶持和引导政策

由于体育传媒及信息服务业是体育产业的重要部分,其发展受我国体育产业发展程度的影响,随着2014年国务院46号文件《关于加快发展体育产业促进体育消费的若干意见》的发布,体育产业在我国快速发展,据相关统计,每年我国体育产业的年增长率在20%以上,产业政策的出台刺激了体育产业的发展,同时也带动了相关从业者的热情,为体育传媒及信息服务业的发展提供了足够多的素材,进而促进了我国体育传媒和信息服务业的发展,因此,国家出台的扶持和引导政策,对体育传媒及信息服务业的发展具有很大的影响。此外,由于我国体育产业处于起步发展的阶段,应该积极出台一些对产业有利的政策,在体育传媒及信息服务业领域,应该出台一些多元化促进体育信息及服务业发展的政策,如关于奥运会和世界杯的央视独家转播权政策,能不能尝试取消,从而促进我国体育信息及传媒服务业的公平快速发展。

五、京津冀区域体育用品制造业发展影响因素分析

(一)体育用品制造业概述

体育用品及相关产品制造业,是体育产业的基础部分,也是目前我国体育产业的主体部分,在我国体育产业结构中占据最大份额的部分,据国家统计局和国家体育总局联合发布的2016年体育产业数据显示,体育用品及相关产品制造业占据了体育产业增加值的50%。因此,可以说,我国的体育用品及相关制造业是我国体育产业的最重要支撑,这在未来一段时间内,将继续保持下去。

狭义的体育用品即为专门用于体育运动并符合运动项目规则的规定和要求的一种特殊生活消费品。其主要服务于运动竞赛和运动训练,在设计制造过程中,其以体育运动的实际为基础,符合各项运动技术的要求,对于运动员运动水平的提高具有积极的意义。例如,跑鞋作为体育用品,其要求轻便、弹性较好,能够对提高跑的速度具有积极的促进作用。这些体育用品在生产过程中,必须要达到一定的质量要求,并且要符合运动比赛规则的要求。一般这类体育用品都会经过产品质量监督部门、体育运动专业协会等有关组织检验、认证。

从广义上来看,体育用品主要是用于体育活动并且符合体育活动要求的一种特殊生活消费品的总称。具体而言,它包括运动竞赛和训练、体育健

第四章 京津冀区域优势体育产业的培育与发展研究

身和休闲等各种体育活动中所使用的体育用品。一般可将体育用品基本分为三大类别,即为体育器材、运动鞋和运动服,其能够满足一些体育运动的基本要求,并且能够保证体育运动的正常开展。本节所要探讨的是广义上的体育运动。这些体育用品多用于大众的体育健身,在学校中也用这些体育用品进行体育教学活动。一般意义上的体育用品其对于产品的规格和标准要求相对较低,如在进行篮球教学中,为了方便学生学习,会设置不同高度的篮球架。

(二)京津冀区域体育用品制造业发展现状

长期以来,由于受产业结构和布局的影响,我国的体育用品制造业主要存在于南方城市,如福建和广东一带,京津冀区域的体育用品制造业发展缓慢,在河北省散布着一些体育用品制造业,如篮球架、塑胶跑道等体育用品制造商,这些体育用品制造商的制造水平往往不是很高,跟东南沿海的一些成规模的体育用品制造业相比,有着明显的差距。北京和天津几乎没有相应的体育用品制造企业,这与两地的产业结构有着密切的关系。

(三)京津冀区域体育用品制造业影响因素

1. 产业经济政策

体育用品制造业受到产业经济政策的重要影响,一个区域内是否有相应的体育用品制造业企业,跟这个区域整体的产业政策有着非常重要的关系,北京作为一个以第三产业为主的城市,并且正在积极疏导非首都功能,像制造业这样的产业受政策影响不会落地北京。

2. 地理位置

对于体育用品制造业来说,地理位置是其可持续发展的重要因素。

(1)影响其产业布局

地理位置对于体育用品制造业的发展具有重要影响。体育用品制造业是劳动密集型产业,需要便捷的交通和物流,因此,如果拥有了合适的地理位置,一定会促进其快速发展。

(2)影响其生产成本

体育用品制造业在选择发展位置时,一般会选择生产成本比较低的区域,从而获得一定的生产利益,最终实现利益的最大化。良好的地理位置有助于减少运输成本,从而最终减少生产成本。

3.技术因素

(1)技术是提高体育用品价值与品牌的核心

产品的价值取决于其使用价值。对于体育用品而言,其专业性相对较强,具有较高的要求,技术含量相对较高。加大技术、材料等方面的科研投入能够提升资源的利用率,增加其科技含量,使得其使用价值较高,从而树立良好的品牌核心。

(2)技术是提高体育用品的关键因素

企业要想保持其竞争力,必须紧跟时代潮流,加强技术运用,使得产品保持较强的竞争力。新技术、新材料的使用能够增加人们的运动体验,延长体育用品的使用寿命。而这些都要依赖于创新和科研,缺乏这两者,产品只能处于市场的底层,并逐渐被市场所淘汰。

4.体育人口

体育人口与体育用品之间是一种正相关的关系,体育人口的增加,必然会促进体育用品消费的增长。人们在参与体育活动时,必然会使用各种体育产品;人们追捧某位体育明星,就可能购买与之相关的体育产品。在北京、天津以及河北的一些大城市,拥有比较多的体育人口,可以满足体育用品制造业的相应市场需求。

体育用品制造业在产品营销过程中,针对相应的体育人口,可以推出有针对性的营销,通过对体育人口进行分类,进行科学分类营销,提高产品的销路和影响力。

同时,体育人口还是吸引体育用品制造业投资的重要因素,拥有足够多数量的体育人口,其发展潜力就比较大,从而会增加投资者的信心,做出相应的投资决策。

六、京津冀区域体育旅游业发展影响因素分析

(一)体育旅游业概述

体育旅游是个体以参与和观看体育运动为目的,或是以体育为主要活动内容的一种旅游活动形式。体育旅游并不是单纯的旅游活动,体育旅游资源是其前提条件。只有区域内具备丰富的体育旅游资源,并具有完善的配套设施,才能够促进体育旅游产业的发展。同时,参与体育旅游不等同于传统旅游,需要运动者具备一定的运动技能。

第四章　京津冀区域优势体育产业的培育与发展研究

体育旅游产品是指旅游企业为了满足体育旅游者活动过程中的各种需求,而向体育旅游市场提供的各种物品与服务。体育旅游产品的外延也从产品的基本功能向产品的基本形式、期望的产品属性和条件、附加利益和服务以及产品的未来发展等方向拓展。体育旅游是一种综合性的消费,由旅游体验和体育活动等构成一系列消费形式。体育旅游以区域自主管理为主,这就需要制定相应的管理标准和管理方法。

2016年12月22日,国家旅游局、国家体育总局联合印发《关于大力发展体育旅游的指导意见》,其中明确提出,"体育是发展旅游产业的重要资源,旅游是推进体育产业的重要动力"。政策的出台极大地促进了我国体育旅游业的发展,使人们更加关注这个新兴的产业。

(二)京津冀区域体育旅游业发展现状

随着京津冀协同发展战略的提出,目前京津冀区域的体育旅游业也取得了一定的发展。北京市依托自身资源打造了各种旅游休闲步道,并且借助2022年北京冬奥会发展态势,发展了一批滑雪旅游度假胜地和奥林匹克滑雪体验区;天津市依托北部山地户外运动旅游休闲圈,东部海滨运动旅游休闲圈,大力推动山野运动、水上运动、低空探险、康体健身等专项旅游产品。河北省借助冰雪、马拉松、露营、垂钓等户外项目,打造与本地旅游资源完美融合的体育旅游小镇。虽然京津冀体育旅游业取得了一定的发展,但是同样遇到了一些问题,主要表现在以下几个方面。

1. 缺乏统筹规划

京津冀三地都出台了相应的旅游发展规划,并且在规划中提出要利用各自的旅游资源和建设户外营地、冰雪、房车、露营房地等体育旅游项目,但是由于缺乏三地统一的旅游规划,特别是针对体育旅游项目的统筹规划,导致相应的体育旅游管理体制没有形成,从而在发展相关项目时,往往会出现项目进展缓慢,体育旅游资源浪费的情况,不能形成很好的体育旅游发展共同体。

2. 体育旅游规模和品质有待提高

由于京津冀区域内的体育旅游产业刚刚起步,还没有形成具有影响力的体育旅游精品项目和线路,体育旅游占据京津冀三地旅游产业的规模和份额还非常小。北京的体育旅游主要是靠体育赛事来拉动,如北京马拉松、鸟巢内举办的各项赛事等,天津和河北还没有形成具有一定影响力的品牌体育旅游项目。

3. 产业融合度不高

体育旅游产业是一项复合型产业，可以带动相关产业的发展，但是目前，京津冀区域内的体育旅游产业发展较为单一，往往都是只重视其中一项运动项目的发展，如水上运动、山地运动、冰雪运动等，在发展过程中，没有植入相应的要素产业和相关产业，如体育培训业、体育传媒业等。

4. 三地发展不均衡

由于北京的体育赛事资源比较丰富，吸引了很多体育旅游群体，但是天津和北京的体育赛事资源匮乏，虽然也举办了一些具有影响力的群众性体育赛事，吸引了相当规模的参赛人群，但影响力还是非常小。三地在体育旅游发展上的速度很不均衡。

5. 体育旅游人才比较匮乏

由于体育旅游属于新兴产业，国内既懂体育，又懂旅游的人才非常缺乏，同时缺乏一些实操性体育旅游人才。体育旅游业的发展依赖于人才的数量和质量，如果人才匮乏的话，不利于体育旅游业的发展。

（三）京津冀区域体育旅游业发展的影响因素

1. 自然资源

自然资源是体育旅游开展的物质基础，是体育旅游的场所，决定了体育旅游的形式和规模。自然资源条件不同，则体育旅游活动形式也不同，多山地区可开发爬山、攀岩、徒步等活动，而多水的地方可开发漂流、潜水、游泳等活动。同地区具有一定的差异性，从而使得不同地区的体育旅游产品也具有特色，京津冀三地的自然资源有一些相同，但更多的是不同，应该积极利用各自的自然资源条件，打造属于自己的体育旅游特色项目。

2. 旅游业发展程度

体育旅游业与旅游业密切联系，一个地方旅游业的发展水平在很大程度上影响体育旅游业的发展。如果一个地方的旅游业发展程度较高，则其具有完善的基础设施和人才规模，那么，体育旅游业就可以在这个基础上进行更好的发展。

3. 基础设施

(1) 基础设施是开展体育旅游业的前提

基础设施是开展体育旅游活动的前提,这不仅包括各项体育旅游的产品设施,还包括住宿、餐饮等方面。

(2) 基础设施影响体育旅游产品的质量

旅游发展比较好的地区,其基础设施较为完善,因此,基础设施影响着人们对旅游服务的评价。同样的,一个地区的体育旅游设施,如住宿、交通、环境等条件都影响着体育旅游市场的开发。

4. 体育和旅游消费群体

体育和旅游都属于更高层次的消费,只有当人们满足了基本的生活需求以后,为了追求精神上的需求,才会考虑进行体育和旅游消费。因此,要看一个区域内是否有非常多的体育和旅游消费群体,一般而言,中产阶级群体越多,那么潜在的体育和旅游消费群体就会越多。从这方面讲,应该做好这方面人群的营销开发。

5. 营销和宣传力度

由于体育旅游是新兴的产业,体育旅游项目的发展离不开广泛的营销和宣传,必须积极通过一些营销和宣传手段做好京津冀区域体育旅游项目的宣传,提高其知名度,并通过打造相应的体育旅游品牌,不断提高其影响力,从而促进体育旅游业的发展和完善。

第三节 京津冀区域优势体育产业的选择

一、京津冀区域优势体育产业的选择概述

(一) 京津冀区域优势体育产业选择的主体

在进行京津冀区域优势体育产业选择时,应该发挥各自区域资源优势,并培育和发展该区域产业的竞争力,从而推动区域体育产业的发展。选择优势区域体育产业,一方面应面向未来,做出科学的分析和判断,根据区域实际情况来做出选择;另一方面应在诸多条件的限制下进行科学的选择,对

外部环境、消费者状况等进行充分考虑。另外,区域体育产业的选择应注重其战略意义,区域优势体育产业的选择决定了体育产业的未来发展方向,具有导向性作用。

在进行京津冀区域优势体育产业选择时,主要有两个主体。

1. 政府

(1)在市场发展不完善的情况下,由市场机制来进行优势体育产业的选择可能是一个漫长的过程,而通过政府对优势体育产业的引导,并进行相应的政策扶持,能够缩短优势体育产业发展的过程。

(2)体育产业的发展除了需要经济支撑,还需要政府保障,这样才能获得较快的发展。经济发展水平相对较低的地区,其自然资源丰富,但是资本短缺,为了实现体育产业的发展,需要进行重点产业的优先发展,政府应进行扶持和引导,从而带动该区域产业的发展。如河北省的经济水平较为落后,在选择优势体育产业时,应该发展体育用品制造业这样的产业。

(3)政府可以充分调动各方面的资源,具有其他社会组织无可比拟的优势,而政府也在一定程度上代表着该区域所有成员的整体利益。通过政府来引导发展优势体育产业,具有一定的全局性。

2. 市场

体育产业本身就是一种市场经济条件下产生的产业,因此,通过让市场自身来决定该区域内的优势体育产业,从一定程度上讲是理所应当的。通常情况下,当一个地区的体育消费群体达到一定规模以后,自然会产生与之相适应的体育产业。如北京的体育传媒及信息服务业最为发达,这是由于其市场地位自然形成的,而不是政府通过某种手段进行选择发展的。此外,政府的一些政策干预,有时也会导致一些市场机制失灵,如政府对世界杯、奥运会赛事版权的干预,导致一些体育网络转播机构无法参与其中的竞争,从而极大地限制了我国体育赛事转播权的平衡和发展。但是,在一些经济水平发展较为落后的地区,其市场的培育往往需要政府的扶持。

3. 政府与市场相结合

在体育产业发展的过程中,不应该将政府与市场对立起来。体育产业的发展既需要政府积极引导,又需要市场进行调节。

在一些经济发展水平较高的地区,体育市场发育良好,可采用以市场选择为主、政府选择为辅的方式。而对于那些经济发展水平相对较为落后的区域,需要政府发挥主导作用,制定相应的政策措施来积极引导体育产业的

第四章 京津冀区域优势体育产业的培育与发展研究

选择和发展。同时,在体育产业市场化运作过程中,政府的作用也是不容忽视的。因此,在进行京津冀区域优势体育产业的选择时,应该将市场和政府的作用紧密结合起来。

(二)京津冀区域优势体育产业选择的原则

1. 动态原则

在京津冀协同发展的过程中,每个区域的体育产业也在不断发展中,某一项体育产业的竞争优势在特定时期内是有效的,当每个区域的体育产业发展到一定阶段以后,这种优势可能就会消失。

随着京津冀区域体育产业的不断发展,某个时期的优势体育产业可能会成为潜在的劣势产业,某些体育产业则有可能转变为优势体育产业。因此,在选择优势体育产业的过程中,要注意利用动态原则。

2. 比较优势原则

在进行优势体育产业选择时,应该尽可能地利用比较优势的原则,这是因为利用比较优势,可以使区域内的体育产业实现高度的专业化和集聚化,并且可以使区域内的产业分类发展,避免出现同质化产品,从而产生恶性竞争,最终实现该区域资源的优化配置,建立发展良好的体育产业结构体系。

3. 竞争优势原则

由于区域优势体育产业本身要求既要有比较优势,又要具备竞争优势,竞争优势要求优势体育产业在区域间与同类产业进行竞争时取得优势。例如天津在发展体育用品制造业时,应该与本区域内的其他制造业进行比较,是否具备竞争优势。河北在发展体育赛事产业时,应该与本区域的文化产业进行竞争比较,能够去引进一些具有竞争力的体育赛事。

4. 市场导向原则

体育产业是市场经济的产物,在选择优势体育产业时,应该尽可能地符合市场的需求,选择真正适合市场发展的优势体育产业。在进行市场导向的选择过程中,可以进行市场调查,了解市场的需求,从而做出有利于促进体育产业发展的市场选择。

5. 特色原则

在进行区域优势体育产业的选择过程中,一定要注意发挥特色的原则,只有发挥和形成一定的特色,进行差异化发展和经营,才能走出适合本区域发展的体育产业道路。如河北省可以根据自己所拥有的自然资源积极推进体育旅游业的发展,北京市可以根据自己的区域和发展优势,积极推进体育竞赛表演业和体育传媒及信息服务业的发展。

(三)京津冀区域优势体育产业选择的类型

在进行京津冀区域优势体育产业选择时,可以根据各个区域的特点,进行选择,根据体育市场形成的功能和特点,可将体育产业市场分为主体市场、保障市场和延伸市场三大类,并将其分为若干个小类,具体如图 4-1 所示。

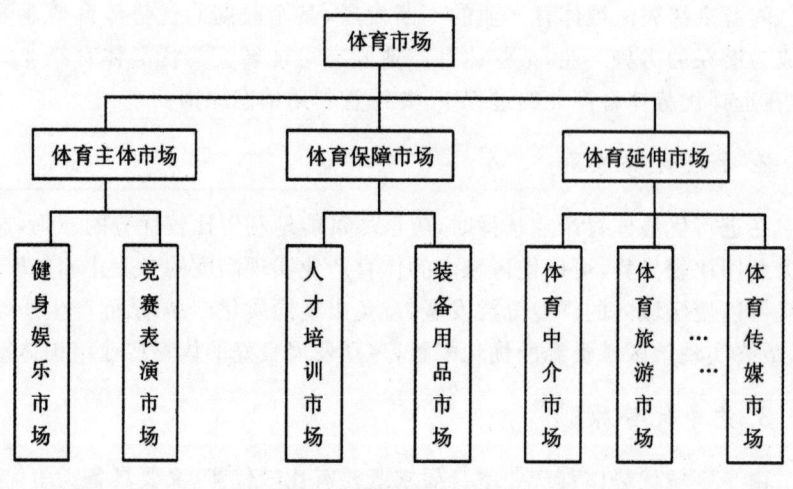

图 4-1

(1)体育健身娱乐市场是指可以满足人们健身娱乐需求的市场。随着人们生活水平的提高以及闲暇时间的增多,以及健康中国的不断推进,人们的健身意识也在不断增强,从而使我国的体育健身娱乐市场有了广阔的发展空间。近年来,京津冀区域内的体育健身娱乐市场发展迅速,出现了各种健身房以及马拉松等路跑赛事,极大地促进了区域内人们的身心健康。

(2)体育竞赛表演市场是为消费者提供竞赛表演的市场,是体育产业的主体部分。近年来,北京市的体育竞赛表演业发展迅猛,已经举办了多个国际性赛事和国内重大赛事,天津市也举办了像全运会这样的全国性赛事,同时,该区域内拥有多支职业足球队和篮球队,体育竞赛表演市场呈现出勃勃生机的发展气象。但河北省的体育竞赛市场发展还比较缓慢,没有相应的重大赛事。

(3)体育人才培训市场则是有偿为消费者提供运动技术指导和训练的

市场。近年来,随着体育体制的改革与完善,我国的人才培训市场也在逐渐完善。其可分为两大类,其一是针对大众健身人群的培训,其二则是针对专业运动员群体的培训。该市场在京津冀区域内发展得比较迅速。

(4)体育装备用品市场主要是给消费者提供相应的体育设备、体育器材、体育服饰等。这一市场在京津冀区域内发展得较为迅速,人们健身意识的不断增强,极大地带动了该区域内体育装备用品市场的发展。

(5)体育中介市场是为体育市场的交易活动主体提供服务的市场。中介对参与主体进行协调和沟通,从而实现多方的利益。京津冀区域内的体育中介市场发展得不太均衡,北京的体育中介市场发展得较为迅速,拥有一些比较著名的体育中介机构或工作室,河北和天津却没有相应的体育中介市场。

(6)体育旅游市场。近年来,随着旅游业在我国的不断发展,京津冀区域的体育旅游市场发展也比较快,形成了一些比较有特色的体育旅游项目,带动了该区域的旅游市场。

(7)体育传媒市场。体育传播对体育运动的发展具有重大作用与意义,体育传媒为运动竞赛表演培养了大量的受众,为其提供了广阔的发展空间。在传播媒介的作用下,体育运动实现了社会化、娱乐化、产业化、全球化的发展。现阶段,北京地区体育传媒市场的发展是全国最好的。

二、京津冀区域优势体育产业选择的方法

(一)京津冀区域优势体育产业选择的依据

1.体育产业发展影响因素指标的确定

体育产业由不同类型的体育行业构成,其发展过程是内部各行业结构合理化发展的过程。区域体育产业的发展尤其是自身的发展规律,受多种因素的影响。在对其各项影响因素进行分析时,应从行业自身和区域环境两方面进行分析。

2.影响因素选择的参考标准

(1)优势体育产业影响因素的分析应借鉴优势产业发展的各项理论。这些方面涉及产业发展的条件因素,为优势体育产业发展影响因素的选取提供借鉴。

(2)体育产业的发展有产业自身的特征,需要全面考虑影响体育产业发

展的因素。在进行影响因素分析时,不仅应立足于现在,更应该目光长远,注重其发展的潜力。

(3)环境条件因素也是需要考虑的重要方面。随着国家提出的生态发展战略,在进行优势体育产业的选择时,必须考虑到环境条件的因素。

(4)该区域的经济社会发展程度,也是影响优势体育产业选择的重要因素,这是因为,只有经济社会发展到一定阶段,体育产业才会逐渐兴起并发展,相应的优势体育产业才会显现出来。

(5)体育人口数量,体育人口数量在一定程度上决定着这个区域的体育产业发展潜力,只有拥有足够多的体育人口,一些体育产业才会随之发展,如体育用品制造业和体育健身娱乐业;这两个产业的发展是非常依赖体育人口数量的。因此,必须考虑体育人口的数量。

(二)京津冀区域优势体育产业选择方法的确定

在确定京津冀区域优势体育产业的选择方法时,一般主要采用定性分析法,主要是有以下几个原因。

1.定量分析的局限性

定量分析较少考虑与区域实际的结合程度,一般只是对现状进行研究。目前,优势体育产业的测量标准并不统一,从而使定量分析缺乏科学的依据。因此,进行定性分析更加适合对体育产业进行综合分析,从而保障其科学性。

2.体育产业发展的初级阶段

虽然,近些年来我国体育产业发展速度较快,京津冀区域内的体育产业迅速发展,特别是北京,但是跟发达国家相比,我国的体育产业发展还处于初级阶段,相对还比较落后,特别是河北省,因此,体育产业发展的相关案例还比较少,可以进行参考的发展例子比较少,不太适宜进行定量分析。

3.体育产业数据获取的局限性

当前,京津冀区域的体育产业处于初级发展阶段,由于市场发展的无序性,导致很难获得相应的体育产业数据。即使进行了相关体育产业数据的统计,也缺乏完整性,从而为定量分析带来相应的局限性。

(三)京津冀区域优势体育产业的选择流程

在京津冀区域体育产业发展的初期,应该进行优势体育产业的选择,避免京津冀区域内的体育产业在发展过程中,出现同质化的发展。选择优势体育产业时,必须充分认识其内涵,把握优势体育产业发展的市场机制和规律。在选择优势体育产业时,其选择的流程如下。

1.体育产业发展条件分析

通过对特定区域的体育产业发展条件进行分析,并分析体育产业不同项目的未来发展的机遇与挑战,从而做出最优选择。

2.选择依据的比较

选择依据是如果某区域在某方面的优势条件正是体育产业某个行业发展应具备的主要因素,那么该行业就可以作为优势体育产业。需要指出的是,这种契合不是所有条件的满足,而是相对于其他行业需要的条件而言,该区域更多地具备发展该行业的有利条件。发挥地区独特优势,提高区域资源的利用效率,同时也避免产业趋同与产业同构的资源浪费与定位误区。

3.进行发展定位

根据京津冀区域条件,明确区域在体育产业哪个具体行业的发展上比其他产业更具有比较优势,由此确定体育产业的基本发展定位,确定哪些能够作为优势产业进行发展。

4.制定发展战略

在确定了具体的发展定位以后,就要根据本区域的特点和优势,认真制定该产业的发展战略,使优势体育产业成为区域体育产业发展的"增长极"。大力培育和提升该产业的竞争优势,制定并执行相应的可持续发展策略。

第四节　京津冀区域优势体育产业培育与发展的策略

一、充分利用京津冀区域的独特资源

(一)独特资源是优势体育产业发展的基础

一般来说,任何区域都拥有发展某种产业的显性的或隐性的优势,这些优势主要体现在自然资源和社会资源等方面。在体育产业发展的过程中,

区域内的自然资源、人力资源等都是非常重要的优势资源,对本区域内体育产业的发展具有重要的影响。区域资源优势对体育产业发展的影响主要体现在以下几个方面。

(1)资源分布及集聚程度。对某一个区域来说,该区域内的自然资源往往引导着该区域内体育产业的布局和发展方向,体育产业在发展的过程中要充分利用好这一资源禀赋优势。通常情况下,区域内体育资源的集聚程度越高,表明该区域资源越丰富,越有利于优势体育产业的发展。例如,北京拥有信息技术发达、高素质人才集中、第三产业发达等资源,河北省具有独特的自然资源,如崇礼的雪山,而天津具有相应的滨海资源等。

(2)资源的可移动性。一般来说,区域内资源的移动性越弱,就表明其越具有独占性和特色性,在这种情况下,越容易建立和形成相应的优势体育产业,具有不可替代性,从而成为真正的优势体育产业。

(3)资源的属性类别。资源的属性类别在很大程度上决定了该区域体育产业发展的属性类别,同时也在一定程度上影响着体育产业结构的层次及其发展方向。北京和河北的资源属性就是完全不一样的,必须根据各自的特点进行发掘。

(二)独特资源决定优势体育产业的发展潜力

在京津冀体育产业发展的过程中,独特资源是发展优势体育产业的基础和条件,但如何开发则需要其他条件的支持。受资源和技术条件等因素的制约,京津冀区域内不可能发展所有类型的体育产业。京津冀区域内资源的稀缺性与差异性使得体育产业发展的条件都存在着不同,不同区域内的独特资源决定着该区域内体育产业的发展潜力。

(三)独特资源的配置效率影响区域体育产业的发展

配置效率与生产效率是生产力不断发展的重要动力,因此优化资源配置,提高生产效率对社会生产力的发展至关重要。对于体育产业的发展来说同样如此。

在京津冀体育产业的发展过程中,体育产业的配置效率,主要是指在既定的资源和技术条件下,资源由生产率低向生产率高的地方流动,从而实现资源的合理利用,发挥其最大价值。因此,要想促进京津冀区域体育产业的发展,必须要提高本区域内独特资源整合的配置效率。

(四)充分发挥人的创造性

人是最重要的发展资源,在促进京津冀区域体育产业发展的过程中,必须要充分发挥人的创造性,应该注意以下几个方面。

(1)一定要对体育人力资源给予足够的重视,只有拥有足够强大的体育人力资源,才能实现体育产业的快速发展。

(2)要充分发挥人的主观能动性,创造优质的体育产品。

(3)根据不同人的素质,给予其相应的发展任务。

(4)在体育产业发展过程中,注意利用各种方法,积极调动人的积极性,使其可以为体育产业的发展贡献出自己的聪明才智。

(五)提高资源的生产效率

生产效率是指通过改进现有技术,提高每一种资源的生产效率。在京津冀区域体育产业发展的过程中,要不断提升优势体育产业的竞争力,实现体育资源的有效配置,并提高有限资源的生产效率,这样才能较大程度地促进京津冀区域体育产业的发展。

在京津冀区域体育产业发展的过程中,开发者要充分利用好现有的体育资源并大力挖掘其潜在的价值,不断提高资源的生产效率,按照市场经济的发展规律推动体育产业的发展。

目前,在京津冀区域,有一些本可以作为体育产业发展的资源未被开发和挖掘出来,没有实现资源的合理利用,这在一定程度上制约和影响着体育产业的发展。因此,在京津冀区域未来体育产业发展的过程中,我们要充分识别和发掘这些优质的资源,使之发挥应有的效用,并提高这些资源的生产效率和利用率,从而促进京津冀区域体育产业竞争力的提升。

二、推动体育产业集聚,实现体育产业集群优势

产业集聚是指相互联系的企业或机构在特定区域内逐渐形成的一种产业空间聚集的现象。一般来说,产业集聚属于一种市场行为,这种产业集聚的行为能促使不同产业的不同价值链的部门形成一种集聚网络体系,在这种网络体系下能有效地提高生产效率,从而获取产业之间的竞争优势。因此,在京津冀区域体育产业发展的过程中,应该充分利用产业集聚的行为,形成体育产业集群优势,进而促进京津冀区域体育产业的发展。

(一)通过产业集聚,创造竞争优势

根据产业集聚理论,京津冀区域优势体育产业可以与其他行业形成一种空间集聚行为,利用产业集聚的方式,加强彼此之间的合作能有效提高优势体育产业的竞争力。

(二)培育核心体育产业,形成体育产业集聚

在京津冀体育产业发展的过程中,通过培育某个区域的核心体育产业,带动其相关体育产业的发展,延伸体育产业链条,从而形成体育产业集群,这对于区域体育产业的发展具有重要的推动作用。如体育竞赛表演业的核心是体育竞赛表演,其能带动交通、运输、旅游等相关产业的不断发展,同时,其对体育健身娱乐业、体育培训业、体育传媒及信息服务业的发展也具有重要的带动作用。因此,可以通过适当培育适合本区域的体育竞赛表演业,从而不断带动其他体育产业的发展,这是体育产业发展的最核心部分。

(三)优化体育产业发展环境

一般来说,任何产业比较优势和竞争优势的保持都与产业环境之间有着极为密切的关系。因此京津冀体育产业的形成与发展同样与京津冀独特的产业发展环境有着密不可分的关系。影响京津冀体育产业发展的因素主要体现在以下几个方面。

(1)体制机制方面。体育产业只有在一定的运行机制下,并结合其他要素才能形成现实的生产力。目前,京津冀区域体育产业发展所需要的体制机制还没有完全建立,因此,需要努力构建一个适合京津冀体育产业协同发展的体制机制,推动其有效协调发展。

(2)政策方面。目前,虽然北京、天津和河北省都出台了相应的体育产业发展规划以及相关政策,但是相应的政策落实却遇到了一些困难,同时,还没有出台相应的发展京津冀体育产业的顶层设计政策,这个不利于京津冀体育产业的发展。

(3)产业组织方面。合理的产业组织是京津冀体育产业竞争力提高的重要条件。只有通过有效的制度安排吸引生产要素流入增长极区域,形成极化效应,才能提升京津冀优势体育产业的竞争力,促进京津冀体育产业的发展。目前,北京的体育产业组织比较多,而河北和天津的体育产业组织相对比较匮乏。

(四)培育体育产业基地

研究表明,产业集群是提升产业竞争力的重要手段。在产业集群理论指导下,可以培育大量的体育产业基地。体育产业基地是一种具有体育产业集群效应的经济体。近年来,体育产业基地成为区域体育产业发展的重点领域。体育产业基地的成立和发展对提高地方发展体育产业的积极性,促进区域体育产业的发展具有重要的意义。因此,可以在京津冀区域内培

第四章 京津冀区域优势体育产业的培育与发展研究

育一些体育产业基地,带动京津冀区域体育产业的发展。

三、加大产业融合力度

产业融合是指原本边界清晰、各自独立、性质迥异的两个或多个产业间,以技术和产品融合为手段,以出现融合产品以致融合市场为标志的产业边界模糊或消弭的动态过程。从体育产业发展的过程来看,体育产业化进程就是体育产业与其他产业不断融合与发展的过程。因此,我们要以体育有形和无形产品为载体和平台,实现由局部到整体的产业分立——产业渗透——产业融合的动态进程,大力开发具有较高价值的体育服务产品,加快体育产业与其他产业之间的融合进程,不断促进体育产业结构升级与产业创新,促进京津冀体育产业的进一步发展。

(一)进行产业间的横向和纵向融合

通过提高产业间的融合度能有效地提高产业的竞争力,加强体育产业的融合主要有以下两种方式。

(1)加强产业间的横向融合。即通过体育的功能与区域其他产业的复合、体育产业资源的深度利用和体育市场的重新定位,拓展体育产业体系的横向幅度。如体育健身娱乐、体育培训、体育旅游、体育会展、体育中介、体育用品制造、体育信息服务等。

(2)加强产业内部的纵向融合。主要是通过体育产业链的整合和外延式、内涵式优化使区域体育产业的发展空间不断向高附加值的产前和产后环节延伸。如职业体育赛事,通过产业内部的融合逐步提高竞争力,从而适应不断变化着的市场需求。

(二)通过产业融合,提高体育产业的附加值

提升优势体育产业竞争力的方法,一方面可以通过降低成本来实现,另一方面可以通过提高产业收益来实现。在日益激烈的市场竞争条件下,加强体育产业之间的融合从而增加产品的附加值是一种促进区域体育产业发展的有效策略。

因此,必须通过各种途径和方法来提高体育产业与其他产业的融合力度,促进京津冀区域体育产业的快速发展。

四、改革政府职能,实现管理制度创新

在我国,政府在体育产业发展的过程中起着非常重要的作用,因此,需

要政府各部门彻底解放思想，充分认识到体育的经济功能。因此，京津冀体育产业的发展，必须加强制度方面的创新，通过制度创新来提高体育产业的竞争力，促进京津冀体育产业的科学化发展。

（一）进行管理制度创新，提高交易效率

区域资源具有比较优势是体育产业某个行业能够成为优势产业的重要条件。也就是说，体育产业具有比较优势是提高竞争力的重要前提和基础，其中，提高交易效率和实现制度创新则是最为重要的因素。一般情况下，任何产品只有进入市场当中才能实现由使用价值向价值的转化，这一过程与交易效率有着密切的关系。如果区域体育市场的交易效率较高，那么就有可能实现生产要素的比较优势向产业竞争优势的转化。而只有通过制度才能协调各市场主体之间的利益，降低交易成本，从而促进体育产业主体的盈利能力，进而促进优势体育产业的发展。

（二）进行管理制度创新，获取比较优势

政府发布区域各项规划与制度的目的不在于发布禁令，而在于引导和扶持区域经济的发展。而区域优势体育产业的发展与区域制度之间有着密切的关系。政府所制定的相关政策制度主要包括产业政策、财税政策等。在京津冀体育产业发展的过程中，政府要不断创新各项有利于体育产业发展的管理制度，更好地引导社会主体投资体育产业，并给予其一定的支持，使区域体育产业获取更大的比较优势，推动京津冀区域体育产业的发展。

（三）进行管理制度创新，提升竞争优势

大量的事实证明，管理制度创新是提高区域体育产业竞争力的有效途径之一。宏观层面的管理制度创新是驱动企业微观层面的创新的动力源泉。区域制度环境的变化将使企业通过改变内部制度和市场行为适应新的制度环境。体育产业竞争力的提升是由区域内优势产业的竞争力带动的，同时具有比较优势的体育行业其竞争力的实现与提升同样需要区域制度创新。在区域制度引导下，以改变企业内部制度及市场行为来适应新的制度环境，从而降低交易费用、提高经济效益和竞争力。由此可见，区域产业有关政策的制定对保持体育产业的竞争优势和提高竞争力具有不可替代的作用。因此，必须积极通过管理制度方面的创新，提升京津冀区域体育产业的竞争优势，从而促进京津冀区域优势体育产业的发展。

第五章 京津冀一体化背景下体育产业结构优化研究

区域经济一体化是为了增加这一区域内城市间的合作,形成一体化的区域可以提高资源的利用效率和技术水平,最终提升整个区域的竞争力和影响力。京津冀地区地域一体、文化一脉,历史渊源深厚,能够相互融合、协同发展,是我国创新能力强、人口密集、综合实力强的三大区域之一。推进京津冀协同发展,要以优势互补、互利共赢、区域一体化为原则,以产业结构优化升级和实现创新驱动发展作为合作重点,努力实现优势互补、共赢发展。在京津冀区域一体化发展过程中,产业一体化居于重要位置。在"十三五"规划期间,我国针对体育产业发展做出了全新的指示,促进体育产业结构优化,保证体育事业稳步发展,优化体育产业结构成为促进我国体育产业发展的重要手段。我国体育产业从无到有、从小到大、不断发展,正逐步走向规范和成熟。随着经济的发展和人民消费水平的不断升级,我国的体育产业取得了历史性的突破。但受经济、社会、资源等因素的制约,产业的结构性矛盾仍旧突出,已经成为制约我国体育产业健康发展的瓶颈之一。为此,本章深入研究了体育产业结构的基本理论,分析了京津冀一体化背景下影响体育产业结构变动的因素,探讨了京津冀一体化背景下体育产业结构优化的路径。优化体育产业结构,使其向合理化、高度化发展,对促进整个体育产业的发展具有重要的意义。

第一节 体育产业结构基本理论

一、体育产业结构的内涵

(一)产业结构的概念

结构就是指某个整体所有组成部分的搭配状况,结构是某一种关系的组合形态,整体中结构的组成部分各个成分之间是相互依赖的关系。系统的结构就是各个组成部分相互结合形成的框架,更加注重结合形成的整体构形,结构不能离开组成成分而单独存在。

产业结构是产业经济学的重点研究对象之一,是一个国家经济发达程度和国际经济竞争力强弱的反映。20世纪40年代出现了产业结构的概念,人们将结构的概念运用在经济领域,用产业结构来分析经济问题,随着对产业经济的深入认识,逐步确认了产业结构的概念和范围。产业结构是一个国家或地区产业构成和产业资源配置的状态,是国民经济结构中最重要的组成部分,是实现社会总供给和总需求平衡的关键环节,如果产业结构合理,就可以保持产业经济系统健康运转,成为保持国民经济协调发展的重要前提。

产业之间的结构关系与联系可以从质的角度和量的角度分别观察,从质的角度来看,产业结构体现了产业间技术经济联系与联系方式的变化趋势,揭示了国民经济各产业部门中起主导或支柱地位的产业部门不断替代的规律。从量的角度研究,一定时期内产业间联系与联系方式的技术经济数量比例关系,产业间投入和产出的比例关系。产业结构反映了经济系统之间的属性联系,还体现了经济系统内部各组成之间变化与作用的数量关系。

我国经济产业结构可以分为三个层次(表 5-1)。

表 5-1 国民经济产业结构层次

层次	内容
第一层次	三大产业间的结构比例关系
第二层次	三大产业内部各行业间的结构比例关系
第三层次	某行业内的分支各行业的结构比例

(二)体育产业的概念

体育产业概念及分类的研究争论颇多,是目前国内外学术界尚未达成基本共识的一个理论问题。有的学者指出体育产业是与体育活动和消费有关商品和服务的生产和销售。有的学者认为体育产业包括参与性的体育娱乐活动和消费、体育产品和服务。有的学者认为体育产业分为软硬件两个部分,软件包括体育用品、信息和运动定向服务,硬件包括体育制造者和体育领域的供给者。

结合国内外体育及相关产业实践界和理论界的经验,采用经济活动的

第五章　京津冀一体化背景下体育产业结构优化研究

同质性原则划分国民经济行业,依据我国现阶段体育产业发展状况和发展方向,以体育管理部门关于体育及相关产业的政策及改革思路为指导,将体育产业的概念界定为为社会公众提供体育服务和产品的活动,以及与这些活动有关的活动的集合。

根据体育产业的概念和活动范围,将体育及相关产业划分为3个层次、8个大类、24个中类、57个小类。

要想正确认识和评价体育产业,就要准确界定体育产业结构的内涵,同一个产业系统,依据不同的产业分类,就会揭示出产业系统不同的结构。划分产业结构必须依据其产业系统中具体细分的目的和内容,符合所分析的理论要求,考虑现实上的可行性。不存在一种适合于各种经济分析的产业分类方法,也不存在固定不变的产业分类。

根据作用于人的身体与精神、有形与无形将体育产业分为四大类(图 5-1)。

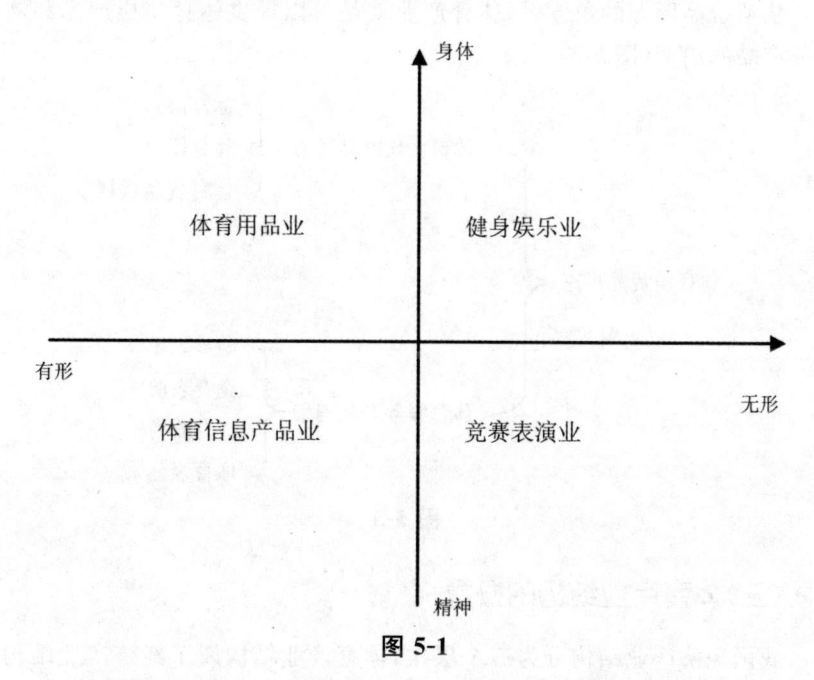

图 5-1

我国对体育产业缺乏科学、统一的分类标准,目前国内对体育产业分类的主流观点有以下几种。

国家体育总局制定的《1995—2000年的体育产业发展纲要》中将体育产业分为了三个层次:体育的本体产业、相关产业和外围产业(图 5-2)。

```
                    ┌─────────┐
                    │ 体育产业 │
                    └────┬────┘
         ┌───────────────┼───────────────┐
    ┌────┴────┐     ┌────┴────┐     ┌────┴────┐
    │ 本体产业 │     │ 相关产业 │     │ 外围产业 │
    │体育竞赛表│     │体育场地、│     │补助体育事│
    │演、训练、│     │器械及体育│     │业发展的产│
    │健身、娱乐│     │用品、服装│     │业活动    │
    │、培训等方│     │等生产经营│     │          │
    │面的经营  │     │          │     │          │
    └─────────┘     └─────────┘     └─────────┘
```

图 5-2

体育本体产业带动体育相关产业的发展，体育相关产业的发展又离不开体育本体产业的影响，体育外围产业发展需要体育本体产业的推动，体育本体产业的发展离不开体育外围产业的支持。在体育产业的整个产业链中，任何一环都会对整个体育产业的发展造成关键性的影响。

从消费品形态的角度看，体育产业就是可以提供体育物质产品和体育服务产品的消费（图 5-3）。

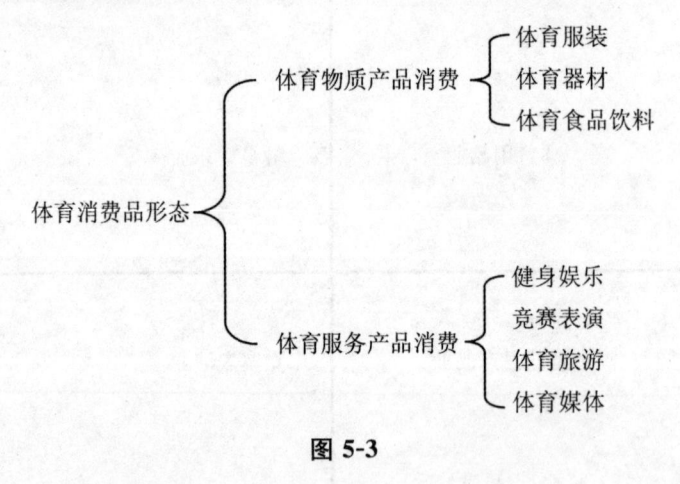

```
                            ┌─ 体育服装
              ┌─ 体育物质产品消费 ─┼─ 体育器材
              │                    └─ 体育食品饮料
体育消费品形态 ─┤
              │                    ┌─ 健身娱乐
              │                    ├─ 竞赛表演
              └─ 体育服务产品消费 ─┤
                                   ├─ 体育旅游
                                   └─ 体育媒体
```

图 5-3

（三）体育产业结构的概念

我国经济产业结构分为三个层次，体育产业结构属于经济产业结构中的第三个层次。然而，体育产业属于复合产业，由第二产业和第三产业交叉渗透而成，所以研究体育产业结构时，不要仅限制在第三层次范围内。

体育产业结构就是体育产业内各生产部门之间的技术经济联系和数量比例关系，从技术而言，体育实物产品和服务生产部门之间都存在着相互依赖和制约的关系，体育资源在各行业的配置情况也能够通过体育产业结构得到一定的体现。体育产业结构中的分支行业之间都存在着密切联系，部门之间的交流也比较频繁,直接反映在体育产业各个要素之间、结构之间的连锁和反馈效应中。

从产业结构的两个角度来考察,质的角度上体现了体育产业内部构成之间的技术经济联系与联系方式的发展变化趋势,从量的角度上研究了一定时期内体育产业内部构成之间的联系及联系方式的技术经济数量比例关系,也就是投入和产出的比例关系。

体育产业结构包括了五种形态(图 5-4)。

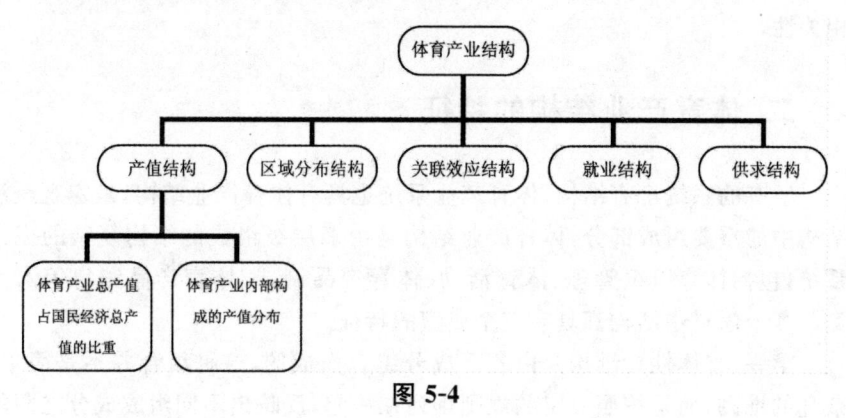

图 5-4

1. 体育产业的产值结构

体育产业总产值占国民经济总产值的比重,体现了这个国家或地区体育产业的发展程度,体育产业内部构成的产值分布,反映了体育产业内部各行业的相对地位。

2. 体育产业的区域分布结构

体育产业产生于一定空间上,其定向分布的合理性直接影响到这个国家体育资源的配置效果上,可以客观考量体育产业的区域分布状态。

3. 体育产业的关联效应结构

这种体育产业结构展示了体育产业与其他国民经济行业、体育产业内部各个行业间的技术经济联系,一些具有主导或支柱地位的产业部门在体育经济发展过程中所产生的变化规律和结构效应。

4. 体育产业的就业结构

体育产业的从业者分布在各个产业之间的状况,可以直接反映体育产业内部各行业吸纳就业的结构比例,以及体育产业所吸纳的就业人数。

5.体育产业的供求结构

体育产品供给和需求之间相互联系、相互制约的关系,在体育市场中反映出体育产品生产和消费之间的关系。

要从整体上把握体育产业结构的合理性,需要全面分析体育产业结构的构成要素和环节,综合分析各个要素和环节之间的关系,从质和量的角度展开考察,注意分析不同要素之间、不同结构之间、不同要素与结构之间的相关性。

二、体育产业结构的特征

所有的系统都有结构,体育产业系统也具有体育产业结构,是宏观经济结构中的重要组成部分,体育产业结构是由多层级组成的结构复杂的庞大系统,包括体育组织管理、体育活动、体育产品制造、体育产品销售等八大类。各个学科中结构都具有三个典型的特征。

第一,整体性。结构是由若干成分组合而成的,这种组合并不是简单、杂乱的堆砌,而是按照一定的规则排列在一起,反映出不同组成成分之间的关系。

第二,转换性。当结构中构成成分之间的数量关系累积到一定程度后,结构的功能就会发生改变,致使结构演进的方向发生变化。

第三,自我调节性。结构在外界作用下具有自我调节的作用,通过自我调整,可以适应外界环境的改变,保证结构沿着特定的方向演进。

体育产业作为一种系统结构,具有普通系统结构的这些共性,也具有自身的一些特性,深入分析了解体育产业结构的特性,有助于研究体育产业结构的优化,对体育产业的发展具有重要的理论意义(图5-5)。

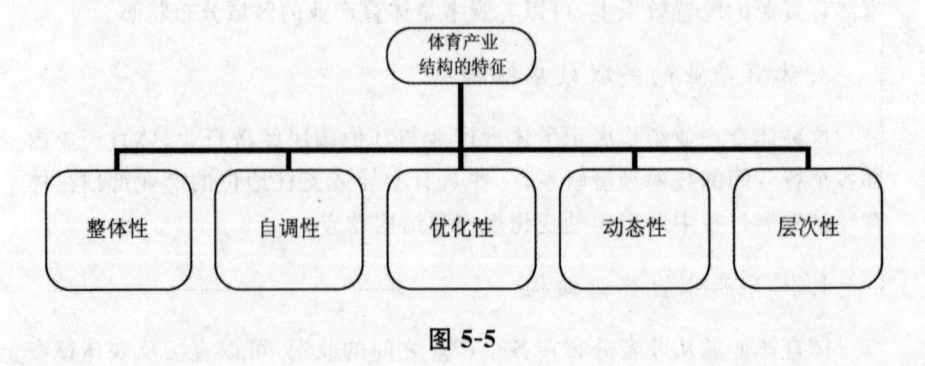

图 5-5

第五章　京津冀一体化背景下体育产业结构优化研究

（一）整体性

结构从系统的角度来看，是系统内部各个要素之间的联系，各个要素之间是紧密相连的，失去了其中任何一个要素，结构都不会完整，联系也不会存在。一个系统的结构不仅仅只是要素简单的聚合，而是各个要素按照一定的规则，产生某种关系的总和，比如相互联系或相互影响。各个要素之间相互作用使系统结构具有了某种特殊的性质，促进系统正常运转，这种系统结构性质和运动规律，不会在构成要素和部分中出现。但是，这种具有整体意义性质的系统结构和运动规律，可以决定、制约或支配各个要素的性质和运动。

体育产业是一个大的集合体的概念，包括为社会公众提供体育产品和体育服务的活动以及与这些活动有关的活动，这个大的集合体的概念由八类活动组成，每个活动之间相互联系，相互影响。作为一个相互依存的产业群体，存在很强的关联效应，耦合关系较为复杂。

体育产业中的各个活动并不是简单组合，否则不会产生整体效应，正是各个活动之间具有较强的联系，整体效应的效果才如此明显。体育产业所具有的整体特征其实是结构的内在属性，这一属性的存在离不开产业的结构内涵和结构素质，由这两个因素共同决定。

对体育产业结构的各要素和环节进行深入的分析研究，可以更加准确地把握体育产业结构，对其有一个整体宏观的认识。体育产业结构作为一个完整的体系，其中任何一个部分的产生和发展都离不开其他部分的配合与影响，其中任何一个部分的产出可以是另一个部分的投入，任何一个部分的投入可以是另一个部分的产业目标。从整体来看，其中任何一个部分都不具有体育产业发展的整体效应或者附加量，体育产业的效应不只是各个部分功能之和，其效应远远高于各部分功能的总和。

（二）自调性

要保证产业结构的整体效应，就要对其系统结构的整体性进行维护，实现有效的转换生成，此时需要产业结构的自我调节来完成，这一过程是自然形成的，具有自发性。

体育产业结构自我调节的过程是通过体育产业经济系统的内部机制对体育产业结构进行建设，推动实现体育产业结构优化和升级。体育产业处于不断运动变化中，主要是由于其结构本身、内部的组成部分和外部环境都在不断变化，体育产业结构需要不断改变自己以适应环境结构的变化。

体育产业经济系统中组成部分都在时刻进行自我组织、自我调整，一种无形的力量在操纵这些不同的组成部分,这个无形的力量产生于不同组成部分的相互竞争和协同作用。

(三)优化性

系统结构的优化性特征就是系统结构的生成,系统结构在规律的作用下对组成部分进行加工,对新材料进行整理,展现自身新结构的能力就是系统结构的优化特性。资源配置问题是体育产业结构的根本问题,体育产业结构就是一个资源的优化装置,有一定的资源作为前提条件,通过产业结构的有效运转,从外界引入能量、物质、信息等因素,生产和创造各种体育产品及体育服务,满足社会中民众多样化的体育需求。

体育产业结构优化是将体育产业内的资源重新进行转化配置,重新确定资源在各部门间的比例,转移体育产业内发展动力不足的子产业的劳动力、资金等要素,对其进行重新分配,调整该产业结构的有关变量,提高体育产业的整体发展水平,促进体育产业结构的优化升级。

(四)动态性

体育产业结构是一个完整的集合,每一个组成部分都不会单独存在,并且处于不断运动变化中,相互联系,共同发展。体育产业经济系统中的供给结构和需求结构处于动态变化中,主要是由于技术进步、自然条件、投资行为等多种因素的变化。

体育产业结构本身、内部各个组成部分和外部环境都处于不停的运动过程中,是一个动态、合理的结构优化过程,体育产业结构的演进就是从不合理到合理的动态过程。

(五)层次性

层次是系统从组分整合到整体过程的特性等级,一个简单的系统包含组分层次和系统整体层次,通常情况下,系统都可以分为很多的子系统或更小的系统,也可以和其他的系统组成形成更大的系统。体育产业系统亦是如此,大系统包含着小系统,各个小系统之间相互联系,小系统还可以分为更小的系统。

宏观经济层面上看,体育产业属于第三产业的第三个层次,体育产业还包含有八大子系统,体育产业又包括八大子系统,即体育组织管理活动,体育中介活动,体育健身休闲活动,体育场馆管理活动,体育场馆建筑活动,其他体育活动,体育用品、服装、鞋帽及相关体育产品的销售,体育用品、服装、

第五章 京津冀一体化背景下体育产业结构优化研究

鞋帽及相关体育产品的制造。① 其中每个子系统还包含了更低级的系统。例如,其中第五大类又包含了体育科研服务、体育传媒服务、体育展览服务等九个子系统。每一个子系统还可以分为更低级的系统,从而形成体育产业结构的层级体系。

在整个系统中不同的层级结构具有不同的地位和影响力,各个层级之间并不是孤立存在,彼此间还有联系,体育产业结构正是在这种相互作用、相互影响中形成的,当然有一些因素也会制约体育产业结构的形成和优化。

因此,体育产业在不同的发展阶段,会产生不同的层次结构。对体育产业结构的层次进行深入分析,就可以发现体育产业结构系统的层次性特征,从不同的角度展示体育产业结构的发展现状和方向趋势,对体育产业的发展和结构优化具有重要意义。体育产业结构的优化情况会通过产业结构的层次性展现出来,从而实现对体育产业结构的属性和素质的分析,强调结构的动态性、整体性和创新性的演进能力。

三、体育产业结构的基本形态

体育产业结构具有四种基本的形态(图 5-6)。

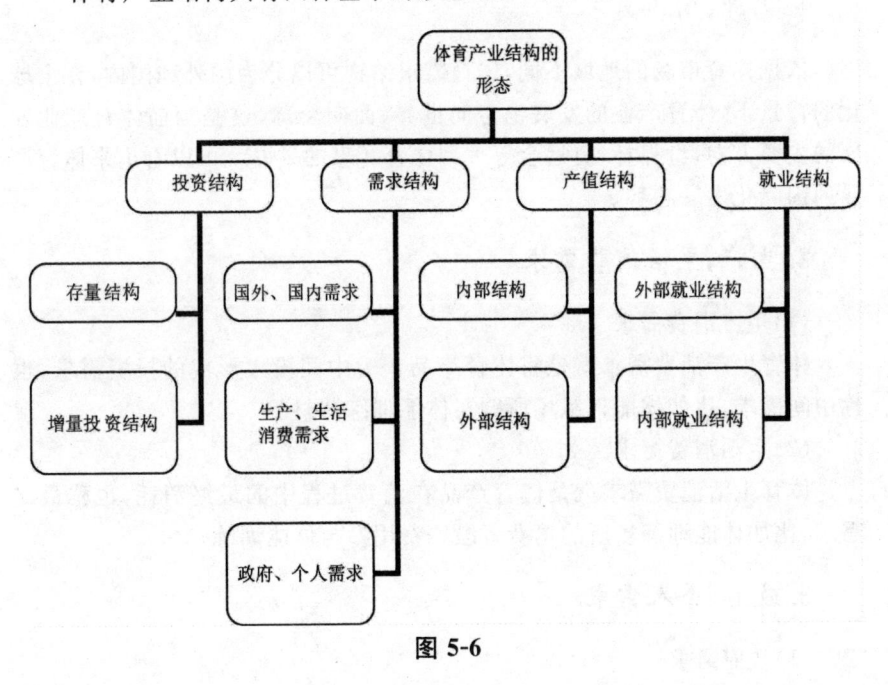

图 5-6

---

① 刘远祥.体育产业结构优化研究[M].济南:山东大学出版社,2015.

（一）投资结构

体育产业投资结构就是社会体育产业的总投资在一定时期内各行业的分布情况，体育产业的投资结构中的存量结构是增量投资结构的固定状态，在体育产业结构研究中，投资结构是研究重点，调整体育产业结构的重要切入点就是调整投资结构。对投资结构中两种类型的调配会对体育产业的整体结构优化产生不同的影响。

第一，优化体育产业结构的重要内容就是优化存量结构，减少体育产业内低效率行业的存量，实现低效率行业向高效率行业的流动和重组。

第二，调整增量投资结构是存量结构调整的实现方式，调整增量投资结构，对未来体育产业的生产和消费情况、区域分布以及各行业之间的关系产生决定性的影响。

（二）需求结构

体育产业的需求结构是体育市场中不同类型需求数量构成的状况，在市场中，人们的体育需求多种多样，按照不同的标准可以进行不同的分类。

1. 国外、国内需求

依据体育市场的地域不同，体育需求结构可以分为国外和国内，在全球化的背景下，体育产业的发展也走向世界，面向全球，这是当前体育产业发展的主要方向，世界杯、奥运会等大型体育赛事的举办就可以看出来体育产业的国际化发展趋势。

2. 生产、生活消费需求

（1）生产消费需求

体育生产消费需求就是将体育产品作为中间投入形成的投资需求，也称中间需求，比如体能训练场所购买体能训练器材。

（2）生活消费需求

体育生活消费需求就是体育产品在消费过程中的最终消耗，也称最终需求，比如体能训练场所的消费者缴纳费用参与体能训练。

3. 政府、个人需求

（1）政府需求

群众性体育活动是一项社会公益事业，具有较好的社会效应，大部分的国家都支持兴建公共体育设施，传播体育运动理念，支持体育产业的发展。

第五章 京津冀一体化背景下体育产业结构优化研究

由此,政府产生对体育产品的需求,比如组建某个项目的运动队,举办全国运动会等都是政府的体育需求。

(2)个人需求

如果这个国家的体育市场发展得较为成熟,个人体育需求则是体育需求中的主要成分。体育需求是体育产业发展的重要推动力量,制定体育产业发展战略的前提依据就是对体育需求结构的透彻分析,只有清晰把握了市场的体育需求,才能进一步优化体育产业结构,促进体育产业快速发展。

(三)产值结构

体育产业产值的外部结构可以表现出来体育产业的发展程度,体育产业产值的内部结构可以反映出产业内各个行业之间的相互关系和地位,评价体育产业的效率水平及其内部各行业的效率水平,需要结合投资结构来研究。

1. 外部结构

体育产业产值的外部结构是国民经济总产值中体育产业总产值所占的份额,展现了体育产业在国民经济发展过程中作用和地位,体育服务可以满足人们对高质量、高层次生活的需要。社会经济的发展水平和人们的需求层次成正相关,经济发达程度越高,人们的需求层次也就越高,反之亦然。体育产业的发展水平越高,在国民经济中就会占有越重要的位置。

2. 内部结构

体育产业产值的内部结构是体育产业总产值在内部各分支行业中的分配比例,衡量体育产业内部结构各行业发展情况的过程中,体育产业产值的内部结构是一种重要的参考指标。本国或本地区体育产业产值的内部结构可以反映出这个国家或地区体育产业的发展情况和所具有的特色。

体育产业由三部分构成,本体产业、相关产业和外围产业,是一个集合体,体育产业发展的主力是本体产业。例如,竞技表演业发达了,才会激发人们参与体育的热情,提高竞技水平,增加体育人口,体育传媒业、体育经纪业等相关行业才会得到快速的发展。健身休闲业得到了发展,体育用品、服装等相关体育产品的制造、销售才会得到促进。

体育活动在社会范围内产生一定的影响力,不只是靠体育本体产业的发展,还要结合体育相关产业、外围产业的共同进步,促进发展,从而获得更多的经济、社会、文化价值。

体育相关产业、外围产业的发展也会促进体育本体产业的发展,可以为体育本体产业的发展奠定扎实广泛的群众基础,提供充足的物质和技术保障,优化体育产业结构的过程中,要协调处理好不同类型产业发展的产值结构。

(四)就业结构

产业就业结构概念的延伸就是体育产业就业结构的概念,体育产业就业结构是在各个产业中全体就业者的分布状态,共分为两大类。

1. 外部就业结构

外部就业结构是指体育产业吸纳的就业人数在总就业量中所占的比重。

2. 内部就业结构

内部就业结构是体育产业各行业吸纳就业的结构比例。

任何一个国家或地区中产业的发展都离不开劳动力这个重要的人力资源,在体育产业的发展进程中,拥有数量充足、质量较高的劳动力的行业,那么它就拥有了发展的基本条件。如果这个行业缺乏劳动力,那么也就缺乏重要的人力支撑,发展就会受到影响。体育产业结构的发展趋势和内部调整会受到劳动力流向和结构变化的巨大影响。

劳动力会影响和制约体育产业的发展,体育产业本身的需求和技术也会受到体育产业就业结构的影响。社会对体育产业需求增加,体育产业的就业需求量就会上升,反之亦然。但是,如果这个社会的体育产业技术发展水平较高,那么所需要劳动力的数量就会下降,反而提高了劳动力的质量。

四、国家之间体育产业结构的不同点

(一)国家间体育产业结构差异

体育产业的起源地是英国,欧洲大陆和北美洲相继出现体育产业,第二次世界大战后,体育产业在这些地区得到了快速发展。如今,世界各国体育产业的发展存在着巨大的差异性,每个国家和地区的体育产业发展进度不同,具有各自的优势和特点。这种差异性从以下两个方面表现出来。

1. 经济发展水平不同的国家

处于经济发展过程中不同阶段的国家,体育产业结构也会不同,包括体

第五章　京津冀一体化背景下体育产业结构优化研究

育产业结构的整体效应、产业发展水平等方面。发达国家和新兴工业国家，体育产业结构都相对完整，体育产业的发展水平也比较高，体育产业的产值在本国 GDP 中所占到的份额比较高，达到 1‰～3‰。

然而，在亚洲、非洲、拉丁美洲等地的发展中国家中，体育产业结构的完整性较低，体育产业的整体发展水平不高，体育产业的产值在本国 GDP 中所占的份额较小，有的不发达国家占比几乎是 0。

2. 经济发展水平基本相同的国家

有一些国家的经济发展水平基本相同，但是体育产业结构具有明显的差异性，各具特色。美国体育产业整体发展水平较高，各个子产业的发展水平也普遍比较高，相互之间发展水平较为均衡，健身娱乐业和体育用品业的发展水平位于世界先进水平。美国的竞赛表演业以四大项为主，冰球、橄榄球、篮球和棒球，这四项运动的总产值在整个竞赛表演业产值中所占的比例已超过 70%。

日本的体育产业结构中体育用品业占到的比例较高，瑞士则主打体育旅游业，韩国和法国的体育产业结构中健身娱乐业占有主导地位，英国和意大利体育产业中竞赛表演业是主力军，最有代表性的就是足球产业。

（二）国家间体育产业结构具有差异性的原因

1. 政府原因

在一些后发市场经济国家的体育产业发展中，政府参与度逐渐提高，由政府制定体育产业的发展目标和方向，运用多种方式引导、调控和规范体育市场主体的组建和运作。源发市场经济国家和后发市场经济国家的体育产业发展存在差异性，体现在体育消费规模、体育企业的规范化运作程度等方面。

后发市场经济国家的体育产业发展特点是不强调大而全，更有针对性和重点性，依据本国体育市场的发展状况和体育消费的现实情况，制定具体方案，有步骤、有计划地实施。

例如，法国和韩国比较重视发展健身娱乐业，在政府大力支持和推动下，健身娱乐业快速发展，成为体育产业中的主导产业。日本体育用品业发展较快，其市场规模仅次于美国，达到世界第二的水平。

2. 经济原因

国家经济发展水平决定了人们的生活水平，人们的生活水平又决定了体育服务的需求,体育产业的发展程度又受到本国经济的影响。国家经济水平越高,设备越发达,体育产业就会发展越好,体育产业结构也会趋于完整。经济发展情况会直接影响到大众体育服务消费力,刺激大众的体育消费欲望,促进体育用品生产等行业的迅速发展。大众哪个方面的体育需求越多,这个行业的发展就会越快,此类产业也会成为该国体育产业中的主导产业。

3. 文化原因

各个国家具有本国特有的文化内容和文化精神,同时也具有独具特色的民族体育和民族文化,各国经济的发展会受到文化的影响,这些经过长期历史发展而形成的民族文化传统、民族体育项目都直接影响到本国体育产业的形成和发展,尤其会影响到竞技体育表演业。

美国的四大球类运动在发展过程中拥有广泛的群众基础,发展前景广阔,从而带动相关体育产业的发展。英国、意大利有着历史悠久的足球传统和足球文化,两个国家中几乎每个民众都是球迷,竞技体育表演业中足球占有重要的地位。我国传统体育项目中武术深受广大人民群众的喜爱,具有一定的群众基础,因而武术可以带动体育相关产业的发展。

4. 自然原因

每个国家的地理自然环境不同,在制定体育产业规划的时候,也要考虑到湖泊、地形、气候等自然条件,充分结合自身优势,促进特色体育产业的发展。瑞士旅游资源丰富,因此在体育产业发展中,体育旅游业较为发达,充分发挥了自然资源的优势,利用雪山、高地,开发高山滑雪、徒步旅行等体育旅游项目,获得了较好的经济、社会收益,在瑞士从事体育旅游业的人员占到本国所有从业人员的1/10,高达25万人。

第二节 京津冀一体化背景下影响体育产业结构变动的因素

国家产业结构产生变动会受到很多因素的影响,在一个国家的总体国民经济中,体育产业的地位,体育产业所具有的内部结构,体育产业结构中各个行业的发展水平,都会受到很多复杂的因素影响。深入了解和分析体育产业结构变动的影响因素,可以正确认识体育产业结构形成的基础,是探索体育产业结构优化路径的重要依据。体育产业结构变动的因素可以从五个方面来进行分析(图 5-7)。

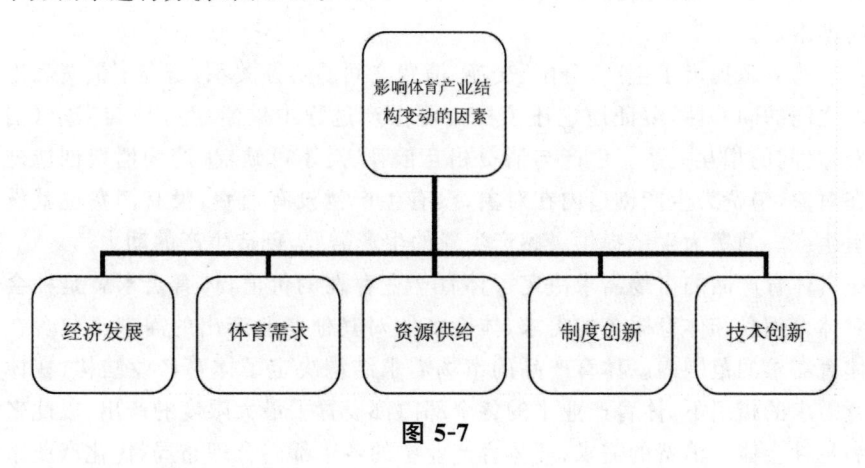

图 5-7

一、经济发展

随着生产力的发展和社会分工的不断深化,产业也不断发展。产业结构发生变动的一个重要的前提就是经济发展,它们之间存在着内在的联系,产业结构的高变换率会直接影响经济总量的高增长率,经济总量的高增长率又会导致产业结构的高变换率。也可以认为,产业结构的变动会直接影响到经济总量的增长,经济总量的增长又会促进产业结构的变动。

体育产业结构变动的情况相同,体育产业结构的变动建立在一定的经济基础之上,随着经济的增长,人民的生活水平不断提高,居民逐渐树立了健身理念,转变了体育消费观念,体育需求呈现多样化。

体育可以满足人们的社会性需求,其发展是经济发展社会进步的标志。体育经济发展的根本动力是经济水平的提高,只有经济发展了,才能保证体育公共服务体系的构建,为居民参与体育运动奠定坚实的物质基础。一定的经济发展和增长为体育产业结构的演进提供资本基础和技术装备以及直接的经济动力。

因此,经济发展成了体育产业结构变动的前提条件,是形成体育产业结构的基础因素。

二、体育需求

需求引导生产,社会生产的最终目的都是满足需求,需求总量和结构的变动会引起产业结构的改变,是产业结构变动的直接推动力量。可见,社会需求在产业发展中的重要作用,是一切产业发展的源动力,是产业结构变化的助推器。

马克思提出了生产、分配、交换、消费之间的辩证关系,研究了消费和生产之间的同一性,辩证地论述了社会再生产过程中供给(生产)与需求(消费)之间的相互关系。生产与消费相互依存、互不可缺,生产为消费创造外在对象,消费为生产创造内在对象,没有生产就没有消费,没有消费也就没有生产。消费为生产提供灵感产生新的生产需要,创造生产的动力。

体育产品的市场需求决定了体育产业存在的价值,体育需求就是社会对体育用品和体育服务的需求,体育产业对其他产业产出的需求不包含在体育需求的范围内。体育产品的市场需求结构决定了体育产业结构,在体育需求的指引下,体育产业中的各个部门都设置了最大限度的产出,以此来满足社会体育消费的需求,使体育产业中的各个部门合理布局,优化产业结构,达到最理想的产业发展状态。

生产部门的生产活动受需求结构的引导,体育产品市场需求结构的升级决定了体育产业结构的优化升级。具体表现在以下几个方面。

(一)推动体育产业结构变动的进程

需求是按照人们需要的先后等级按着次序有机排列不断变化,人们从原始社会最基本的生存需求到经济逐渐发展后的高层次需求,从物质需求到精神需求,需求的层次水平呈螺旋式上升。

消费者的需求结构会直接影响到生产结构的组成,如果消费者的需求结构出现了变化,会直接影响到产业结构的变动,推动产业结构有序演进。在生产结构形成的时代,人类需要等级的先后次序级别具有非常重要的指导作用,消费者需求结构对保证消费品增加供给的不同制度条件是持续不变的,按人口平均产值的增长率越高,消费者需求结构的改变也就越大。

国民经济的产业结构始终处于变化之中,主要是因为经济总量高增长率引起居民需求结构高转换率,需求结构高转换率带动产业结构高变动率。市场经济条件下,某个产业的发展都是由社会或者市场的需求情况而决定的。

体育产业结构就是生产不同产品的各部门之间的产值结构,体育需求变化和分布会直接决定体育产业结构的形态,体育需求的规模和结构也决定了市场经济条件下体育资源配置的布局,直接影响体育产业的发展方向。

(二)指引体育产业结构变动的方向

人的需求驱动人的行为,生产活动是人的活动,所有生产活动的产生都

第五章 京津冀一体化背景下体育产业结构优化研究

是人类需求推动的结果,人的需求驱动着体育产业结构的变动,推动了体育产业结构的不断演进。经济发展的最终目的都是满足人类的需求,产业结构的变动要以遵循市场运行规律为前提,顺应人类的需求。

体育生产的最终目的是满足不同群体所具有的不同体育需求,体育产业发展的重要目标也是如此,根据群众的体育需求,国家制定体育产业的相关政策,进行体育产业宏观调控。体育产品生产和需求的数量形式,决定了产品最终产出的数量和形式,这样的产品才能被广大群众接受认可,满足不同人群的体育需求,可以说是人的需求从体育产业系统的最终需求作用于体育产业系统,进而影响体育产业结构。

随着健身意识的加强、生活水平的提高、收入总量的增加,人们的体育需求得到了满足,消费总量扩大的同时,消费结构得到了升级,消费产品的档次提升,消费意识不断更新,人们的需求呈现多元化和多样化的特点。体育产业的种类及其各类产业规模的变化由人们的体育需求所决定,这种体育需求包含了人们对体育产品和体育服务需求的种类以及各种需求数量的变化。

体育需求的结构会不断发生变动,一些产业会较为迅速地形成和发展,而一些产业发展得相对缓慢、停滞不前甚至会收缩,体育需求结构的变动会直接推动体育产业结构的变动,体育需求结构直接影响体育产业结构的传递(图5-8)。

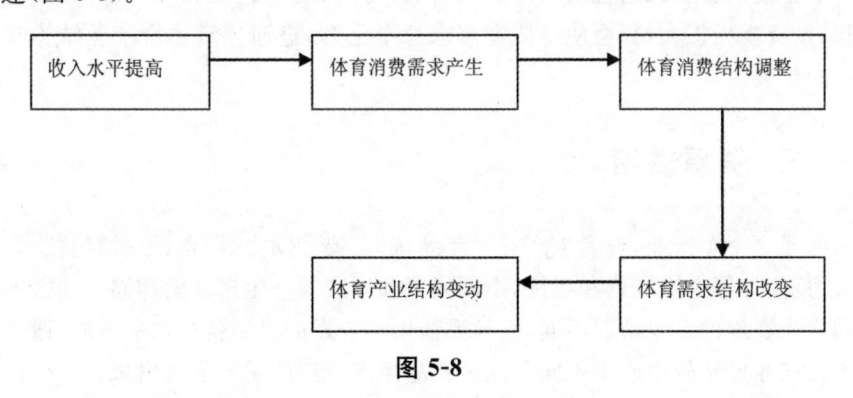

图 5-8

(三)制约体育产业结构变动的程度

体育需求的总量会直接影响到体育产业的规模,体育需求的总量越大,那么它所提供的体育产品和服务就会越多,体育产业的规模也就会相应的变大。要产生和发展新兴产业,重要条件就是体育市场规模的扩大,新兴产业所生产的产品要被市场吸纳,就必须在规模经济范围内,否则就如无源之水、无本之木,最终面临被市场淘汰的风险。这种新兴产业出现与独立才是经济的,社会才能得到专业化分工实际利益,当市场需求不能容纳一种产业最低规模经济产量时,新兴产业便难以维持。

体育产业的生产部门要在体育需求的引导下,实现最大限度的产出,满足社会群体不同的体育需求,合理布局体育产业部门,使体育产业结构优化配置。每一种产品的市场规模都会受到人们对这种产品的喜好程度,人的需求层次递进规律决定了人们不会永远只停留对某一种产品的依赖上。

任何一种产品的市场容量都会受到限制,以这种最终产品生产为目的的分工效率和企业内部经济的效率的发挥也会受到限制。生活水平的提高使得人们对体育产品产生了多样化的需求,人们能够更加准确、清晰、合理地提出个人的体育需求,即使对某种最终产品的购买规模不变,人们也会去选择更加符合自己需要的个性化产品。

个体需求的分化致使消费者对产品出现多元化需求,小批量多品种的生产模式代替了比较高效的大批量小品种生产模式。当今社会,人们对思想观念、审美水平、自我价值等方面的精神追求提出了更高的要求,对产品也提出了多样化的要求,而且更新换代的速度加快,生产进一步向快捷生产模式和柔性生产模式转变,冲击了传统规模化、标准化的工业生产模式。

体育需求总量直接影响到体育产业的结构规模,体育需求的总量越大,所要提供的体育产品和服务就越多,相应的体育产业规模也会越大。体育需求总量的影响因素包括人均收入、人口等,人均收入提高,人口的数量增长,投资规模扩大,都会使得体育需求总量上升,进而导致体育产业结构规模的扩大。

三、资源供给

建立一个行业,或者生产一种产品,都需要劳动力、资本、原材料、技术、人力、信息等生产资料和条件,不同国家和地区同一生产要素和同一地区不同生产要素的多少情况不同,会导致诸生产要素的供给价格水平不同,通过不同产业经济效益水平不同和同种产品生产费用的差异表现出来。

任何产业部门的发展都离不开资源,供给结构不仅是产业结构成长的基础或出发点,而且也是产业结构的选择与性质。这个国家和地区的产业结构是由资源拥有量及其结构状况所决定的。

体育产业的发展情况相同,体育产业结构的变动与发展是以资源供给为基础和前提,资源供给在很大程度上影响着体育产业结构的变化。发展体育产业离不开自然、物质、技术及人力等资源条件,这些资源都需要由社会提供,体育产业的供给结构由此形成。如果没有充分的体育投资设施建

第五章 京津冀一体化背景下体育产业结构优化研究

设,要想实现体育产业化、推进体育产业结构演进很难。

(一)物质资源积累

美国经济学家提出了哈罗德—多马模型,是研究经济增长的重要理论。哈罗德—多马模型的公式是:G=I/V

G 是指经济增长率,I 是指投资率,V 是指资本产出比率。假定 V 不变,一个国家产出总量的大小就取决于资本存量的多少,产出增长的快慢就取决于投资率的高低,投资越多则增长越快。模型揭示的资本困境,可以用图来表示,DD 和 SS 分别表示资本的需求和供给曲线,BC 表示资本供给缺口(图 5-9)。

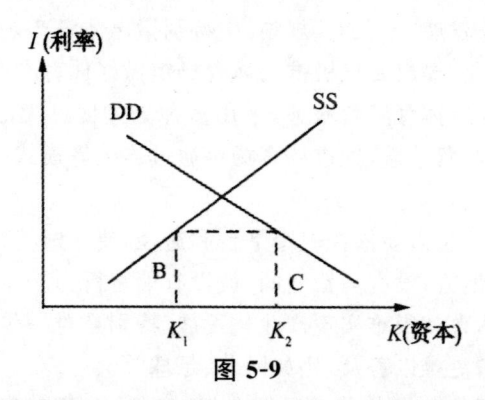

图 5-9

当物质资源累积到一定程度后,就会兴建大量体育场馆、运动设施,这是体育产业发展的重要物质基础。一个国家的资金规模主要取决于国内储蓄状况,国内储蓄状况又受制于人均收入水平,人均收入水平得到了提高,物质财富才会不断积累,人们才会从琐碎繁杂的事务中解脱出来,有了更多的时间和精力去娱乐、休闲,更加注重保持身体健康,参与健身运动,为体育产业的发展营造良好的环境氛围。

(二)人力资源积累

人力资源会直接影响到产业结构的变动,主要表现在低质量的劳动力阻碍产业结构向高层次发展,如果劳动力的整体水平较高,掌握现代技术,具有较高的文化素养,会推动产业结构的快速优化。

要呈现高水平的体育赛事,就需要高素质的运动员、教练员和裁判员做支撑,推动体育产业化进程,需要高素质的体育经营管理人才,体育产业的发展需要高质量人力资源的积累和支持。

体育产业的发展离不开具有一定水平的体育竞技运动,竞技体育水平越高,越具有观赏性,越能激发人们的参与热情,营造良好的体育产业发展氛围。竞技体育高水平的发展离不开高素质的运动员等相关人力资源,对这些人力资源的有效培养可以为体育产业创造更多的价值。

劳动力资源供给充足,企业就会向劳动密集型产业加大投资,进一步促进这类产业的发展。如果劳动力资源供给不足,劳动力的价格就会上涨,这也是我国之所以能够成为世界最大体育用品加工制造国的一个重要原因。

(三)场馆资源积累

体育场馆设施是体育产业发展的客观保障和物质基础,对体育产业结构的优化具有重要作用,体育场馆资源不仅是体育活动开展的重要平台,更是体育产业结构优化的重要资源载体。

在《体育产业发展"十三五"规划》中特别指出体育产业的重点行业中就包含了场馆服务业,提出要积极推动体育场馆做好体育专业技术服务,盘活体育场馆资源,开展体育经营服务,采用多种方式促进无形资产开发,扩大无形资产价值和经营效益,推进体育场馆通过连锁等模式扩大品牌输出、管理输出和资本输出。

体育消费的产生需要依托一个平台和途径,要了解消费活动,首先要了解它发生在什么地方,没有消费空间,就没有消费行为。如果没有投资体育基础设施建设,体育就很难实现产业化发展,特别是对一些场地要求比较高的体育项目来说,更难以普及,比如网球、足球等。

《第六次全国体育场地普查数据公报》显示,截至2013年底,全国共有体育场地169.46万个,场地面积为19.92亿平方米,按照2013年末全国总人口为13.61亿人计算,平均每万人拥有体育场地12.45个,人均体育场地面积1.46平方米。与发达国家差距较大,甚至和巴西等国家相比也处于落后地位。另外,这些场地多集中在城市,农村的体育公共设施几乎是空白。

消费空间的地理分布直接关系体育消费,如果体育场馆地理位置偏远,远离消费者的居住区,路途遥远就会增加消费者参与体育健身的时间成本,一旦这个投资成本超出了消费者的投资阈值,消费者就会放弃这种消费方式,大众的体育消费需求便得不到满足。这样一来,就会影响体育产业的规模,影响体育产业结构的变动,制约体育产业的发展壮大。

四、制度创新

制度是大多数人共有的行为准则、思维习惯,是建立生产、交换与分配基础的政治、社会和法律基础规则,将制度因素纳入经济增长的框架,制度变迁是经济增长的主要因素,是经济增长的源泉。

生产力的发展需要生产关系的不断调整,生产关系则通过制度创新来实现,制度创新为经济结构的调整和优化提供参考,是刺激和加快经济结构变动的重要因素。产业结构的变动受到制度创新的影响,西方产业革命不只是偶然的技术革命,而是一个社会从封建制度向资本主义制度的转变,是产权系统从孕育到诞生最终走向现代化的过程。

产业革命与主导产业的更替表面上看是科技创新的成果,其实根本上是制度创新的结果。科技创新确实为新兴产业从兴起、发展到成为主导产业发挥了重要作用,但是透过现象看本质,会发现不仅科技创新需要制度激励,不同的制度安排对人们创新科技的作用也是不同的。有的制度会激励人们不断进行科技创新,采用新的技术生产新的产品,而有的制度却制约人们的技术创新,阻碍生产发展。

五、技术创新

生产力的发展水平直接影响到产业结构的变动,生产力发展过程中的核心影响因素是技术创新,技术创新推动产业结构不断向合理化的方向发展,是产业结构变动的根本动力。

从产业的发展历程可以看出,技术创新决定了产业部门的兴起和发展,正是技术的创新造就了新的产品,新产品的出现又会带动新产业的兴起。技术创新还会提高原来产业的生产技艺和水平,减少生产成本,提高劳动效率和产品的质量,生产规模不断扩大。技术创新运用在可用资源的范围,将更多的资源引入生产领域,增加了资源的供给,加速资源在产业间的灵活转移。

技术创新拓展了产业链,当部门生产技术水平提高后,下游生产部门就会改变需求,以便适应供给发生的变化。还可以倒逼上游产业生产技术结构的变化,使生产的供给结构和需求结构共同发生改变,最终导致整个产业结构的升级。

技术创新就是生产要素的重新组合,创新的过程其实是一个新结构创建的过程,通过创造性破坏解构原有的系统,创造出新的结构,是一个解构和构建合一的过程。一般只要有技术革命的出现,其后必然会出现产业结构的变化,在现代经济连续发展过程中,会出现很多迅速成长的新的生产部门。

科学技术是第一生产力,产业结构的变动归根结底是由生产力的发展所决定的,技术创新成为影响产业结构变动的又一个主要因素。

技术进步对体育经济结构的影响主要反映在体育产业结构、体育企业组织结构、体育产品结构等方面,体育技术进步是体育产业结构变动的推动力量。体育和技术的融合发展,促使体育向着"更快、更高、更强"的方向发展,体育运动器材、健身器材越来越便利化、智能化,高科技的运用推进了体育社会化进程,促进健身娱乐业的发展。新技术在运动训练、体育场馆等器材设备的运用,有利于提高竞技体育水平,提升比赛的观赏性,促进竞赛表演业的发展。现代技术在体育传播中的应用,可以带动体育传媒业、体育广告业等分支行业的产生与发展,使体育产业的内容不断丰富,优化体育产业结构,扩大体育产业的影响力。

(一)技术创新影响需求

创新和需求之间关系紧密,技术创新对产业结构的影响就是通过需求这个途径,在原有的需求结构上,影响并逐渐渗透到需求增长进程中去。

技术创新会降低产品的成本,扩大市场份额,增加体育需求。技术创新会促使体育消费品更新升级,消费结构发生转变,体育产业结构优化配置。体育产业提供的产品需求价格弹性比较大,技术创新会降低体育产品的成本,提高产品的供给量,价格下降,需求量快速上升。由于资源可以自由转移,资源会从低弹性产业向高弹性产业转移,导致产业结构以及产品供给结构发生变化。

(二)技术创新影响供给

技术创新影响供给结构,是产业部门兴起与发展的决定力量,劳动生产力随着技术的进步而不断发展。技术创新制造了新的产品和行业,导致新兴产业的产生。技术创新会产生新的工具、技艺和材料,提高社会劳动生产率,体育产业出现深加工化和高附加值,产业结构不断优化升级。

(三)技术创新影响布局

我国东部、中部和西部地区由于经济发展不平衡形成了一种梯度分工的格局,这种格局基于资源禀赋和技术差异而存在。受到国际产业转移和技术进步的影响,比较发达的东部地区产业结构不断升级,而技术层次较低的产业则逐步向中西部地区转移,产业结构的变迁呈现了"雁行模式",体育产业的结构布局趋于合理。

(四)技术创新影响集群

由于受到生产设备和供应的专业化、生产要素的形成和使用、生产技术的效果、生产需求的互补性、信息传递的便捷性的影响,体育产业及其相关产业都会在一个特定的区域范围内聚集产生发展,最终形成具有一定规模的产业空间组织。生产相同产品且具有正式和非正式互补关系的大量企业出现地理集聚,形成规模效应。

第三节 京津冀一体化背景下体育产业结构优化的路径

一、体育产业结构优化的路径分类

每个系统的演化变动过程都是在外界环境中进行的,外因是事物变化的条件,内因是事物变化的根据。外因影响了系统组织进程能否顺利实现,内因则决定了系统变动所得到的组织形式的特点等。

经济系统具有一定的稳定性,这种自稳机制具有在一定范围内消除波动回归平衡的功能,是通过市场这只看不见的手实现的,是竞争和价格以及利益最大化原则共同作用的结果。经济系统具有自组织特征,当系统环境发生较大变化时,政府可以通过财政政策或产业政策进行干预,校正市场机制,使系统实现有序的发展。

由经济系统产生的两种控制手段是市场和政府,这也是产业结构优化调整的两种途径。

（一）政府调控

政府是宏观经济的调控者,通过制定国家经济计划发挥指导作用,保证经济体系顺利运转,促使体育产品和体育资源的供给与需求达到平衡状态。政府运用经济杠杆或产业政策干预经济活动,影响着体育产业的发展方向,实现体育产业结构的优化配置。

在优化过程中,政府依据现有的产业结构状况,预测未来产业结构的变动,将经济发展的总目标作为出发点,通过纵向等级层次将计划指令发给经济主体,调整部门间的供求格局。政府从全国的角度出发,确定体育产业发展未来的方向、规模、重点等,为国家体育产业的总体发展勾画大致的轮廓。

政府调控具有以下两点优势。

第一,政府调控的针对性更强,针对全体成员。

第二,政府调控具有较大的强制力,有效的市场配置离开政府的干预就不可能实现。

(二)市场行为

市场经济条件下,社会经济运行以市场为基础,根据价格配置实现资源的配置,市场主体可以自由竞争。促进体育产业结构优化需要两个重要的条件：一个是市场供求,一个是价格机制。在体育生产要素市场与体育产品市场中,体育资源的配置需要通过供求与竞争关系来协调,从而促进体育产业的发展,提升竞争实力,实现与满足人们的体育需求,减少交易成本,提高体育经济运作效率。

在体育产业结构优化的过程中,市场价格的变化可以作为结构变动的晴雨表,经济主体通过决策机制来制定分散决策,通过动力机制来避免损失,提高利润,以实现机制为核心来实现利益的横向转移。

市场行为具有以下三点优势。

第一,市场肯定专业化生产,以市场价格信息作为基础发挥作用,比政府配置更有优势。

第二,优胜者的胜出是以市场价格为基础,是激励产出最有效果的制度。

第三,唯一没有租值耗散的浪费的竞争准则就是市场价格。

二、体育产业结构优化路径的依据

目前我国经济处于市场转型期,中国产业结构形成和发展不仅需要市场机制的积极作用,还需要政府的合理干预。

(一)政府失灵和市场失灵

体育产业是一种新兴产业,在发展过程中将市场和政府都包含其中,通过市场和政府的关系可以看出,市场并不是万能的,其中也存在着各种各样的问题和缺陷。同时,政府的行为也具有一定的局限性,体育产业结构的变动中必然会存在市场失灵和政府失灵的问题。

1. 政府失灵

政府以市场失灵为理由对经济进行干预,政府干预有时并不如让市场本身解决问题的效果好,政府的宏观调控是建立在经济系统外部的控制参量好坏的基础上,外部控制参量的好坏完全由人为控制,外部控制的参量取决于政府决策的对错与否。

政府宏观调控是否正确取决于以下两个基本条件,但是在现实情况下,这两个条件都无法达到。

第五章　京津冀一体化背景下体育产业结构优化研究

第一,国家掌握了全社会的全部经济活动信息。

第二,国家可以完全代表全体人民的利益。

2.市场失灵

发达国家市场机制较为完善,但是也会出现市场失灵的现象,主要表现在市场信息性失灵、公共性失灵等方面,需要政府行为进行规划。我国正处于经济转型的关键时期,市场机制还不完善。"十二五"规划实施以来,我国体育产业蓬勃发展,取得了较大的成绩,产业结构不断优化,产业政策不断完善。

但是产业组织间却展示出不协调的情况,体育产业核心产业的发展滞后于体育相关及外围产业的发展,群众体育的发展明显较竞技体育的发展缓慢,市场机制不完善,很多市场功能没有发挥出来,出现市场失灵现象。

政府通过直接投资或政府购买的方式,加大对体育公共服务体系的投入力度,展示体育产品的公共服务属性。大众的体育服务需求,如果只是依靠市场机制,并不能完全得到满足,公共物品的提供量低于与资源最优配置状态相适应的供给量,就需要由政府配置。

政府不能只是依据存在市场失灵的问题就不选择推行产业政策,还要考虑产业政策可能导致的政府失灵。体育产业发展的各个过程中都体现了政府与市场的博弈关系,市场失灵与政府失灵的存在使得政府调控与市场机制之间的博弈成为可能(图5-10)。

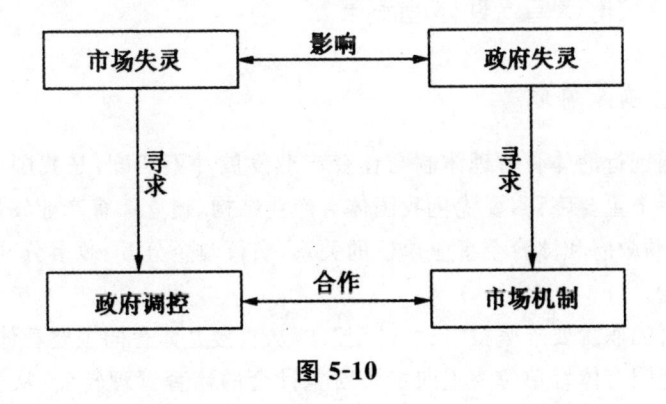

图 5-10

(二)政府与市场的关系

政府与市场相互制约又相互依存,没有一方能独立决定最终结果,完全控制局势的发展。体育产业结构优化的进程中,政府与市场之间强弱关系此消彼长,强弱的政府行为就是政府干预体育经济的一种能力,采用的手段是制度安排,强弱的市场行为,是看市场是否具有化解本身问题的能力(表 5-2)。

表 5-2　政府与市场的关系

市场行为和政府行为	
强—强	强—弱
弱—强	弱—弱

我国体育产业的发展过程中,国家也清楚地认识到政府失灵问题的存在,促进了市场力量的壮大。今后,在我国体育产业结构优化的过程中政府和市场将协同发挥作用,将形成强政府—强市场的组合模式,促进体育产业结构的优化升级改造。

三、京津冀一体化背景下体育产业结构优化的路径选择

要实现京津冀一体化背景下我国体育产业结构的优化,就要选择正确的路径,有效整合体育产业核心资源,充分发挥产业带动效应和后发优势,制定跨越式发展方案,贯彻落实各项政策,促进体育产业结构优化的全面实现。

(一)深化体育管理体制改革

1.明确政府职责

我国现行的体育管理体制与体育产业发展并不匹配,是我国体育产业结构的一个主要障碍,要优化我国体育产业结构,建立体育产业发展的管理体制,理顺政府和体育企事业单位的关系,实行政企分开、政事分开、管办分开的制度。

政府的职责要求坚持"三个转变",即从直接办体育向主要管体育转变,从以管理国有体育单位为主向加强对全社会的体育管理转变,从直接管理体育单位向管理体育行业转变。

政府管理体育的内容主要是管理规划布局、政策法规、市场秩序等,经营性体育单位是生产经营的主体,实行自主经营、自我发展。行业协会等社会社会管理机构,要建立体育管理社会化的有效机制,形成行业自律,扩大管理的覆盖面,提高管理效率。

第五章　京津冀一体化背景下体育产业结构优化研究

2.加快政府职能转变

建设法治政府和服务型政府,合理分配体育行政管理部门的职能,体育行政管理部门实现由主要管理直属单位向社会管理的转变,减少和下放具体审批事项,转变管理的手段,综合运用法律、经济、行政的方式,履行公共服务职能。不同层级的体育行政管理部门的职能不同,中央和省级体育行政管理部门主要应负责制定战略规划、政策法规、实施监管,市、县体育行政管理部门要着力抓好各项体育方针政策的落实,强化行政执行和执法监管,为人民群众提高优质的公共体育服务。

(二)确定体育主导产业

主导产业就是在经济发展过程中起到主要、关键作用的产业部门,经济发展到一定阶段后,主导产业会对产业结构和经济发展起到带头作用和导向作用,能够迅速将技术创新的成果转换为生产力,影响其他产业的发展,市场前景广阔,并能够满足市场需求获得持续发展的产业。

体育产业结构系统是一个动态的系统,体育产业中的主导产业是系统内部各个组成部门之间协同作用的结果,体育主导产业与非主导产业相互促进,共同发展,形成有序的体育产业系统结构。主导产业推动产业结构的优化升级,少数主导经济的产业部门是经济发展的主要推动力量。

在制定体育产业政策时,要注重发挥政府的选择引导作用,通过市场运作、科学规划确定体育主导产业。通常情况下,将体育主导产业划定为健身娱乐业、竞赛表演业、体育培训业,政府会从政策上重点对这些产业的发展进行扶持,促进它们快速发展。

优化主导产业的结构,可以加强各个产业之间的密切联系,互为基础、相互依托,具有以下重要作用。

(1)发展主导产业,充分发挥体育主导产业的回顾效应,推动其他相关体育产业的发展,如体育用品制造业、销售业等。

(2)发展主导产业,充分发挥体育主导产业的前瞻效应,促进体育场馆经营、体育传媒、体育中介的发展。

(3)发展主导产业,充分发挥体育主导产业的旁侧效应,带动周边会展、通信、房产等行业的发展。

体育产业的主导产业传播能力强,结构转换的能力较强,能够相互促进、协同发展。随着人们收入水平的提高,逐渐树立起健身意识,逐渐产生多样的体育需求,人们会选择参加体育技能培训掌握体育活动的技能,促进了体育健身娱乐业的发展。在开展体育活动的过程中,人们都会选择自己喜欢的项目,同时也会关注与这个项目相关的赛事报道,推动了体育竞赛表演业的快速发展。

大众在观看了相关赛事后,又会进一步提升对这个项目的喜爱和兴趣,就会产生学习该项目的要求,通过参加体育技能培训来掌握技能,带动了体育技能培训业、体育健身娱乐业的发展(图5-11)。

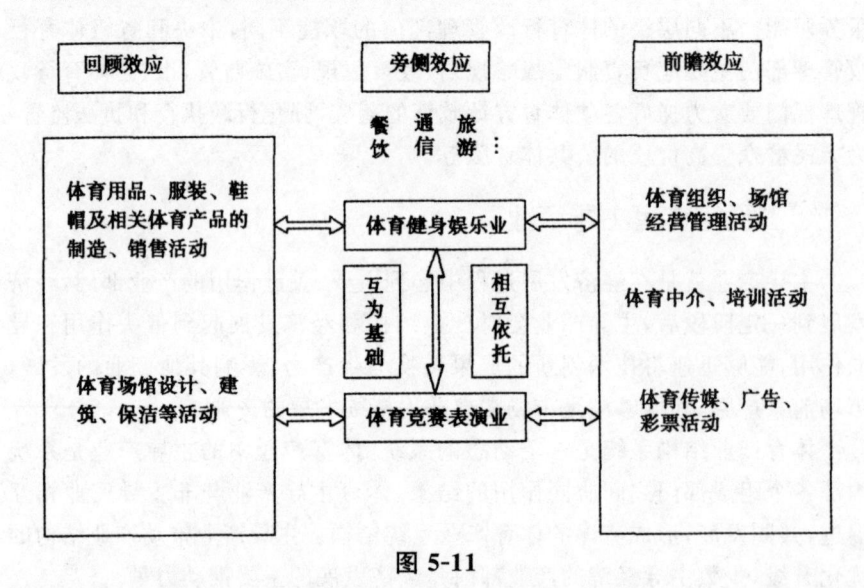

图 5-11

体育技能培训业、健身娱乐业、竞赛表演业是体育产业中的主导产业,能够发挥关联链式效应,带动体育产业的整体发展。主导产业会刺激中间需求的扩张,比如举办大型体育赛事,建设城市公共体育设施,公共体育设施的建设又会扩展城市整体功能。

体育主导产业也可以在一定程度上强化人们的体育价值观,树立体育健身意识形态,意识与观念的发展能够有效地促进实践的发展,放大产业间的关联效应,优化产业结构,促进体育经济的增长。

(三)促进体育主导产业的发展

要发挥体育主导产业的重要作用,不仅要能够正确选择体育主导产业,而且要能够落实和实施相关政策,主导产业的发展需要具备一些必要条件。要想让体育主导产业发挥主要的动力作用,达到对其他产业的扩散效应,实现产业结构优化,促进体育经济的增长,就要具备这些必要条件(图5-12)。

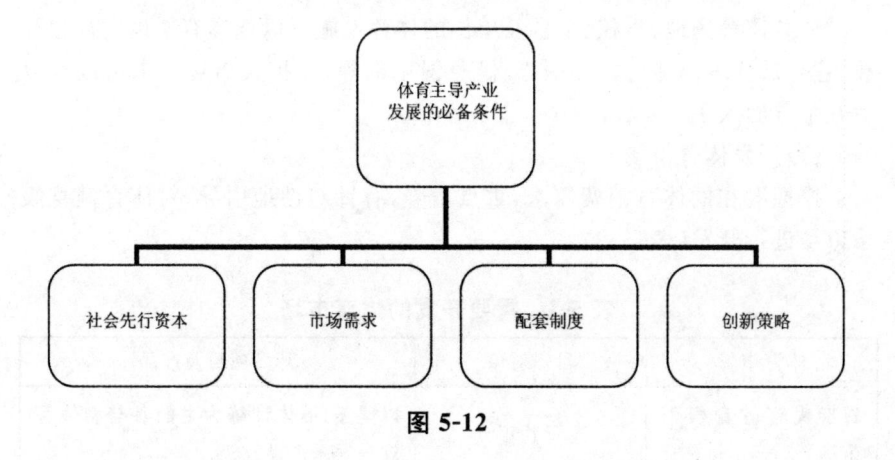

第五章　京津冀一体化背景下体育产业结构优化研究

```
                    ┌──────────────┐
                    │ 体育主导产业  │
                    │ 发展的必备条件│
                    └──────┬───────┘
         ┌──────────┬──────┴──────┬──────────┐
    ┌────┴────┐ ┌───┴────┐  ┌────┴────┐ ┌────┴────┐
    │社会先行资本│ │市场需求│  │配套制度 │ │创新策略 │
    └─────────┘ └────────┘  └─────────┘ └─────────┘
```

图 5-12

1. 社会先行资本

体育主导产业要充分发挥自身的扩散效应,就要为体育产业结构的升级积累一定的社会先行资本,要促进生产性投资率的提高,就要提高积累在国民收入中所占的比重,最好超过10%。体育主导产业的基础是投资,投资在体育产业结构优化中发挥了一定的导向功能。

体育产业的发展要依托体育公共产品和服务,政府要加快建设体育产品与体育服务,提供种类丰富的体育产品,促进多样化的体育供给,激发有效的体育需求,满足大众的体育需求。

以消费者的需求差别为依据,细分体育产品市场,选择与体育目标相适应的体育项目,制定目标顾客能接受的价格水平,按照目标顾客的体育需求进行促销,优化体育产品结构。实行积极的扩张性政策,鼓励兴办体育企业,满足市场新需求,研发新产品。科学论证体育基础设施的建设,加大投资力度,积极组织社会力量,丰富闲置场馆的运营模式,引入市场机制,发挥公共支出的效应,为体育产业的发展创造良好的条件。

2. 市场需求

体育经济的发展中体育消费起到了重要的推动作用,体育主导产业的发展需要依据市场的需求,通过增加体育消费使体育产业结构得到优化。通过调整体育经济的发展战略,协调竞技体育和群众体育的关系,政策上大力支持群众体育的发展,加大对群众体育的资金投入,积极引导大众健康的体育生活方式,推动与群众消费能力相适应的准经营性体育项目的大力发展。

公共体育场地、学校、企事业单位的体育设施可以选择有偿地向社会开放,建立低成本的体育指导中心、健身俱乐部等,要扩大市场需求可以从以下几个方面入手。

(1)开发体育市场

挖掘潜在的体育消费需求,重点培养,有针对性地引导,对体育健身娱乐市场进行开发(表 5-3)。

表 5-3 需要开发的体育市场

体育市场	目标对象	开发项目及产品
青春美容健身娱乐市场	青壮年	以健美、形体训练为主的参与型体育健身娱乐产品
银发健身市场	中老年	康复咨询、运动处方等康复型、保健型的体育健身娱乐产品
多功能高档体育健身娱乐市场	高收入阶层	为休闲、娱乐及商务活动等提供服务,开发高尔夫、网球俱乐部等项目及产品
娱乐性体育健身娱乐市场	现代都市居民	满足回归大自然的需求,开发休闲型、趣味性较强的自然体育项目
竞赛表演市场	竞技体育爱好者	发展球迷经济、赛事经济,扩大需求
体育培训市场	青少年	游泳、羽毛球、跆拳道、轮滑等项目

(2)适应体育市场

根据消费者的需求差别细分体育市场,选择适宜的目标市场或者体育项目,制定合理的价格标准,开展促销活动。

(3)转变消费观念

正确引导人们的经济预期,促进增加边际消费,深化改革,规避风险,进一步扩大即期消费,体育消费不能只是依靠投入大量资金进行消费,而是要转变大众的体育消费观念,树立健康的体育健身意识,培养花钱买健康的体育消费习惯。

确立体育让生活更美好的消费观念,健身就是提高生活质量,提升生活品位,提高身体素质。引导居民体育消费观念的过程中,激发居民的体育消费动机,拉动中间需求,促进最终消费需求,有力地发展体育主导产业。

第五章 京津冀一体化背景下体育产业结构优化研究

3. 配套制度

经济体制会影响体育产业结构的形成,只有建立了相配套的制度,才可以实现真正意义上的经济增长方式的转变,产业结构得到优化,也就是说,产业结构的优化升级,决定了配套制度的建立。

建立合理的配套制度是发展中国家能够实现后发优势的关键因素,要转变政府职能,不断完善社会主义市场经济体制,政府工作的顺利开展直接影响到产业结构的优化情况。

(1) 转变政府管理方式

体育资源配置需要发挥市场的主导作用,在这个基础上,转变政府管理体育产业的方式,改进宏观调控手段,避免体育行政部门直接干预体育产业的开发和体育市场经营活动,政府不能垄断体育市场资源。

(2) 制定体育产业发展战略规划

政府制定相关政策法规可以对体育产业的发展起到引导和鼓励效用,促进体育产业的快速发展。政府将竞争机制、激励机制、成本意识引入体育产业的发展过程,重点发展体育主导产业,发挥主导产业的拉动杠杆作用,使其他产业能够受益。

(3) 支持建立市场体系

建立以市场为龙头、需求为导向、效益为核心的体育产业分布结构,促进体育关联产业的发展,形成门类齐全、布局合理的体育产业发展格局,政府在这个过程中要支持市场体系的建立。制定与市场经济要求相符的交易与管理规则,推动体育产业体制改革试点工作,不断加快体育产业化发展进程,完善体育产业结构。

(4) 减少政府干预

在京津冀一体化背景下,体育产业属于朝阳产业,要发展体育产业,优化体育产业结构,需要政府的支持和保护,如果政府强行进行行政干预,就会影响到体育产业的发展。政府大力扶持体育主导产业的发展,通过税收优惠政策来扶持重点发展或优先发展的领域,增加对技术创新的投入,提高技术创新成果在体育产业中的适应性。

政府不断完善技术创新体系,鼓励创造自主品牌和自主核心技术,增强体育产业自主发展能力,规范体育产业的发展,引导体育产品创新,科学合理地优化体育产业结构。

4. 创新策略

(1) 运用创新技术

通过对创新技术的运用,优化体育产业结构,提高自主创新能力,在优化体育产业的过程中,技术进步起到主要的推动作用和保障作用。有效解决产业结构性矛盾问题,促进体育产业结构的合理发展,技术创新的过程中,需要增加投入的总量,合理调整研发支出结构,提高科技研发资金使用效率。

政府制定扶持政策,大力实施品牌战略,政府鼓励大型体育企业增加投入来研发新技术,对技术、产品及营销手段等方面进行创新,提高我国体育用品业的自主创新能力。

(2) 构建产品供应链

延伸价值链,开展创新性的服务,从产品设计、供应链管理等方面着手,增加产品附加价值,提高盈利。

(3) 构建体育产品体系

构建体育用品标准体系,积极推行体育产品质量监管和认证工作,提高体育产品在国际市场中的竞争力和影响力,全力打造体育用品世界品牌。

(4) 培养人才

体育产业人力资源的数量与质量直接决定了我国体育产业的发展水平,政府重视对体育产业相关人才的培养,建立高素质、高技术、高水平的体育专业人才队伍。

(四) 统筹区域体育产业结构

非均衡协调发展理论中提到了一种新的观点——区域发展观,就是指在市场竞争、发展机会、享有发展成果方面实现全面的公平。区域发展观是一种创新性区域经济发展理论,为我国区域体育经济发展策略的科学制定提供理论指导。优化体育产业结构,统筹区域体育产业结构,主要注意以下几个方面。

1. 有机结合市场和政府

市场经济发展的主要两个因素是市场和政府,市场经济的发展需要市场调节,也需要政府的宏观调控,体育市场中各个主体是独立的,同时也是相互促进、相互影响的,这是优化体育产业结构的基础。

优化区域产业结构也是如此需要市场和政府的作用,需要有机结合市场调节和政府调控,发展区域体育产业,推动区域体育产业结构的优化升级。要遵循市场价值规律,制定实施相应的产业政策和措施,促进我国各区域体育产业结构的协调发展与优化升级。

2.发挥区域互补优势

2015年,中央政治局会议审议通过《京津冀协同发展规划纲要》,其指出京津冀协同发展具有重要意义,调整经济结构和空间结构,是我国区域协同发展的新道路,探索出一种人口经济密集地区优化开发的模式。

由于区域之间的地理环境有很大差异,经济基础和体育发展也处于不同的水平,需要根据实际情况,合理地调整与规划区域体育产业结构,充分发挥不同区域的比较优势,创造各区域的竞争优势。

充分挖掘和利用各区域的优势资源,结合地区优势资源与民族体育特点,重点开发优势民族传统体育项目,创新体育产品,合理地选择优先发展的产业部门,发展优势产业的同时可以带动其他体育产业的发展。要打造体育产业中具有特色的体育产品,创立特有品牌,形成各具特色的区域体育经济,促进优势互补,增强各区域体育产业市场竞争实力。

我国在一些旅游资源丰富的地区可以重点发展体育旅游业,充分挖掘体育旅游资源,推动体育旅游成为主导产业,发挥主导产业的辐射效应。

加大对我国体育产业基地建设的扶持力度,充分利用区域体育资源优势,合理规划体育产业布局,促进竞争合力的形成和体育产业的快速发展,缩小不同区域间体育产业发展水平的差距,实现体育产业结构协调发展的目标。

3.建立区域市场体系

我国区域之间在经济方面存在很大差距,造成这些差距的主要原因是对统一市场进行分割的体制障碍、对市场要素自由流动进行制约的体制障碍等因素,想缩小差距需加大体制改革力度,制定科学有效的区域发展政策。

逐步打破区域间的分割状态,消除贸易壁垒,改善大市场调节机制,在遵循效率最大化原则的基础上,各个生产要素在市场信号的指引下向不同区域流动,合理配置资源,各地区体育产业的发展才会逐渐趋向协调。

(五)促进体育产业间的融合发展

促进体育产业与相关产业融合发展,不仅可以加快发展体育产业,使体育产业成为国民经济新增长点的必然要求,也是实现相关产业升级的迫切需要。要推动体育产业之间的融合发展,需要从优化产业融合发展的内外部环境出发,制定和实施相关政策措施。

1. 强化创新意识

创新体育相关产业融合发展的新模式,可以将体育产业与文化、旅游、会展等相结合,重视体育产业与相关产业交叉部分的技术创新,搭建体育产业和相关产业的共性技术平台。

2. 坚持市场导向

消除区域、部门之间的限制和分割,国内的体育市场形成统一开放、竞争有序的大格局,充分发挥市场配置资源的基础性作用。

3. 建设组织体系

依据体育产业优化的方向和产业关联的性质,构建体育产业与相关产业融合发展的产业集群,按照市场经济的原则,鼓励通过混合兼并、战略重组的形式,组建新的产业融合发展企业集团。

4. 营造宽松环境

建立顺应产业融合发展的新规制,适宜放松产业规制,为产业融合发展创造宽松的制度环境。

(六)鼓励社会投资体育产业

虽然目前我国体育产业对社会投资的限制比较少,体育用品业、体育健身休闲业等都是以社会投资为主,但是受到资源垄断等因素的影响,社会资本在我国主导体育产业中所占的比例还是比较少,这也是我国体育产业缺乏活力的主要原因之一。

深入贯彻落实《国务院关于鼓励和引导民间投资健康发展的若干意见》的精神,鼓励和引导民间资本投资体育产业,政府加大对民间资本投资体育产业的投融资支持力度。

鼓励民间资本向体育用品的生产投资倾斜,建立体育场馆及健身设施,从事体育健身、竞赛表演等活动,促进我国体育产业投资主体的多元化发展,多种所有制并存,经济成分竞相参与体育市场,促进体育产业健康发展。

第六章　京津冀一体化背景下竞技体育产业的发展探讨

京津冀一体化为区域内竞技体育产业的发展提供了新的发展机遇和广阔的平台。在京津冀一体化背景下，方方面面的体育资源得以更好的协调，能够最大限度地发挥出这些资源的效用和价值，以保障竞技体育产业获得更好的协同与可持续发展。本章就京津冀一体化背景下竞技体育产业的发展进行探讨。

第一节　竞技体育产业发展理论

一、竞技体育产业在体育产业中的地位

体育产业的开发就是将竞技体育作为切入点进行开发的，这主要是因为，竞技体育具有独特的魅力，能够成为很多国家的新的产业增长点。总的来说，在体育产业中，竞技体育产业的地位是非常重要的，这主要表现为以下几个方面。

(一)竞技体育市场与健身娱乐市场

竞技体育业与健身娱乐市场两者存在着非常紧密的关系，是相互交叉的，并不是相互独立的。一般来说，竞技体育产业的发展能够积极地促进健身娱乐市场的发展。此外，竞赛表演市场同体育媒体市场、体育无形资产市场、体育博彩市场、体育旅游市场、体育广告市场都存在非常紧密的关系。因此，如果能够将竞赛表演市场有效占领，那么，也可以说，其已经将体育无形资产市场、体育媒体市场、体育广告市场进行了有效的占领。

除此之外，要想促使竞技体育市场占有率得到不断提高，可以借助体育比赛来有效地宣传产品，通过借助优秀运动员的"明星效应"来有效地提升产品的知名度，从而做到以体促销、以销助体。

(二)竞技体育市场与产权市场

竞技体育的社会发展随着竞技体育产业化的不断推进而得到了突破性的进展,这主要表现为:其经营的范围得到不断扩大,以体育竞赛为名义开展的各类经营集资活动和体育特许使用权及纪念品的开发经营同时兼备。将这一点做得比较好的当属健力宝集团对中国青少年足球的支持,以及第11届亚运会中国体育代表团专用标志和称号的特许使用权的出售等。以上这些都能够充分地将竞技体育在中国发育不成熟的体育产业和体育市场中的优势予以体现出来。由此可以看出,竞技体育业在体育产业中具有重要的龙头地位。

(三)竞技体育市场的职业化优势

当前,竞技体育市场的职业化发展越来越显著,同时,也将适合社会主义市场经济体制的体育主体产业相继确定了下来,这对于竞技体育产业的发展是起到积极的促进作用的。"现代企业+俱乐部+体育协会"的一体化经营组织已经逐渐形成,这也在一定程度上推动了经济体育比赛市场的进一步繁荣发展。可以说,这种形式的竞技体育业,其运作过程是严格按照现代企业的管理制度进行的,有着活力大的显著特点,在体育产业中有着重要的主导地位,因此,能够有效带动体育产业市场的快速发展。

二、竞技体育产业的学科研究

这里主要从经济学和营销学两个方面来对竞技体育产业进行研究。

(一)经济学

针对竞技体育产业从经济学方面来开展研究和分析,这并不是随意而为的。首先,要对产品—市场—产业这一基本的框架和思路进行严格遵循,并且以此为基础,将竞技体育表演项目和体育赛事(产品)作为出发点,来对相关产品、服务的需求来进行相应的分析。

具体来说,其内容主要包括需求的特点、需求的属性、潜容量和变化趋势等方面,同时也包括对供给能力、供给种类以及提升态势在内的体育服务、体育产品的供给进行分析,在此基础上,深入分析竞技体育所形成的一个完整的产业、市场所需的载体条件。

在分析了上述内容之后,对构成竞技体育或体育产业的企业群的现状描述和评价,以及对其态势的判断和预期都奠定了坚实的理论基础,具有重要的意义。

(二)营销学

对竞技体育产业从营销学方面来进行分析和研究,应对顾客—市场—产品—产业的基本思路和框架加以严格遵循,具体来说,就是对竞技体育产业进行分析和研究的思路为:对竞技体育消费的顾客规模形成了企业(体育组织)可运转的市场,同时为该市场提供顾客需要的产品(赛事),进而将竞技体育产业的发展有效带动起来。

从上述可知,在市场中,顾客的地位是非常重要的,也是其中的一个非常重要的因素,而市场作为产业的重要组成部门,充分地将竞技体育产业持续发展的层次和本源体现出来。

三、竞技体育产业的属性及体系构成

(一)竞技体育产业的属性

1.竞技体育产业的概念界定

针对竞技体育产业的概念,不同的学者和专家有着不同的理解。其中,张庆春、马国义所理解的竞技体育产业概念,比较具有代表性。

所谓的竞技体育产业,就是竞技体育服务消费品的生产链条双向延伸、要素优化组合、三个效益统一的经济体系,换句话说,就是以俱乐部为实体,以运动员的竞技表演为基本商品,为了能够实现利润最大化的目的所形成的经营体系。

由此可以看出,在体育产业中,竞技体育产业既是其非常重要的组成部分,同时也占据着主体地位。

2.竞技体育产业的基本要素

竞技体育产业的构成,包含很多基本要素,并且在其中,各个基本要素都能够产生非常重要的影响。对于此,辛利、郑立志等学者提出了他们的观点和看法:竞技体育产业化经营的基本要素是一个十分复杂的系统工程,其中包含很多环节,通过分析,其构成因素主要包括龙头竞技体育项目、竞技体育项目基地、竞技体育俱乐部、消费者等。

3.竞技体育产业经营的阶段划分

阶段性是竞技体育产业经营的一个重要特征。可以说,不管在哪一个阶段,其所采用的政策和方针以及其发展的重心都是存在差异的。通常来说,我国的竞技体育产业经营从竞技体育发展的角度可以分为三个阶段,分别是酝酿阶段、起步阶段以及发展阶段。

第一阶段为1979—1991年,属于酝酿阶段。在本阶段中,主要是以体育社会化和改革开放作为指导方针,其经营特点主要表现为,从国家包含逐渐向着社会承办进行转变。

第二阶段为1992—1997年,属于起步阶段。本阶段对社会主义市场经济体制进行了明确,并确立了竞技体育的职业化、市场化和实体化发展方向。

第三阶段为1997年至今,属于发展阶段。在这一阶段中,对于竞技体育产业,政府和社会的重视程度也越来越高,这主要是由于我们国家的经济新的增长点。因此,通过开展各种形式的资本运作,促使体育产业发展的速度进一步加快,体育产业的经营规范程度也是越来越高。

(二)竞技体育产业体系构成

在体育产业中,竞技体育产业作为其中的核心,对整个体育产业的发展有着非常重要的影响。而竞技体育产业体系的构成,如图6-1所示。

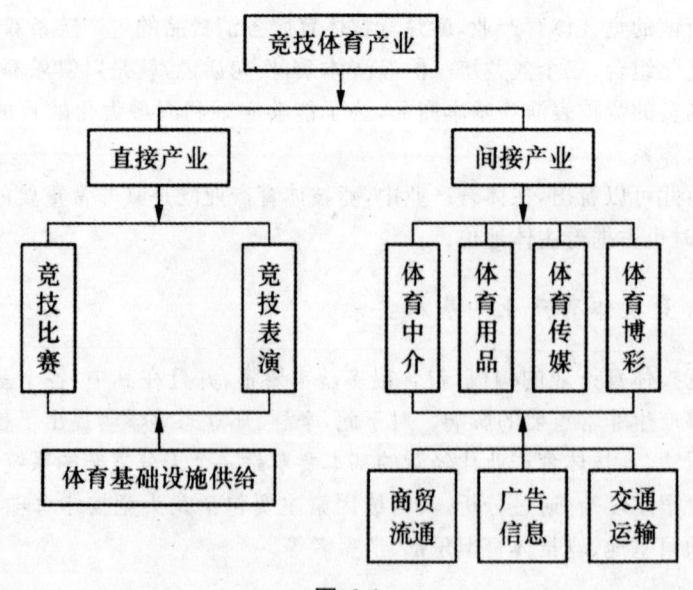

图 6-1

四、竞技体育产业形成应具备的条件

(一)竞技体育产业形成的基本条件

1. 对于竞技体育产业来说,竞技体育消费及其所具有的商业价值是重要前提

竞技体育产业由各种因素构成,并且这些因素对竞技体育产业产生不同程度的制约和影响。研究竞技体育消费的需求,是研究竞技体育消费市场的重点之所在。在很大程度上,竞技体育市场的容量取决于竞技体育消费需求的大小。因此,这就要求对竞技体育消费者的消费行为进行积极的引导,同时使其需求得到满足,不仅能够为竞技体育的发展奠定坚实的基础,同时也为竞技体育的发展确定了目标。

目前,对于竞技体育价值的研究,无论是国内还是国外都非常少,而从这些相关的研究中可知,运动员是其中的价值主体,竞技体育的价值主要从目的价值和工具价值两个方面体现出来,同时竞技体育价值的特征是非常显著的,主要表现为客观性、主体性、一元性、多维性、时效性、社会性等方面。

2. 在竞技体育产业中,市场经济体制是基础平台

在提出社会主义市场经济体制之后,也相继提出了体育产业化的概念,竞技体育产业的形成,受到很多方面因素的干扰,其中,需求和商业价值是其中的根本和核心因素。除此之外,国家的基本经济体制也是非常重要的影响因素之一。建立并完善市场经济体制是体育产业化发展、竞技体育产业发展壮大的一个非常重要的保障制度。这主要是因为,社会资源能够在市场经济体制中得到更为充分的利用,竞技体育需求可以得到更为有效的聚集,从而更为有效地发掘其商业价值。

3. 对于竞技体育产业来说,产业化是其发展取向

所谓体育产业化就是指将体育事业的基本运作方式向着市场经济的基本要求进行转化。从某种角度来说,这也是竞技体育产业得以形成的制度条件。就目前形势来说,体育产业化是一种观念的更新,这就对其内容提出了相应的要求。就整体来说,体育事业的投入有其公共产品或半公共产品的性质(包括竞技体育类),但是,与此同时,赢利性质也是客观存在的。

体育产业化是一种机制的转化,这就将竞技体育产业形成的基础条件充分体现了出来。

需要特别注意的是,体育的发展同市场经济的运行机制和一般规律有着非常密切的联系,法律手段、经济手段是体育产业得以发展的一种必不可少的重要手段,通过市场来使自身的造血功能得到进一步的完善,从而使自身应有的价值和商业价值的实现得到保证。但在这一过程中,政府和企业对于自身的功能要进行更为准确的定位。

(二)竞技体育产业形成的具体条件

竞技体育要形成产业,仅仅具备上述几种基本条件是不够的,还应该具备一定的具体条件,具体有以下三个方面。

1. 竞技体育的需求量要达到一定标准

在社会中是否有足够的竞技体育需求量能够保证使其成为独立的产业,这对竞技体育产业的生存状况有着决定作用。在理解竞技体育需求量方面,这主要表现为以下三个方面。

(1)在运作方面,能够使竞技体育组织者实现收支平衡。

(2)需求者的参与量能够有效激发运动员的激情。

(3)在竞技体育的影响下,能够促使需求者从观赏者逐渐转变为参与者。

从某种层面来看,观众与运动员的互动性特点在竞技体育产业中有着比较显著的表现。而竞技体育消费者的观赏需求与参与需求也有着相互促进的密切关系,这会在很大程度上影响着竞技体育的观赏需求。这种循环影响如图 6-2 所示。

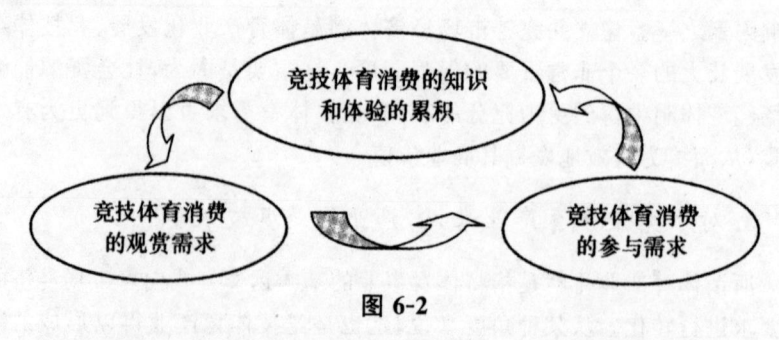

图 6-2

2. 向竞技体育投入的经济资源要达到一定的标准

要想成为一个独立的产业,竞技体育就必须保证最低量的投入与产出,

第六章 京津冀一体化背景下竞技体育产业的发展探讨

并形成一定的规模。至少要满足维持产业本身运行的资源整合要求、维持竞技体育市场运行的必要支付两个条件,对竞技体育产业的经济资源投入才是有效的。

一般来说,在产业化发展过程中,竞技体育往往会呈现出职业化、半职业化、非职业化三种状态,这三种状态能够充分体现出经济体育产业中的三种形态,具体如下。

(1)竞技体育产业中自身盈利能力强、市场化比较早的项目。

(2)具备一定规模、能够弥补部分支出但目前还无法完全独立的项目。

(3)需求量不大,但仍有比赛价值,通过市场化运作特别是消费市场开拓之后可能实现职业化的竞技项目。

3.竞技体育的水平和规模要达到一定标准

在提供竞技体育产品的一方来看,竞技体育的水平表现和规模边线对于竞技体育产业的形成有着重要的影响。具体来说,就是不仅要求经济体育产业提供的产品有足够的吸引力、观赏价值,而且还必须具备一定的需求规模。

从竞技体育产品的消费者的角度来看,竞技体育产业的形成对于消费基础也有着一定的要求,这都需要"热情者""成熟者"和"保守者"的共同行为来将竞技体育产业持续的生命力有效支撑起来。竞技体育产品的提供者和消费者之间的关系,如图6-3所示。

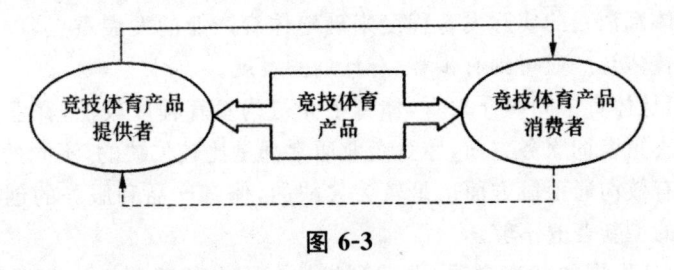

图 6-3

(三)竞技体育产业发展的主要模式

从经济体制的角度来看,基本可以将竞技体育产业的发展模式分为两类,即市场主导型和政府参与型。这两种模式各有自己的特性。

1.市场主导型模式

市场主导型是指竞技体育产业发展的原动力来自市场主体自身对商业

利润的追求,以及不同市场主体间相互竞争所产生的压力和动力。①

一般在原发的市场经济国家,这种发展模式是比较常见的。最为典型的国家如美国、英国。

市场主导型发展模式具有如下几方面的特征。

第一,根据竞技体育产业发展中,政府发挥的作用可知,采用市场主导型发展模式的国家,政府通常会对体育产业各类市场主体实施"市场决定"的放任政策。

第二,根据体育产业组织架构来说,实施市场主导型发展模式的国家,其在俱乐部体制和职业联盟方面都是较为完善的,并且面向市场的法人治理结构通常较为合理。

2. 政府参与型模式

对于竞技体育产业的发展,政府设定具体的发展目标,并通过借助多种手段来引导、调控和规范体育市场主体的组建和运作,这是政府参与型模式。② 一般后发市场经济国家会采用这种模式来发展竞技体育产业,如法国、韩国、日本等。

政府参与型发展模式的基本特征如下。

(1)从政府在体育产业发展过程中发挥的作用来看,通过采用各种手段,政府来更好地促进竞技体育产业得到发展,并加以积极引导。

(2)从体育产业发展战略来看,后发市场经济国家往往会根据本国体育市场和体育消费的实际发育程度来确定体育产业的发展重点,以此来促进本国竞技体育产业得到有步骤、有计划的发展。

(3)从体育中间媒介来看,体育中介机构发育程度较低,在业务拓展专业化的决策咨询服务方面,体育企业通常都是比较欠缺的,不同的体育市场主体在有效沟通手段方面也是较为欠缺的,体育产品和服务的创新以及营销手段的创新普遍不够。

(4)从发展的状态来看,非营利机构正在向着营利机构逐步转变。

---

① 王海娜.竞技体育产业发展研究——以山东省为例[D].山东农业大学,2012.
② 同上.

第二节 竞技体育产业与京津冀一体化发展的互动关系

一、竞技体育产业与地方生产要素

(一)区域生产要素决定竞技体育产业盈利模式

人力资本和物力资本是在对体育产业投入方面,区域生产要素的主要体现。

人力资本从人才的培养和引进方面体现出来。

物力资本从场馆健身等基础设施以及资金投入方面体现出来。

竞技体育产业就是将竞技体育作为其核心,围绕具体的运动项目,并同地区、资本、技术、信息、劳动力等资料进行结合,进行系统的产业开发所形成的结果。

体育赛事是竞技体育产业所能够提供的最为核心的产品,服务则是竞技体育产业的外围产品和本质属性,通过对体育赛事的观赏和参与能够对大众的体育消费形成刺激,这也是促使整个体育产业得以不断发展的核心动力。

国际数据比较库中,中国区域间物力资本和人力资本上存在区域性的小平衡,针对中国的增长统计数据,默斯·赫萨顿指出,地区在针对体育的生产要素投入和产出比体现在 GDP 的数据和物价数据上的比例失衡(表6-1),就拿表中数据来说,湖北、陕西和新疆三个省份的大型体育场馆数量一共为 25 个,只是相当于一个上海,远不如北京、广州等地,这就造成了小部分地方生产要素较为丰富的地区,这些拥有专业人才和国际级运动场地的地区集中呈现出通过借助大型赛事的举办来拉动联合赞助和出让转播权形式的盈利模式;大部分的地方其生产要素都是非常匮乏的,这些地区主要是利用传统的门票收入进行积累。地区体育产业盈利模式所造成的非常大的利益落差,对地区体育产业结构造成很大的冲击,发展呈现两极化。

表6-1　我国各大城市体育主要生产要素对比分析

城市	湖北	陕西	新疆	北京	上海	广州	深圳
职业体育俱乐部数量	1	1	1	2	3	1	1
国际体育赛事数量	2	1	1	3	5	3	3
大型体育场馆数量	12	8	5	37	25	37	30

(二)竞技体育产业优化地方生产要素分配结构

运动员、教练员和科学研究者是竞技体育的"生产要素",三者之间相互发展、相互作用,使得县级、省级乃至跨国之间的生产要素流动,这对于大量人才和先进设备的输出和引入都是非常有利的,也更好地实现了竞技体育人力资本和物力资本的生产链条双向延伸。

有研究者通过分解地区间小平等指数发现,中国区域之间的竞技发展水平差距有很大一部分来自省际的资源流动,其对地区差距的贡献率不断减小,从有助于将地区差距缩小,转变为地区差距不断扩大。

从国际生产要素流动来看,近些年来,在对内引进方面,在足球、篮球等俱乐部方面,我国做了很多工作,在国字号运动队中也活跃着外籍教练员。对外输出上,短道速滑的李琰、美国女排的郎平都以竞技体育广为世人所熟知。国内优秀人才的输出和各国外籍教练的聘用使得人力资本结构的流动得到优化,建构生物性、社会性统一为载体的生产力,增加了各国文化交流的机会,是一种开放的学习心态。

二、竞技体育与政策制度

(一)政策和制度决定竞技体育产业的定位

市场法律体系在宏观调控之下,其框架同政治制度大体是一样的,但具体来看,各地微观经济主体制定的地方性政策有着非常大的差异。对于体育产业政策制度,各地不够明确,这使得体育产业的定位徘徊在公益事业和第三产业之间,这使得竞技体育产业作为体育产业的核心,其定位也不够明确。以体育彩票营业额收益最高的北京、广州、深圳为例,其某一年的总销售额分别为15.39亿元、10亿元、8.22亿元,依据体育彩票管理中心的规定,将销售额的一部分投入到公益体育福利事业,分别为2.31亿元、1.5亿

第六章　京津冀一体化背景下竞技体育产业的发展探讨

元、1.23亿元,这部分资金占地方GDP总值不足万分之一。① 由此可知,一方面,体育彩票的收益的公益体育事业部分在地区体育发展投入方面显得微乎其微;另一方面,地方性的市场导向性政策更加倾向于收益比较明显的第一产业和第二产业,使得竞技体育产业边缘化倾向加剧,使其市场定位和机构地位更加模糊。

(二)竞技体育产业影响地方政策意识

国有资本和民营资本对地方经济贡献率的博弈及其各自边际产生的"连带效益"影响地方政府政策制度的取向,这便形成了带有地方传统特色的地方意识形态偏好。

在20世纪80年代中期,在经济演进中,各地国有资本和民营资本的角色差异程度对其传统意识形态整体转变为市场化意识形态的速度有着决定作用。就北京、上海、广州、深圳的体育产业而言,其体育产值分别达到128.4亿元、118.13亿元、36亿元、24.78亿元,占地方GDP产值的0.9%～1.5%,这很明显成了当地GDP的增长贡献的重要组成部分,并为地方提供了数万个工作岗位和相关产业(表6-2)②。

表6-2　我国四大城市体育产业产值、从业人数比较

	深圳	北京	广州	上海
从业人数(万人)	3.8	8.56	5.5	10
占GDP比例(%)	0.91	1.5	1	1
产值(亿元)	24.78	128.4	36	118.13

国家体委在1995年制定并颁发了《体育产业发展纲要》,受奥运的影响,以福建省为首的周边地区的体育产业迎来新的发展良机。2008年国家体育总局正式出台《关于支持海峡西岸经济区体育事业发展的批复的通知》,这都表明在竞技体育可见的增值趋势下,地方政府开始将经济接力棒理性地从忽冷忽热的第二产业中脱离出来向着更加有利于民生、更加稳定的第三产业靠拢,从国家到地方增强了扶持第三产业的政策意识。

---

① 苏鸿鹏,史春雨,王静.竞技体育产业与区域经济发展的互动关系研究[J].科教文汇(下旬刊),2010(04).
② 同上。

三、竞技体育产业与地理位置

(一)地理位置限制竞技体育产业生态链

在限制竞技体育产业生态链方面,地理位置主要体现在活动项目以及群众参与度方面。从地理位置来看,不同的经纬度,其区域性气候是存在差异的,这就造成了竞技体育项目以及参与者也存在比较明显的差异,使得各个地区竞技体育项目的分布受到影响。如冰上项目不适合在温度较高的南方开展;小球项目不适合在风力较大的北方普及;水上项目不适合在缺水较为严重的西北部地区开展,与之相关的产业链也难以得到开发,这就造成了区域体育产业存在脱节的情况,对地方竞技体育产业链产生很大的影响。

(二)竞技体育产业创造"第二地理位置"

在地理位置的影响下,受影响较小的项目主要有象棋、围棋、斯诺克、射击等这些对场地没有太高要求,偏向文娱的项目,而且这些项目承担了更加具有历史意义的体育使命。有"象棋之城"的广州、"国际象棋之城"的温州,能够吸引众多的项目爱好者前来,这使得地理传统空间局限得以打破,将体育产业开始纳入城市的文化、旅游产业,进行整体规划,综合发展,创造出了以竞技体育项目作为凭条的"第二地理位置",为地区旅游创造了更多的收益。在体育概念赋予之下,城市地区也打造出了一系列的旅游产品。体育旅游的附加产业链比普通的观光旅游更长,比如赛事旅游,尤其是去境外观看世界杯、奥运会等比赛的旅游溢价能力都比较高,随同赛事进展,赛会提供的纪念章等附助产品对这类客人也很有吸引力。作为心理上和思想上的边际扩张,"第二地理位置"使得区域的约束得以克服,成了一张经济、体育的外交名片。

第三节 京津冀一体化背景下竞技体育产业的发展与管理研究

一、当前我国竞技体育产业发展面临的主要问题

当前,我国竞技体育产业的发展势头非常良好,一片蓬勃景象,竞技体

第六章　京津冀一体化背景下竞技体育产业的发展探讨

育产业投资和产值也在不断增加,体育资源也变得更加丰富,社会效益和经济效益也有了很大的提升。然而,在一些因素的影响下,我国竞技体育产业的发展也面临着一些比较突出的问题,这些问题会对竞技体育产业的发展水平产生比较严重的影响,因此必须对这些问题进行全面而又深入的分析,以更好地"对症下药",使问题得到有针对性的解决。

在京津冀一体化背景下,现阶段我国竞技体育产业发展中面临的问题与瓶颈主要表现在以下四个方面。

(一)竞技体育产业结构的合理性有待提升

在对比较成熟的竞技体育产业进行发展中,竞技体育比赛处在比较核心的地位,就拿欧美竞技体育产业来说,竞赛业处在主导的地位。但对于我国竞技体育产业来说,由于其兴起的时间比较晚,在运作规范性方面是比较欠缺的,特别是具有较高市场开发价值的足球、篮球联赛方面,其竞技水平是比较低的,从而在一定程度上限制了产业的进一步开发和发展。此外,体育制造业往往在我国竞技体育产业中占有非常大的比重,难以充分地体现出体育产业结构的不合理性。因此,要有针对性地对竞技体育竞赛业进行开发,增加其在体育产业之中的比重。

从某种意义上来说,这一举措与我国转变经济发展方式、优化经济结构、大力发展以服务业为主的第三产业的经济发展方针是相符的,因此一定要将这方面的工作高度重视起来。

(二)地区间竞技体育产业的发展失衡

地区之间的经济发展的不平衡性常常会造成各个地区竞技体育产业发展的不平衡性。就竞技体育用品生产来说,我国竞技体育用品制造主要集中在东南沿海一带,以福建最具代表性,在此汇集了很多体育用品生产企业。

而从竞技体育赛事方面来说,北京、上海、广州等往往是对市场开发价值较高、影响较大的赛事进行举办时的首选地区。

(三)行业垄断设置壁垒

现阶段,在发展方面,我国竞技体育产业仍然处在比较低的市场化程度,市场机制也是无法顺畅运行的,地方保护、行业垄断、限制经营等问题普遍存在。特别是对于某一些运动项目来说,其管理中心等准行政机构往往会通过行政手段,来对项目市场进行分割和垄断,这为社会力量进入到项目市场构建了比较高的壁垒,这也是项目市场难以得到进一步发展的最主要的限制性因素。

(四)出现严重的信任危机

商业价值最大化,满足体育消费者的需求是竞技体育产业得以发展的目的,而服务是竞技体育的本质,只有满足了消费者的消费需求,才能够更好地实现发展目标。

目前,我国竞技体育产品的品牌形象不断下滑,这就造成了大量消费者不断流失,也使得市场不断走向低迷,这主要是竞技体育市场中出现了严重的信任危机,具体表现在以下几方面。

1. 体育经济的相关制度缺乏稳定性

我国体育经济发展在现阶段正面临着转型,政府在构建符合市场经济体制的体育经济发展模式方面,没有可以借鉴的经验,而且在对相关法律进行制定与实施法律法规时,能力也是有限的。在转型期间,对相关制度进行了大幅度的更新、增订和修订,这使得制度的有效性在一定程度上被削弱。例如,在我国足球的职业化发展进程中,就针对赛制、裁判、转会等问题进行了不断的修改,对赛制的修改更是频繁,当面临国际大赛时,就要中断联赛,因此联赛长期处于被肢解的状态。而且,在对足球联赛升降级制度进行制定之后,经常会出现任意取消升降级的情况,这对于企业投入以及联赛的精彩程度造成了很多大的影响,也使得企业对于联赛制度环境所产生的稳定预期造成了影响。

这些都是我国体育经济制度长期性和稳定性较为缺乏的集中反映。此外,制度是建构相互信任的建构的核心,而是否拥有稳定的制度又会直接影响制度是否可以将自身的建构信任的作用发挥出来。就目前来看,我国体育经济制度具有较差的稳定性,既破坏了制度的有效性,同时对于经济行为,制度也难以发挥其规范功能。

2. 产权制度权责没有明晰

目前,就我国体育企业来说,产权制度权责不明确依然是普遍存在的问题,这主要是由于一些代理者获得了允许他们改变所有制安排的权利,使得这些权利一直处在一种不够明确,并且残缺的状态,而造成这种产权制度权责不明的根源主要是国家的管制和干预。例如,体育企业投入一定的财力、人力与物力来开展经营活动,因为政府的介入,企业无法占有全部收益,企业和政府对收益进行共享。作为联赛的投资者,俱乐部却没有全部收益权,其投入与收益严重失衡,因而打击了体育产权主体对利益进行追求的积极性,使产权主体失去了为长远利益建立良好信誉的耐心。

3.政府过分管制,且管制效率较低

如同一只"看不见的手",政府针对市场的运作进行不断调节。对于体育企业的生存和发展来说,其根本就是讲信誉、重合同,因为我国目前依然处在社会转型期,因此政府就会对竞技体育产业的经营发展过分的介入进行干预。在传统观念的影响下,人们希望在政府的管制下,能够更好地规范市场秩序,但如果这种管制太过,就难以按照市场规律行事,市场交易也不够和谐、不够稳定,行政色彩就显得更浓等问题便会随之出现。目前我国竞技体育产业发展中出现的问题并不是仅仅依靠政府管制就可以解决的,政府无节制地管制或管制效率低反而还会带来许多新的问题,而政府过分干预市场行为导致的一个后果就是使经济主体失去了对信誉进行建立的积极性。所以,要严格规制政府行为,促进政府管制效率的提高,以此来鼓励竞技体育产业经济主体建立信誉。

二、推动我国竞技体育产业发展的主要对策

(一)促进竞技体育市场运行体系和机制的不断完善

我国竞技体育发展模式在计划经济时代就开始逐步形成,并沿用至今,虽然进入社会主义市场经济时代后,竞技体育的发展模式得到了相应的调整,但仍然在行政指令下对社会体育资源进行计划配置,并进行相应的管理,从本质上来说,竞技体育发展模式并没有发生改变。在市场经济条件下,对于资源配置,市场发挥了非常重要的作用。因此,必须以社会主义市场经济的运行机制为依据,对当前的竞技体育资源配置方式进行转变,在资源配置中实施"市场为主,计划为辅"的政策。我们要对管理意识和管理手段进行更新,并同"市场为主,计划为辅"这一新资源配置方针相符合,我们必须更新管理意识与手段,并对符合的竞技体育市场运行机制和管理体制进行科学建构。

(二)促进竞技体育俱乐部运作机制的不断完善

在对竞技体育产业进行推动发展方面,需要建立并完善俱乐部管理体制,以促使其形成能够进行良性循环的运行机制。

俱乐部体制是否完备,主要看其是否具备以下几方面条件。

第一,法人地位独立。

第二,具备自主经营的产品。

第三,组织结构、名称和场所健全。

第四,能够独立承担民事责任,能够将投资者的所有权以及法人财产权更加明确地分离出来。

第五,能够建立资本金制度以及资产经营责任制。

竞技俱乐部要走企业化管理之路,逐步向市场的方向发展,遵循市场经济的游戏规则,根据竞争、价格、需求这三个市场经济要素,来进行经营和管理,建立相互制约、相互依托的运行机制,科学建构投资机制以及约束机制。

(三)树立经营开发意识

积极树立创新观念,并打造良好的品牌效应,这也是促使我国竞技体育产业得以更好发展的重要措施。因此,要对产业化经营开发形成正确的认识,树立市场风险意识,不断地完善市场运行机制和运行体系,以更好地促使竞技运动水平得以不断提高,针对竞技体育产业,加强发展模式和发展对策方面的创新,通过借鉴外国经验,并结合我国具体实际,走上带有中国特色的竞技体育产业发展道路。

(四)加强政府宏观调控功能的发挥

基本来说,我国竞技体育产业的发展同我国社会主义市场经济的发展是保持同步的。这主要是因为,在一定时期内,体育产业化和体育俱乐部将继续向社会提供公共物品,所以在对市场经济发展进行推动的同时,还要促使我国政府加强发挥宏观调控职能,以更好地促进竞技体育得以产业化发展。

市场机制作用的充分发挥是政府实施宏观调控职能的前提,政府介入不是否定市场机制,而是对市场机制的缺陷进行弥补,使其更好地发挥自己的作用。政府可以科学地建构政策体系和法律体系,对执法监督的力度进行加强,并制定科学有效的综合决策机制以及协调管理机制,有效地弥补市场机制缺陷。竞技体育俱乐部的发展不能完全依赖政府投入的资金,因此要割断这一依赖关系,并对俱乐部实行相应的补贴,具体的补贴额度要由俱乐部向社会提供的公共物品的数量来定。

(五)促进社会公众参与程度的提高

广泛的群众基础是促使竞技体育产业得以更好发展的重要基础,这就需要鼓励社会大众积极参与其中,针对竞技体育,社会公众可以采用多种形式进行参与,如积极参与竞技体育活动,监督不利于竞技体育产业发展的行

第六章　京津冀一体化背景下竞技体育产业的发展探讨

动,对科学的竞技体育产业化活动加以支持,通过媒体来监控竞技体育俱乐部的训练、竞赛等活动,等等。

参与竞技体育主要包括广泛开展群众性运动项目、广大球迷的参与、体育经纪人的发展、竞技体育俱乐部专业人员的培养等内容。只有提高社会公众参与竞技体育的程度,重视竞技体育经营活动,才能确保竞技体育产业获得健康、可持续发展。

三、竞技体育服务业的运营管理

(一)竞技体育服务业的经济特点

现代竞技体育服务业的经济特点较为突出,其具体表现在以下三个方面。

1. 规模大,耗资多

当前,生产的社会化、现代化和国际化逐渐成为我国社会经济发展的主要趋势。受此影响,体育领域中体育运动的规模、速度和竞技水平也相应地得到了不同程度的发展。从运动竞赛的角度来说,不论是国际性、洲际性的运动竞赛,还是全国性、地区性的运动竞赛;无论是计划内的正规比赛,还是商业性的运动竞赛,都呈现出规模越来越大的特点与趋势。特别是在一些世界性的体育大赛中,其竞赛项目设置、参赛国家以及参赛运动员数量等都呈现出显著上升的趋势。

现代运动竞赛规模不断扩大,同时所设置项目及运动员人数也在不断增加,这就使得大型的运动赛事需要大量的资金支持才能顺利举办。通常情况下,用于大赛的资金主要有两个方面的用途:一方面是用来建设竞赛场地、设施,这部分资金所占的比重往往比较大;另一方面是用于对运动竞赛的组织,这部分资金所占比重相对要小一些。尽管举办大型赛事所需的费用较多,但是所获得的回报也是不可估量的。从整体上来说,举办大型的运动竞赛,不仅能够有效吸引全世界的关注,而且还能够对本国的形象进行积极的宣传,从而获得无法估量的无形资产。

2. 经费来源与经济实体的结合越来越密切

随着现代运动竞赛规模的不断扩大,对经费的需求也在不断增加,政府的财政拨款已经不能满足开展大型运动竞赛的资金需求了,因此,这就要求将众多的社会企业公司和商业机构、财团等的捐赠和赞助作为筹措经费的重要途径,以此来保证现代运动竞赛的顺利开展。

由于运动竞赛具有独特性和无穷的魅力,因此竞赛的举办会吸引全世界的目光,这也是众多的商家企业愿意出资赞助运动竞赛的主要原因。由此可以看出,现代运动竞赛经费来源与经济实体的密切结合已成为竞技体育服务业的一个显著经济特点了。

3.运动竞赛经营手段的市场化程度较高

由于现代运动竞赛具有规模大、耗资多的特点,这就要求各运动竞赛管理部门在政府财政投入固定甚至减弱的情况下,必须采取有效措施,对运动竞赛的经济价值和附加价值进行充分的挖掘,并使其充分发挥出来。而且,还要在遵循市场经济基本原则的条件下,利用运行机制来对运动竞赛的经营活动进行筹划、组织、市场开发和运作管理。

(二)竞技体育服务业相关要素的分类

主体、运动赛事是竞技体育服务业的主要构成因素,依据不同的标准,可以对这两个要素进行不同类型的划分,具体分析如下。

1.竞技体育服务业主体要素的分类

按照市场主体的不同,可以将竞技体育服务业的主体分为供给主体和需求主体两个方面。其中,供给主体包括体育赛事组织机器所属的运动员、教练员和经营管理人员等;需求主体包括观众、新闻媒体和相关的公司企业等。

2.竞技体育服务业竞赛要素的分类

(1)以赛事性质为依据的分类

按照赛事性质,可以将竞技体育服务业的赛事分为职业联赛、商业性体育比赛、各项目单项竞赛和综合性比赛以及社会体育竞赛。

(2)以赛事经营管理权限为依据的分类

按照赛事经营管理权限,可以将运动竞赛分为正规比赛、商业性比赛和群众性体育比赛等几个方面。

(三)竞技体育服务业的发展概况

竞技体育服务业的发展,主要在职业体育赛事、商业性体育赛事、大型综合性运动会和社会体育竞赛等方面体现出来,具体分析如下。

第六章　京津冀一体化背景下竞技体育产业的发展探讨

1. 职业体育赛事

职业体育赛事是运动竞赛市场的重要组成部分，随着世界范围内体育职业化和商业化的快速发展，许多体育赛事已经家喻户晓，成为人们日常生活中关注的热点。目前，我国以四大职业联赛（足球、篮球、排球、乒乓球）为首的职业体育俱乐部数量已接近 150 个。各俱乐部逐步形成了由冠名、赞助、门票、转会和电视转播权等构成的收入结构。

从当前我国体育运动项目进入市场的发展情况来看，发展不平衡是一个非常突出的问题。具体来说，可以大致将进入市场的体育项目分为三大类。第一类是四大职业联赛为首的少数项目等，这些项目的特点主要表现为：具有一定的市场规模，有相对稳定的观众和球迷群体，被新闻媒体和企业界所看好。第二类是约有三分之一的项目，如体操、跳水、散打和摔跤等。通过对这些项目进行有选择的开发，从而对竞赛市场的管理模式进行初步建立。第三类是将近三分之二的项目，比较典型的有射击、棒/垒球、举重等，尽管这类项目也试图开展市场化的运作，但是市场发展速度缓慢。

2. 商业性体育赛事

竞技体育服务业的另一个重要组成部分是商业性体育赛事，人们通过赛事资源开发、策划包装和经营实施等手段，能够促进竞技体育比赛的商业性价值的实现。近年来，我国商业性赛事正在快速进入体育市场，体育比赛逐渐成为一种商品，进入市场领域进行交换，这为我国的竞赛表演体育服务业的发展提供了极大的空间。需要强调的是，随着我国经济体制改革的进一步深化，市场与我国体育赛事相结合，使体育比赛逐步成为一种商品，实现了自身价值。

近年来，我国成功举办了一些令全球关注的商业性体育赛事，比如皇马中国行、NBA 季前赛、F1 汽车大奖赛、ATP 大师杯赛等，这些商业性体育赛事的成功运作，使得相关的项目通过商业化的运作方式进入国内的竞技表演体育服务市场，并且使国内民众对高水平体育比赛进行观赏的需求得到了较好满足，而且对我国竞技表演体育服务业的快速发展也起到了积极的促进作用。但是当前我国重大体育赛事的市场运作大都采用的是行政主导模式，这主要是因为受我国举国体制的影响，然而这种现存的运作模式对于我国竞赛表演体育服务业的长期市场化发展是不利的。因此，这就要求我们要在今后积极引导体育赛事从行政主导模式向市场主导模式转变。

3. 社会体育竞赛

社会体育竞赛作为大众竞技体育运动的一个重要方面,其与职业体育竞赛、高水平竞技运动竞赛、学校体育竞赛和军队体育竞赛等还是存在着一定的差别的。具体来说,社会成员中广泛开展的、自愿参与的以身体运动作为主要手段,比赛身体运动技术和能力的身体娱乐活动,就是所谓的社会体育竞赛。随着我国社会经济的快速发展,人们生活水平的不断提高,人们从事体育活动的意愿越来越强烈,而社会体育竞赛正是满足社会大众参与体育竞赛的重要形式。由此可以看出,社会体育竞赛不仅已经成为社会体育的重要组成部分,同时也是实施全民健身计划的重要载体。

各种类型社会体育竞赛服务的提供具有重要的作用,它可以让更多的普通百姓关注、参与健身活动,从而进一步推动全民健身活动的开展。因此,社会体育竞赛在我国正处在前所未有的发展机遇期。目前我国的社会体育竞赛项目主要有竞技类项目(足球、篮球、乒乓球、羽毛球等)、传统趣味性项目("九子"、扯铃等)、保健类项目(太极拳、秧歌、健身操等)、社交类项目(门球、家庭体育竞赛等)、休闲类体育项目(钓鱼等)等,而政府主管部门、体育中介机构、街道及社区相关组织等是参与社会体育竞赛服务运作的主要机构。

4. 大型综合性运动会

大型综合性运动会是促进我国体育事业发展、体育竞技水平提高的重要环节,其具有推动经济发展和社会进步的多元化功能。加大大型综合性运动会的市场开发力度,是社会主义市场经济发展与体育体制改革的必然要求。

全运会是大型综合型运动会的典型代表,其除由国家定额的财政拨款外,其余经费则由承办地政府自行筹集。近年来,各个省市承办地积极进行市场开发,向社会筹措资金,并取得了一定的成效,等级赞助商、专有权、赛事与活动冠名、代表团赞助、电视转播权等市场开发手段已被广泛运用。

加大以全运会为代表的大型综合性运动会的市场开发力度,实现大型综合性运动会自身的可持续发展,是社会主义市场经济发展与体育体制改革的必然要求,这也会在一定程度上促进竞技体育服务业的发展,促进竞技表演体育服务市场的繁荣以及赛事无形资产价值的增加。

(四)竞技体育服务业经营管理的内容

进入市场以后,我国竞技体育服务业运作资金,一部分来自政府或社会

第六章　京津冀一体化背景下竞技体育产业的发展探讨

的资助,其余资金需要赛事承办者通过自己的经营活动来获得。通常情况下,竞技体育服务业经营管理的内容主要包括以下几个方面。

1. 组织门票收入

作为运动竞赛资金来源的重要渠道,门票收入是非常重要的一个方面。奥运会、各大足球职业联赛、各单项体育运动赛事等无不如此。对门票收入产生影响的因素有很多,其中,社会经济发展水平、大众体育消费意识和门票价格的高低是最重要的因素。为了保证门票收入,要求各运动竞赛组织或部门在组织门票收入时,要注意以下几个方面。

首先,根据运动竞赛的级别和水平来设定门票价格。

其次,根据承办国社会经济发展水平来制定门票销售价格。

最后,根据体育市场需求状况来选择合理的门票销售渠道。

2. 出售媒体转播权

大型运动竞技市场经营和管理的重要内容之一,就是媒体转播权经营,同时,其也是资金来源的一个重要渠道。由于现代大型运动竞赛竞技水平高,观赏价值大,对世界的吸引力较大,因此,往往有各国数亿甚至数十亿的电视观众关注这些赛事。一般来说,体育竞技媒体转播权包括的内容主要有电视转播权、广播电台转播权和互联网转播权,其中,居于主导地位的当属电视转播权。

随着电视网络的兴起,社会各界对竞技体育的关注程度越来越高,电视机构为争夺竞技体育的转播权而互相竞争,这也在一定程度上对电视转播费的迅猛增长产生了积极的刺激作用。从1936年第11届奥运会开始电视实况转播,到1964年东京奥运会利用地球卫星开始全球直播,电视转播权的售价不断上升,并成为奥运会的最主要经济支柱。1993—1996年,整个奥运会有25亿美元的总收入,这部分收入中出让电视转播权得到的经费占48%;赞助收入占32%;门票收入占10%;其他收入(颁发许可证、纪念币、邮票等)占10%。此后几届奥运会的电视转播权售价不断提高[1]。同时,对于一些职业体育俱乐部来说,电视转播权的收入也要比门票的收入高一些。电视转播权等媒体收入的不断增长,对竞技体育市场的发展和繁荣起到了非常大的刺激作用。从体育服务业发展趋势来看,媒体转播权经营在体育竞赛表演市场的经营中占据的地位会越来越重要。

---

[1] 钟天朗.体育服务业导论[M].上海:复旦大学出版社,2008.

3.开发运动竞赛的无形资产

没有实物形态的资产或经济来源,就是所谓的无形资产,从某种意义上来说,它属于一种体育经济资源,可以产生经济效益,能够为企业获得经营收入提供有力的补充。无形资产转化为有形资产是无形资产获得经济效益的原因。运动竞赛本身可开发的无形资产有很多,其中,比较重要的有运动竞赛的名称、会标、吉祥物、标志和图案等。运动竞赛无形资产的市场开发可以采用的手段主要有招标、竞拍等,以此来使运动竞赛无形资产的最大价值得以实现。

4.赞助与广告经营

赞助与广告经营也是运动竞赛经营管理的重要内容。运动竞赛可经营的广告业务包括的内容有很多,其中较为重要的有:运动竞赛赛场内外的广告牌,运动竞赛的秩序册、成绩册、赛场通讯、各种宣传物品等。从经营形式来看,可以大致分为两种形式:一种是自主经营;一种是委托中介公司代理。

从实质上来说,赞助与广告经营是广告特许权的经营,换句话说,就是为运动竞赛寻找广告赞助商的经营活动。各大企业力图通过赞助体育竞赛来提高知名度,促销自己的产品,赢得商业上的利益。体育竞赛表演具有独特的宣传效果,可以使企业通过赞助和广告实现宣传企业的目的,因此众多企业为运动竞赛提供高额的赞助费用。

5.发行运动竞赛纪念品

运动竞赛可开发的纪念品有很多,其中,比较主要的有:各种纪念邮品(包括纪念邮票、纪念邮折、首日封、极限封等)、纪念磁卡、电话磁卡、纪念章、纪念金币、会徽、吉祥物造型等。

运动竞赛纪念品的经营开发采用的形式有很多,其中,比较常见的有以下三种形式。

第一,由竞赛组委会自己经营开发。

第二,委托或和其他商家企业合作进行经营开发。

第三,通过出让许可证的方法由社会上对此有兴趣的商家企业来进行经营开发等。

通过以上方式对纪念品进行开发后,通过出售纪念品,获得的经济效益往往是比较客观的。需要注意的是,在运动竞赛纪念品的定价、销售方面要给予足够的重视,尽可能地通过多种策略和多种渠道的运用来进行销售,以保证良好的经济效益。另外,在销售纪念品时,要对纪念品的精神价值进行

第六章 京津冀一体化背景下竞技体育产业的发展探讨

充分考虑,既可以在赛场周围出售,也可以在运动竞赛所在地区组织销售,还可以拿到其他地区甚至其他国家进行销售,通过多种销售方式来提高销售利益。在对运动竞赛纪念品进行经营开发的过程中,还要对市场定时决策的研究和分析进行综合考虑,从而对切实可行的经营策略进行制定。

四、职业体育服务业的运营管理

(一)职业体育服务业的含义

职业体育运动已有100多年的发展历史了,它是体育发展到一定阶段的必然产物。随着生产力的快速发展,人们对竞赛表演体育服务产品的需求不断增加,现代传媒的介入使得运动项目的职业化进程在世界范围内日益加快,职业体育服务业因此而成为体育服务业的重要组成部分。

要对职业体育服务业进行了解,首先要对职业运动员与职业体育有一定的认识。专门从事体育竞赛训练与表演,从中获取报酬,并以此作为生活来源的人,就是所谓的职业运动员;职业体育指的是遵循市场经济的基本规律,将职业运动员高水平体育竞赛及其相关产品作为商品来经营,从中获得经济利益的一种体育经济活动。

根据职业运动员与职业体育的概念,我们可以将职业体育服务业的概念界定为:由各种类型的职业体育俱乐部构成,以体育竞技、表演的方式向市场提供观赏型体育服务产品的组织机构与活动的集合体。

(二)职业体育服务业的特征

职业体育服务业是市场经济发展到一定阶段的产物,其具有如下几方面的特征。
(1)进入职业化运作的体育项目具有高度的技艺性与观赏性。
(2)拥有庞大的体育市场消费需求。
(3)有严密健全的体育经营集团或体育中介公司参与运作。
(4)建立了以营利为目的、以雇佣劳动为基础、以运动员高收入为导向的运作机制。

(三)职业体育服务业的构成

1.运动项目

运动项目是职业体育服务业经营管理的基础。市场价值对一个运动项目能否成为职业体育服务业的运动项目具有重要的决定作用。通常情况下,职业体育服务业的运动项目的市场价值主要从两个方面来体现:一方面是比赛比较紧张激烈,富有吸引力;另一方面是具有一定的民族传统和较广泛的群众基础,为广大群众所喜闻乐见。这两方面的市场价值决定了运动项目的电视转播价值和广告价值。目前世界上所开展的运动项目有100项左右,其中,比较流行的职业运动项目有足球、高尔夫球、网球、冰球、篮球、拳击、赛车和公路自行车等,橄榄球、棒球、排球、乒乓球、羽毛球、相扑等只是在部分国家和地区流行。

2.运作机构

在职业体育服务业的活动中,职业体育经营机构(职业体育联盟和职业体育俱乐部)、职业运动员(包括球星)、裁判员、教练员、广告商、中介机构、赞助商、观众(球迷)、电视转播机构等都是其重要的因素。其中职业体育经营机构是职业体育服务业的市场主体,也是职业体育服务业的主要运作机构。职业体育服务业主要包括职业体育联盟和职业体育俱乐部两种运作机构,具体阐述如下。

(1)职业体育联盟

职业队的业主为追求自身利益最大化,把经营权委托给一些专家或组织,让其代表自己的利益来对联盟进行经营和管理的制度就是所谓的职业体育联盟。这是以现代企业制度规范为依据建立的一种经济上的合资企业,具有法律上的合作实体、所有权和经营权相分离等特征。通过垄断经营来获取最大利益则是这一运作机构的实质。所以,职业体育联盟在美国商界往往被称为"体育卡特尔"。

(2)职业体育俱乐部

职业体育俱乐部是具有独立法人资格的体育经济实体,它自主经营、自负盈亏,将职业体育竞赛及其相关产品作为商品来组织生产经营并追求盈利,其能够使人们对体育竞赛表演的观赏需要得到满足。职业体育俱乐部一般具有企业的性质和企业运作的机制。以性质为依据,可以将其分为两种类型,即营利性职业体育俱乐部、非营利性职业体育俱乐部。

①营利性职业体育俱乐部

营利性职业体育俱乐部完全是按市场机制来经营运作的以竞赛为手段、以营利为目的的体育商业组织。俱乐部是经营者的私人财产,经营者与运动员之间是雇佣关系,通过俱乐部的经营管理或转手倒卖,经营者可以赚钱,运动员也可以参加盈利分红,但绝大多数盈利都归经营者所有。

第六章　京津冀一体化背景下竞技体育产业的发展探讨

②非营利性职业体育俱乐部

非营利性职业体育俱乐部大都是从业余体育俱乐部中分化出来的,实行"一部两制"。它拥有一个完全按市场机制运行的职业运动队,但是其余主体部分和一般的业余体育俱乐部几乎相同。这类职业体育俱乐部将创收作为主要目的,从而使运动员的生计、训练和比赛等问题得以解决。非营利性职业体育俱乐部一般以联赛升降级为等级联赛制的前提。

(四)职业体育服务业的运作管理特征

职业体育服务业是体育与商业相结合的产物,它所从事的运作管理活动实质上就是把职业运动员高水平的体育竞赛表演及相关的产品作为商品来经营,从而获取经济利益。职业体育服务业运作管理的特点主要表现在以下三个方面。

1.职业体育俱乐部是拥有必要的资产或经费的企业性法人实体

职业体育俱乐部是由投资者、经营者、管理者、运动员和教练员组成的有机整体,它有着自身经济利益的经济实体,这就决定了职业体育俱乐部应该是一个有独立管理机构和管理方式,实行企业式运作管理的独立经济实体和经营单位。在向协会登记注册后,职业体育俱乐部就享有法人的各项权利及义务。它需要在国家法律和规定范围内开展经营活动、参与竞争,在经济上自筹资金、自主经营、自负盈亏,并按国家有关规定上缴利润和税收,同时,其经营活动也受到法律的保护和约束。

任何体育俱乐部的投资者,其首要目标都是获取经济利益,追求利润的最大化,使资本在运作过程中实现不断增值。现代职业体育俱乐部的运作管理已经形成了企业化的运作管理方式,有效的运行机制也已建立。对一个职业体育俱乐部的价值起决定性作用的是职业队的价值,与俱乐部签订工作合同的运动员则是职业队的价值来源。这主要是因为高水平运动员在比赛中表现出来的高竞技水平能够对更多的体育消费群体构成吸引,能够吸引更多的赞助商来赞助,从而获得更多的门票以及电视转播收入,进而促进俱乐部经济效益的提高。

2.以体育竞赛为媒介将竞技体育服务作为商品进行生产经营

竞技体育服务作为一种体育商品,其运动员在对抗中表现出来的运动技能、人格魅力及营造的赛场氛围等都对体育消费者消费需求的产生起到了刺激作用。而职业体育俱乐部的运作管理正是通过运用各种手段来提高运动员的运动技能,改善竞赛活动的组织工作,使竞赛表演体育服务产品成为体育消费者的消费对象,从而提高经济效益和社会效益。所以,对职业体育服务业的运作管理效果起决定作用的,往往是其能否最大限度地为体育消费者提供优质体育商品服务,从而使体育消费者的心理需求得到充分满足。

3. 职业体育服务业的运营以营利为目标

在市场经济体制下,职业体育服务业的经营管理必须与市场经济规律相适应,因此,这就要求职业体育服务业在向社会提供竞技表演体育服务及其相关产品、满足社会需要的同时,重视谋求自身的经济利益,从而使自身得到更好的发展。从某种意义上说,追求投资者或自身的利益就是职业体育服务业的运作目标。

(五)职业体育服务业的经营管理模式

1. 职业体育服务业经营管理的组织结构

通常情况下,职业体育俱乐部都有自己的组织结构。具体来说,组织机构是一个能承担民事责任的、具有法人资格的经济实体。职业体育俱乐部的组织结构通常是由董事会和一些职能部门组成的。俱乐部主席对俱乐部董事会进行领导,俱乐部总经理对俱乐部中的职能部门实行管理,并直接对董事会负责。俱乐部各部门有明确的分工,部门之间有密切的联系(图6-4)。

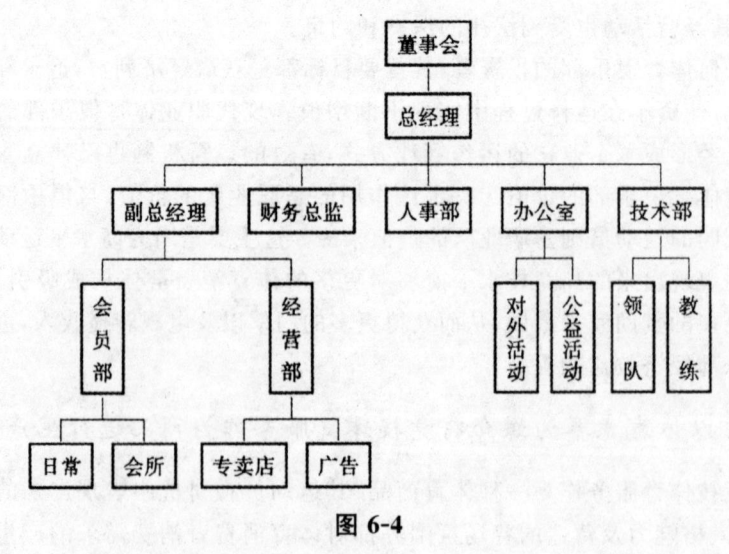

图6-4

2. 职业体育俱乐部的人员管理

职业运动队是职业俱乐部社会和经济效益的重要来源,因此可以说,职业运动队既是职业体育俱乐部的基础,又是职业体育俱乐部的核心。对职业运动队的管理主要以合同制为主。

合同制是指聘方和受聘方通过契约的形式确立的双方之间的劳资关系,合同中明确规定了相关的责、权、利,其契约具有法律效力。合同制是对职业体育俱乐部相关人员进行管理的主要手段。职业合同是构成所属协会、俱乐部之间关系的法律基础。通常情况下,职业体育俱乐部和职业运动员所签的合同中,主要内容有运动员的工作内容、工资、体格检查、差旅费用、纪律要求等;而和职业教练员所签的合同中,主要内容包括工作内容、薪水标准、任期目标、任职期限等。

五、体育经纪人的管理

(一)体育经纪人的概念

不同国家的社会制度、文化传统及经济发展水平各有差异,受此影响,体育经纪人在不同国家有不同的界定。而且,即使是在同一国家,不同地区对体育经纪人的定义也有差异。一般认为,体育经纪人是指依据国家法律法规取得合法资格,在体育领域代理他人或组织的商务活动,并按约定获取相应佣金的经济实体。[1]

(二)体育经纪人的作用

体育经纪人与体育竞赛市场的发展是相辅相成的,市场发达程度越高,经纪人就越活跃,反过来,经纪人专业水平越高,就越能促进体育市场的繁荣。体育经纪人的作用主要表现如下。

1. 对运动员加以协助

体育经济人之于运动员,就如同教练员之于运动员,可见,体育经济人的作用与教练员同等重要。体育经纪人能够吸收来自世界各地的信息,他们不但可以为运动员联系一些参与比赛的机会,而且还可以井然有序地安排运动员的食宿。比如,为运动员争取出场费、交通费,为运动员找赞助、拉

---

[1] 鲍明晓.体育产业:新的经济增长点[M].北京:人民体育出版社,2000.

广告、办签证、买机票,到机场接送运动员,包装并宣传运动员等都是体育经纪人力所能及的事。体育经纪人都有正式的聘任证书,其主要由国际各体育组织(国际足联、田联等机构)颁发,没有正式的证书,不可以担任经纪人的角色,因而也无法正常运作经营。因此,运动员可以将自己的各种事务放心地交由经纪人处理。

2. 促进体育市场矛盾的缓解

竞赛表演市场、健身娱乐市场、体育博彩市场等都属于体育服务市场的组成部分。经纪人和经纪公司对体育市场上商品的商业包装和市场运作直接影响着体育市场中供需矛盾的解决。为促进赛事市场价值的提升,体育组织会努力对赞助商和强势媒体的商业合作加以寻求,以对更多的媒体受众、现场观众产生强大的吸引力。此外,还可通过出售电视转播权、销售赛事门票等方式来促进体育组织收入的增加,从而将更高水平的职业选手收购或买入,如此产生良性循环的效应,促进竞赛表演市场规模的增加和品牌的提升。在对体育竞赛表演市场供需矛盾进行调节的过程中,体育经纪人和经纪公司发挥着举足轻重的作用。

3. 促进竞技水平的提高

中国要向世界体育强国的方向发展,就需要促进体育运动水平的不断提高,而提高竞技水平的一个主要途径就是对高素质体育经纪人的队伍进行建立。我国一些体育教练已经普遍认识到,我国要想真正成为世界体育强国,就必须重视对体育经纪人的培养,充分发挥体育经纪人的桥梁作用。我国运动员只有通过经纪人的运作,多参加国际大赛,多进行尝试与锻炼,才能不断丰富比赛经验,促进比赛成绩的提高。

4. 促进体育的职业化和商业化发展

世界上有些商业色彩浓厚的非常规体育比赛是由体育经纪人一手创办的。联赛是体育职业化的一个典型表现形式,转会问题随着联赛一起出现;而大奖赛、邀请赛是体育商业化的主要表现形式。不管是联赛,还是邀请赛、大奖赛等,运动员转会的办理、奖金的分配和其他事务性工作都需要由经纪人来办理。倘若经纪人没有参与其中,运动员会缺少很多参赛的机会。反过来,通过经纪人参与与科学运作,能够对很多商机、热点加以创造,并对广大民众的参与热情产生激发作用。

第六章 京津冀一体化背景下竞技体育产业的发展探讨

5.促进体育市场的繁荣

体育的产业化发展和体育市场经济的繁荣都离不开体育经纪人发挥自身的作用。在体育市场中,体育经纪人是非常重要的一个环节。体育经纪人不仅会参与各类体育比赛,而且也会参与到广告策划、电视转播、运动员和运动队的经营管理、媒体宣传等活动中。体育产业的社会化及市场化发展离不开体育经纪人的活动。现在,我国大型职业体育赛事(如全国篮球联赛、足球联赛、排球联赛等)的举办与顺利运作都需要经纪人参与并发挥其作用。

(三)国家体育总局对体育经纪人的管理

从国家体育总局来说,其对体育经纪人的管理主要从以下几方面展开。
(1)对有关下属单位进行授权,使其对体育经纪人的资格进行认证,对体育经纪人资格证书进行颁发。
(2)对相关政策法规进行组织制定与推行。
(3)对体育经纪人的培训和考试部门进行指定,并指导有关部门实施培训与考核工作。
(4)对各项目管理中心的体育经纪人业务进行协调与统筹管理。
(5)对有关体育经纪行业组织的成立进行扶持。
(6)对体育经纪活动进行监督和管理。

(四)国家工商行政管理部门对体育经纪人的管理

国家工商行政管理部门对体育经纪人的管理主要体现在四个方面,即对个体体育经纪人、合作体育经济组织、经纪人事务所、体育经纪公司的管理。具体见表6-3。

表6-3 国家工商行政管理部门对体育经纪人的管理

管理对象	相关法律	设立条件
个体体育经纪人	《经纪人管理办法》	(1)业务场所固定 (2)资金较为充足 (3)拥有体育经纪人资格证书 (4)具有从业经验 (5)与《城乡个体工商户管理暂行条例》的其他规定相符

续表

管理对象	相关法律	设立条件
合作体育经济组织	《中华人民共和国合伙企业法》	(1)合伙人为两个以上,都要对无限责任依法进行承担 (2)有书面形式的合伙协议 (3)有经营场所,且具备合伙经营的必要条件 (4)有合伙企业的名称 (5)有各合伙人实际缴付的出资
经纪人事务所	《经纪人管理办法》	(1)业务场所固定 (2)资金较为充足 (3)有书面形式的合作协议 (4)发起成立的合伙人中,必须有超过2名的人员拥有经纪资格证书 (5)专门从事某种特殊行业经纪业务的,取得相应专业资格证书的专职人员需超过4名 (6)兼营特殊行业经纪业务的,取得相应专业经纪资格证书的专职人员需超过2名 (7)与相关法律规定的其他条件相符
体育经纪公司	《经纪人管理办法》	(1)有相应组织机构,业务场所固定 (2)有10万元以上的注册资金 (3)专职人员的数量要与经营规模相适应,至少有5人取得经纪资格证书 (4)专门从事某种特殊行业经纪业务的,拥有相应专业经纪资格证书的专职人员需超过4名 (5)兼营特殊行业经纪业务的,取得相应专业经纪资格证书的专职人员需超过2名 (6)与《公司法》及其他相关法律的条件相符

第六章 京津冀一体化背景下竞技体育产业的发展探讨

（五）政府职能部门对体育经纪人的管理

政府职能部门的管理具体是指国家体育总局和地方各级体育组织机构对体育经纪人的管理，其包括两个方面，即协调管理和指导管理。在从事有关体育市场的经纪活动及业务时，体育经纪人需要提前报有关政府职能部门备案，得到批准后才可从事具体活动及业务。

（六）税务部门对体育经纪人的管理

国家税务部门及地方税务机关管理体育经纪人主要是参照税法进行的，具体管理内容如下。

(1)将税务登记证核准后，发给个体体育经纪人、合作体育经济组织及体育经纪公司。

(2)体育经纪机构要对体育经纪组织交纳税金，国家及地方税务部门对此进行监督、检查和管理。

(3)对需要减税、免税的公益性体育经纪活动进行批准等。

六、体育赛事管理

（一）体育赛事计划的制定

在制定体育赛事计划时，要遵循客观规律与全民健身计划等各项体育方针政策，全国体育赛事总体部署以及本地区、本单位的实际情况，并需要关注赛事的目的任务、要求与措施、日程安排等内容。在体育赛事计划制定的程序上要从国家体育总局的方针政策，各省市自治区在组织实施过程中，协调局部与全局的关系出发，从而使整个赛事系统具有统一性和计划性。

（二）制定体育赛事计划的步骤

1.把握信息，进行科学预测

深入调查与分析影响运动赛事的内外环境，理解赛事计划，根据自身人财物力状况，准确地预测未来。

2.制定具体方案

赛事方案的具体内容主要包括：确定比赛形式（赛事任务范围、项目、参赛者的年龄等因素），确定比赛时间、地点、承办单位、赛事规模，了解赛事持续时间乃至节假日情况与赛事地经济、体育文化（观众欣赏水平、媒体等）、交通与气候条件等。

3. 编制计划

仔细阅读多种方案，平衡多方关系，进行综合评价，选择最佳方案，制定具体计划，以便按部就班地执行。

（三）体育赛事计划的分类

按计划范围可以分为全国体育赛事计划、地方体育赛事计划和基层体育赛事计划；按计划周期可以分为长期、中期和短期（年度）体育赛事计划；按赛事任务可以分为竞技体育赛事计划、群众体育赛事计划和学校体育赛事计划。

（四）体育赛事的竞赛组织与管理

体育赛事的组织与管理就是对体育赛事过程的管理。管理水平的高低直接关系到赛事能否顺利进行，能否完成预定任务，并且还会影响到赛事选手水平的发挥。因此，要依据赛事的任务和性质进行周密的计划，从而确保赛事有步骤地进行。就一次赛事来讲，其组织管理工作可依次分为赛前管理工作、赛中管理工作与赛后管理工作三个阶段。其中赛前管理工作是首要环节。

1. 赛前管理工作

（1）研究确定组织方案

主要有赛事名称、目的任务、时间地点、主办与承办单位、规模、组织机构、经费预算、工作步骤等。

（2）制定赛事规程与注意事项

赛事过程的内容包括赛事名称、时间、地点、项目及组别、参赛单位、运动员资格、参加办法、赛事办法（赛事规则与赛制、团体总分的设置办法、决定名次和记分的办法）、仲裁委员会组成、经费规定等。

（3）建立赛事组织机构

一般采用委员会制。组委会是整个赛事组织工作的最高机构，包括办公室、赛事、媒体报道、保卫、行政以及后勤等，负责赛事的全面组织管理工作。

（4）拟定工作计划与行为准则

组委会成立以后，应根据赛事规程、组织方案和责任分工，拟定各职能

第六章　京津冀一体化背景下竞技体育产业的发展探讨

部门的具体工作计划和有关行为规范,如赛事工作计划、宣传工作计划、大型活动计划、安全保卫工作计划和财务计划,以及工作人员的守则和作息制度等。

(5)制定赛事秩序册

赛事秩序册是比赛进行的文字依据,需要提前制定并发下。综合性大型运动会不但有总秩序册,还有单项秩序册。内容包括比赛名称和时间地点,主办单位与承办单位,赛事组织结构图,运动竞赛规程和补充规定,各项目赛事委员会、仲裁委员会成员和裁判员名单,各代表团名单,运动赛事总日程表和各项目赛事日程,分组名单,赛事场地示意图,最高纪录表等内容。

2.赛中管理工作

(1)开幕式的组织

主要固定程序是宣布开幕式开始,奏乐、升旗,致开幕词,运动员代表讲话,裁判员、运动员退场,开幕式表演开始,宣布开幕式结束。

(2)赛事活动的管理

指挥者要准确、严格地进行临场指挥,并且能及时处理赛制出现的问题,诸如弃权、争议、罢赛和赛风等,最终确保比赛的顺利进行。

(3)人员管理

包括对裁判员、运动队(员)及观众的教育管理。裁判员的工作要做到"公正、准确、严肃、认真"。对运动队的管理采取分级管理办法,就是组委会抓各队,提出统一要求,领队、教练抓队员,负责全队运动员的管理。对观众的管理主要是以正确的方法引导他们以正常、愉快的心态观看比赛,并对一些赛场骚乱的问题采取系统的防治方法,做到防患于未然。

(4)闭幕式的组织

闭幕式的程序包括宣布运动赛事闭幕式开始,裁判员、运动员入场,宣布比赛成绩和获奖者名单,发奖,致闭幕词,宣布大会闭幕,闭幕式表演开始,宣布闭幕式结束。

(5)后勤管理

后勤管理包括对教练员、运动员和裁判员等人的住宿、餐饮、沐浴、交通与安全保卫工作的落实、医务监督以及赛事预算的执行状况。

3.赛后管理工作

赛后工作包括各队离赛,运动员、工作人员返回;比赛用品的处理;财务决算;整理相关资料,申报等级运动员及破纪录成绩;赛事工作总结与新闻发布;评比表彰工作等。

七、体育人力资源的配置与管理

(一)体育人力资源的员工配备

体育人力资源人员的合理配置,一是指满足经营活动所需要的工作人员的配备;二是指根据经营项目进行分工定岗,即岗位的选择,安置合适的人选。体育人力资源经营哪些项目是不完全相同的,每个项目对岗位的要求也各不相同,即使是同一项目因服务内容的差异,岗位设立也不完全一致。

1. 根据经营项目设岗

根据经营项目来设立岗位,一是保证每个项目经营服务的需要,二是岗位针对性比较强。每个经营项目的正常工作都需要包括从管理、服务到专业技能人员,经营项目越多,其岗位也就越多。

2. 根据服务内容设岗

很多经营项目因体育人力资源自身条件的差异,在提供服务内容上将会有区别。如有些体育人力资源的员工配置方面只提供基本的健身服务,而有的体育人力资源的员工配置方面还会额外提供桑拿、淋浴、按摩等服务内容。服务内容和岗位要与人员成正比。

3. 根据服务的规格档次设岗

服务规格越高,提供的服务越到位,所需服务的人员就越多。如对贵宾除提供一般的健身服务外,还要有专人为顾客提供身体技能测试、分析等一系列服务。

(二)体育人力资源的员工编制

1. 确定编制的原则

(1)节省人工成本

体育人力资源的劳动力使用,需要使每个岗位的每个职工得到最大限度的利用,这就需要科学地安排劳动力,避免劳动力过剩。

(2)保证服务质量

服务质量是体育人力资源经营的基础,为保证达到服务操作标准,需要

第六章 京津冀一体化背景下竞技体育产业的发展探讨

达到最低限度的员工数量和基本的岗位安排。

2. 固定工和临时工

体育人力资源的员工编制因经营时间和周期的不同,对职工的安排常常分固定工和临时工。固定工是每个岗位保证经营需要的最基本的员工数量;临时工是在体育人力资源的经营营业高峰时间需临时增加的员工数量。体育场所的经营大多是在下午或晚上才进入营业高峰期,这就为安排临时工提供了时间上的条件。在其他行业工作的职员或学生晚上可以到体育经营场所从事临时性的工作。这些工作岗位主要集中在服务第一线。

3. 编外人员

体育经营场所因其岗位的特殊性,往往需要在某些比较重要的专业岗位聘用编外人员。

首先,这些岗位人员专业技能较高,培养所需要的时间较长,体育经营场所没有必要固定拥有这些岗位的人员。

其次,体育经营场所对这些岗位人员的需要具有时间性和季节性。

(三)体育人才的管理

1. 体育人才的选拔及其管理

(1)体育人才的选拔

在进行人才选拔、选用选才方法方面,都要遵循任人唯贤、德才兼备的原则,对体育人才进行不拘一格的选拔。同时,还必须正确处理有主见、坚持原则同骄傲自满的关系。一般说来,凡有相当能力和水平的人才,总爱独立思考问题,并有自己的主见,这正是作为一个人才所必备的基本条件。不能因此而被指责为骄傲自满,应分清两者的是非界限。

此外,正确处理"有争议"和"选票多"的关系。现实生活中,有争议的人不一定不是人才,选票多的人也不能说都是优秀人才。有些敢于创新和坚持原则的人,常会得罪一些人,但这样的人才正是我们事业所需要的。因此,对有争议的人应深入调查,该录用的就录用,不能埋没人才。对人才,不仅要看他的现实表现、成绩和现有能力,更重要的是通过分析他的基本条件,看其有无发展前途。所以,选拔人才要注意看基本素质,是否有潜在能力,是否有可塑性和培养前途。

(2)体育人才的管理

选拔人才,是为了使用人才。要合理地使用人才,就必须做好人才的管理,做到量才使用,达到人事两宜,使人才在创造性劳动岗位上,能充分发挥自己的才能,以顺利达成组织目标。因此,在管理上,应用人所长,而避其短。如果"舍长以求短,智者难为谋"。在现实生活中,把人才放错了位置,弃人所长、用人之短的现象是屡见不鲜的。因此,只有用人所长、避人之短,才能成就事业、造就人才。

此外,着眼群体也是管理人才的一个重要方面。用人着眼群体,目的在于互补相济。现代体育管理者用人,不能只孤立地着眼于人才个体怎么使用,而应该综合考虑其所在群体人才与人才之间的才能类型、知识结构、年龄梯度、个性特征,能否实现互补相济,形成合理的人才结构。同性相斥,不仅存在于物理学中,而且存在于人才结构中。将几个才能性质和水平雷同的人放在一起,实质是人为地设置了一种压抑其创造性发挥的环境。

2.体育人才的培养及其管理

体育的竞争是人才的竞争,体育人才培养与管理是关系到我国体育事业成败的战略问题。我国曾培养出优秀的体育人才,如体操运动员李宁、乒乓球运动员邓亚萍等。但要使我国体育运动可持续发展,仅靠少数尖子选手已经很难实现这样艰巨的任务,我们必须扩大获奖项目,增加金牌增长点,其关键是要培养出一大批李宁、邓亚萍似的人才。同时,也要防止只对已有相当声誉的优秀竞技人才给予更多的培养和荣誉,而忽视对潜在人才的培养、管理和给予积极的鼓励,防止出现体育运动人才培养和管理的"马太效应"。要适当扩大体育人才的数量,提高其质量。

随着我国经济体制的变更和体育产业化进程的加快,原有计划经济体制下的体育人才培养模式受到国际竞争与国内发展的双重冲击。如何进一步解放思想,更新观念,使体育人才管理的培养模式符合社会发展的需要,值得我们深入探讨和研究。

为提高我国体育人才的整体水平,应加强对体育人才管理新体制和运作方式的研究,随时调整我们的培养体育人才的方向和模式。我们认为,在未来体育事业的发展中,体育人才管理要结合国际的发展趋势,要建立新的理念。要重视社会实践的研究,理论与实践要紧密结合;重视社会组织的研究,发挥非政府行为成立起来的各种体育社会团体组织的作用;重视社会体育、学校体育人才管理的研究,社会体育来自学校体育的基础,学校体育人才管理要与社会体育紧密结合;重视体育事业向体育产业转型的研究,将体育的单一行政管理变为体育经营管理和社会管理;重视行政指挥转向政策引导作用方面的研究,用系统科学的理论方法,进行科学决策;从重视本国体育人才管理的研究转向结合国际发展大趋势的研究,按照国际惯例、法

第六章　京津冀一体化背景下竞技体育产业的发展探讨

律、法规建立健全体育人才管理运行机制。体育人才管理者要有研究和驾驭这些管理范畴的能力，那么就应该具备宏观调控、经济管理、科学研究和决策、对外交流、文化素养等较高的管理素质，既要掌握社会科学方面的知识又要了解相关自然科学的方法和手段，才能应对现代体育人才管理事业中出现的错综复杂的问题。

3.体育人才的流动及其管理

人才的合理流动是形成合理人才结构的需要：人才结构是一个动态结构，其内部的各种比例关系并不是一成不变的，而是随着社会结构的变化而变化。体育人才要按照体育事业在不同时期、不同战略重点流向需要的部分，与体育事业内部结构的变化相适应。只有通过合理的人才流动，才能实现人才的合理配置，在动态调解中获得最佳状态。

长期以来，我国对人才的管理实行的是国家统一计划培养、使用和管理人才的制度。由于管理权限的过分集中，地方和业务主管部门，特别是企事业单位缺乏必要的用人自主权，个人缺乏应有的选择职权，导致体育人才的群体结构不合理，形成人才归部门、单位所有，难进难出的现象。实行合理的人才流动，有利于打破现实生活的城乡分割，形成合理的体育人才的网络体系。

第七章 京津冀一体化背景下休闲体育产业的发展探讨

休闲体育是体育产业的一个重要内容和形式,对于京津冀一体化的发展来说,休闲体育产业是其需要重点关注的一个重要方面。要对京津冀一体化背景下休闲体育产业的发展有深入、细致的探索和了解,首先就要对区域休闲体育产业的相关理论加以阐述,在此基础上对京津冀休闲体育产业发展的现状、发展模式以及相应的发展策略加以剖析和研究,由此来为人们更好地了解和认识京津冀体育产业的发展提供必要的支持与依据。

第一节 区域休闲体育产业相关理论

一、区域休闲体育产业的概念界定

(一)区域

作为一个科学的概念并不是首先产生于经济科学,区域是从以人地关系的区域差异为研究对象的地理科学中发源而来的。

具体来说,区域指具有某种同质经济特征或经济发展任务的地理空间。区域的范围会由于研究的目的和任务的不同而有所差别。它可以是跨国界的经济区域,也可以是一个国家或一个国家内部的一个省或几个省,还可以是省以下的地区以及跨越行政区的经济区。

(二)休闲体育产业

休闲体育产业是社会高度发展的产物,是休闲产业的重要组成部分之一,在整个社会经济发展过程中属第三产业的后发展产业,它是在产业结构升级、步入第三产业级位时,才逐步启动、发展的产业。

可以将休闲体育产业的概念界定为,为了使人们的休闲体育消费需求

第七章 京津冀一体化背景下休闲体育产业的发展探讨

得到满足而将物品、服务和设施提供给人们的组织集合体就是所谓的休闲体育产业。[①] 从某种意义上来说,也可以将休闲体育产业认为是以使人们休闲体育需要得到满足为目的的产业。

通常情况下,可以将休闲体育产业分为两大类,一类是包含体育赛事产业、休闲健身产业和体育旅游产业在内的休闲体育服务产业,一类则是休闲体育用品产业(图 7-1)。

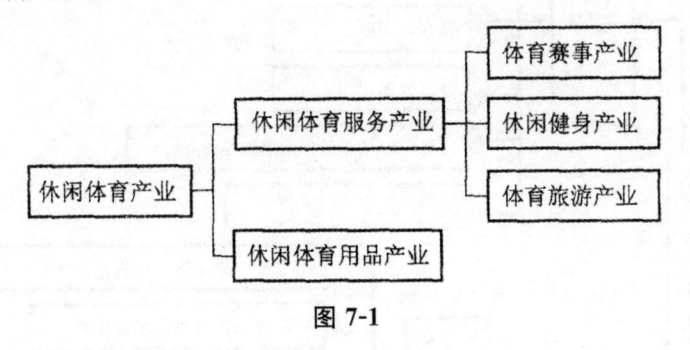

图 7-1

(三)区域休闲体育产业

通过对休闲体育产业以及区域概念的界定,可以将区域休闲体育产业界定为:"区域休闲体育产业是指在一定的区域范围内,遵循比较利益原则,开发具有区域休闲体育自身价值功能的经济活动的企业集合或系统。"[②]

区域休闲体育产业包含着区域休闲体育本体产业和区域休闲体育相关产业(前后关联产业),换句话说,区域休闲体育产业产品包含着休闲体育实物产品和非实物产品这两个方面。在进行区域休闲体育产业研究过程中,如果将休闲体育产业的前、后向关联产业排除在休闲体育产业研究范畴之外,往往无法将区域休闲体育产业的全貌反映出来,同时,也会对区域休闲体育产业全局的分析、规划和发展产生一定的限制作用。究其原因,主要是由于区域休闲体育产业的最大特性不在于其本身的产业范围,而在于对区域休闲体育关联产业的推动。鉴于此,为了更好地理解区域休闲体育产业,这里暂将区域休闲体育产业定位为区域休闲体育本体产业和区域休闲体育相关产业的上属概念,也就是所谓的区域休闲体育产业包含区域休闲体育本体产业和区域休闲体育相关产业两个子概念,并对它们做如下界定(图 7-2)。

区域休闲体育本体产业:就是指遵循比较利益原则,开发具有区域特色休闲体育服务(或劳务)价值功能的经济活动的企业集合或系统。

---

① 杨铁黎,苏义民.休闲体育产业概论[M].北京:高等教育出版社,2011.
② 蔡家宝.区域休闲体育产业发展研究[M].厦门:厦门大学出版社,2017.

区域休闲体育相关产业:是指为区域休闲体育活动提供生产要素或以区域休闲体育自身价值功能为载体向社会提供服务的经济活动企业集合或系统。

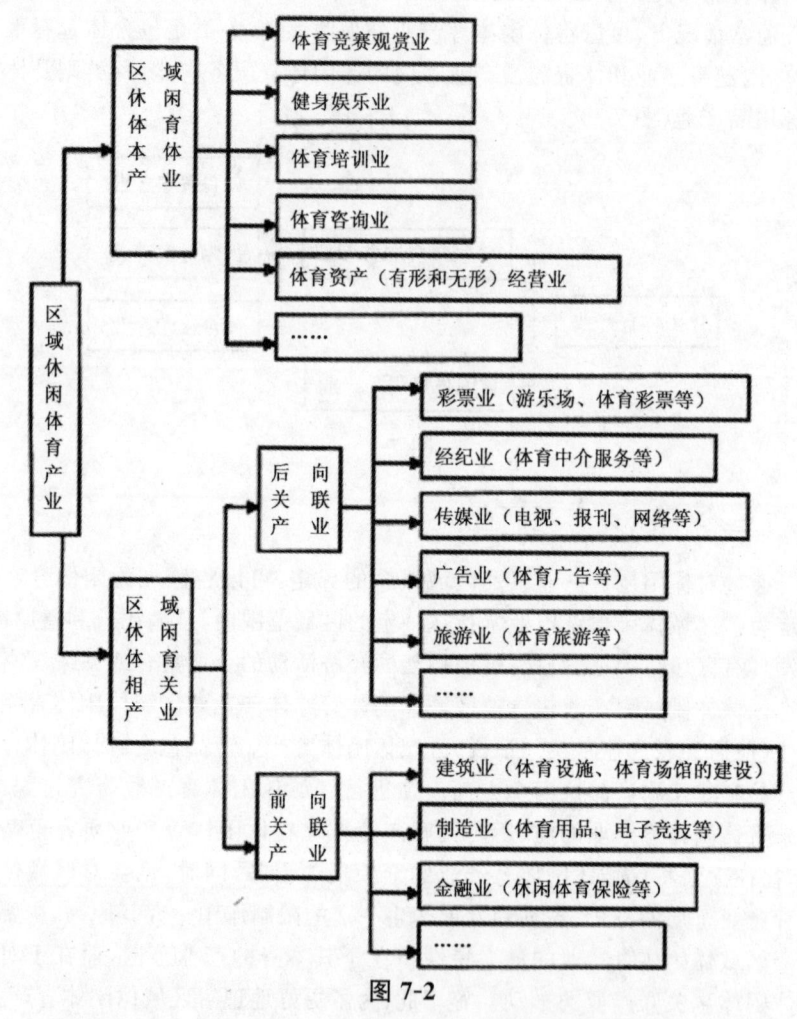

```
                                  ┌─ 体育竞赛观赏业
                                  ├─ 健身娱乐业
                  ┌─ 区域休闲体育本产业 ─┼─ 体育培训业
                  │                  ├─ 体育咨询业
                  │                  ├─ 体育资产(有形和无形)经营业
                  │                  └─ ……
区域休闲体育产业 ─┤
                  │                              ┌─ 彩票业(游乐场、体育彩票等)
                  │                              ├─ 经纪业(体育中介服务等)
                  │                  ┌─ 后向关联产业 ─┼─ 传媒业(电视、报刊、网络等)
                  │                  │              ├─ 广告业(体育广告等)
                  │                  │              ├─ 旅游业(体育旅游等)
                  └─ 区域休闲体育相关产业 ─┤              └─ ……
                                     │              ┌─ 建筑业(体育设施、体育场馆的建设)
                                     │              ├─ 制造业(体育用品、电子竞技等)
                                     └─ 前向关联产业 ─┼─ 金融业(休闲体育保险等)
                                                    └─ ……
```

图 7-2

二、区域休闲体育产业结构的理论分析

(一)区域休闲体育产业结构的概念界定

1. 区域产业结构的概念

不管区域经济发展到什么程度,达到什么样的发展水平,都会形成一定的产业结构,区域的经济能否健康发展的重要影响因素之一,产业结构分析

第七章 京津冀一体化背景下休闲体育产业的发展探讨

和评价是其合理化的基础。同样,区域休闲体育产业能否健康、可持续发展,与其产业结构的合理化程度之间的关系也是非常密切的。

通常,可以将区域产业结构的概念界定为:一定区域各产业的组合状态以及它们之间的相互联系和比例关系。这种相互联系和比例主要从质和量两个方面进行分析。具体来说,前者是指各产业之间及其内部在质量上是否相适应,换句话说,就是对分布在国民经济各产业中经济资源的相互联系、相互依存、相互提升资源配置效率的运动关系进行研究,由此,能够将资源要素在各产业间的利用效率反映出来,直接涉及的是产业结构的高级化及结构效益问题。通常,其可以通过两个指标来衡量:一个是价值指标,另一个是就业指标。后者则是指各产业间及其内部在数量上是否合乎比例,换句话说,就是对产业间的"投入"和"产出"的数量比例关系进行研究,这种关系对国民经济各产业间的联系进行了充分的说明,即一个产业的产出就是一个产业的投入,一个产业的投入就是另一些产业的产出,投入产出关系就是产业间投入与产出上的相互依存关系,其能够将资源要素在各产业间配置是否合理的问题反映出来。

通过对区域休闲体育产业间的产业关联的方式及市场的交换方式的分析,可以将休闲体育产业的前后向关联产业以及它们之间存在一种供给与需求的关系展现出来。另外,也可以用上、中、下游的产业关系来对休闲体育产业链加以分析,如此一来,能够对休闲体育产业结构有更加直观的了解和认识(图 7-3)。具体来说,就是休闲体育产业的前向关联产业为其下游产业,后向关联产业为其上游产业。

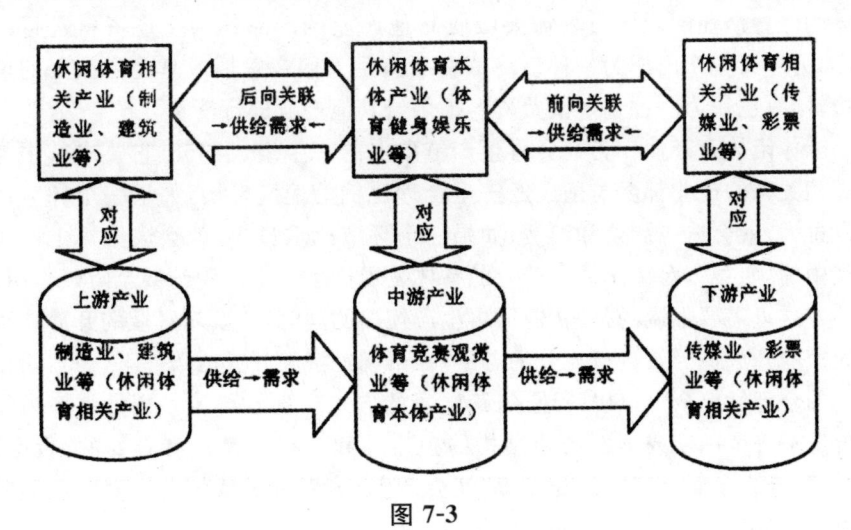

图 7-3

2.区域休闲体育产业结构概念

作为一种产业,区域休闲体育产业的发展也与其产业结构有着一定的联系,因此,要对此加以研究是非常重要且必要的。通过进一步的分析可以得知,凡是产业都有结构问题,不同的结构表现出生产要素的排列次序、空间配置、联系方式以及各要素之间的相互影响也都是有所差别的,不同类属的产业除了具有的产业共同特征外,还具有不同的特性。由此可以得知,对休闲体育产业结构的状况进行分析、探讨,能够对区域休闲体育产业发展过程中产业间(主要指上、中、下游产业间)在市场交换方式上的关系有所了解,其所涉及的范围只不过有各种生产要素在产业链上的组成、联结和变动趋势,与此同时,还能够为制定正确的区域休闲体育产业发展战略和政策措施,提供基本的理论依据。

通过上述分析,可以将区域休闲体育产业结构的概念界定为:一定区域休闲体育产业间的组合状态以及它们之间的相互联系和比例关系。

(二)区域休闲体育产业的基本结构形态

区域休闲体育产业的基本结构形态主要有以下几个方面。

1.休闲体育产业的社会再生产结构

休闲体育产业进行社会再生产过程中各产业(或行业)之间形成的比例关系,就是所谓的休闲体育产业的社会再生产结构。在社会再生产过程中,休闲体育产业的发展过程需要吸收其他产业的产品作为生产资料进行生产,另外又把产出作为一种最终消费品满足人们在发展或享受层次上的消费,同时也作为一种生产消费资料提供给其他产业进行消费。

休闲体育产业作为社会再生产链条上的一个组成部分,它要求其中与其相关联的产业都要与国民经济呈合理比例的速度发展,如果一个环节比重过大,就会造成剩余和浪费;如果一个环节比重过小,就会成为再生产过程中的"瓶颈",对休闲体育产业的整体发展产生一定的制约甚至阻碍作用。

这里需要强调的是,在遵循再生产规律的同时,还要对区域的开放性和国家的开放性因素进行充分的考量,在市场经济和开放的条件下,产业间比例的合理性完全可以以跨地区、跨国家的方式实现,所以,以牺牲效率为代价追求一个国家或地区产业结构的独立性和完整性是没有必要的,否则,"大而全或小而全"的"囚徒困境"就会产生,从而对区域休闲体育产业的健康、可持续发展产生一定的阻碍作用。

2. 休闲体育产业的需求结构

通常，可以将休闲体育产业需求分为两大类：一类是休闲体育消费需求，一类是休闲体育投资需求。由此，可以将休闲体育产业间的需求结构定义为：休闲体育各产业的消费量和投资量在需求当中的比重。

一般的，可以从两个方面入手来对休闲体育产业的消费量进行理解：一个是属于生活需求范畴的休闲体育产业的最终消费量；一个是属于生产需求的休闲体育产业的生产消费量。通过相关的分析研究可以得知，休闲体育产业链的上、中、下游产业作为一种社会总需求可以分解为供人们体育休闲的消费需求和供休闲体育活动的开展的投资需求或供下游产业生产的投资需求。另外，在对休闲体育产业链间的需求结构分析中可以得知，休闲体育产业链上的上、中、下游产业之间必须在消费量和投资量保持相对较合理的比重关系，才能使休闲体育产业的产业结构趋于合理化，才能使区域休闲体育产业的健康、可持续发展得到有力保证。

3. 休闲体育产业的投资结构

一定时期的休闲体育产业投资在各产业间的分布，就是所谓的休闲体育产业的投资结构。具体来说，其包括两个方面的内容：一个是增量投资结构，一个是存量投资结构。

从某种意义上来说，休闲体育产业的投资结构是休闲体育产业结构研究中的最根本的问题，一般可以从调整其投资结构入手来对休闲体育产业结构进行相应的调整。其中，对区域休闲体育产业增量的投资结构的调整，往往会对该区域休闲体育产业未来一定时期的供给和需求关系、各区域间的关系以及各产业之间此消彼长的关系产生相应的影响，甚至是决定性影响；而对休闲体育产业存量结构进行调整，也就是以如何减少低效率产业存量并实现向高效率产业领域的流动，能够对产能过剩以及实现产业结构优化的相关问题加以解决。

4. 休闲体育产业的就业结构

休闲体育产业的全体就业者在各行业间的分布状态，就是所谓的休闲体育产业的就业结构。产业本身的需求增长和技术进步都会影响到休闲体育产业的就业结构。具体来说，当社会对某一产业需求增长，该产业的就业需求也随之增长；当某一产业技术进步加快，对劳动力的需求则发生相反的变化。

作为一个人口大国，我国提上日程的大事之一就是就业问题。随着我国逐步进入了工业化的中后期,据国际经验,从事第一、二产业的人口会逐渐向第三产业流动。休闲体育产业属于第三产业范畴,具有很强的产业关联效应(表7-1),能够对旅游、制造、运输、餐饮、住宿等其他产业的发展起到积极的带动作用。

表7-1 休闲体育行业与其他行业的产业关联度

关联产业	旅游业	服装业	交通通信	建材业	食品业	机械
关联度	0.21	0.13	0.123	0.11	0.014	0.008
关联强弱	强	强	强	强	弱	弱

休闲体育产业属于劳动密集型产业,其在就业方面的吸附能力是非常强的。随着经济水平的提高,人们的体育休闲消费也逐步上升,从而与休闲体育产业的相关产业形成一个良性互动效应,将休闲体育产业及其关联产业或其他产业的发展更好地带动起来,同时,也能够创造出更多的就业机会。

5.休闲体育产业间的技术结构

休闲体育各相关产业所采用的各种不同先进程度的技术手段在整个技术体系中的构成比例,以及它们之间的相互联系,就是所谓的休闲体育产业间的技术结构。对休闲体育产业技术结构进行深入分析和研究的目的主要有两个方面:一方面,是发现高新技术在各自产业间的分布和转移;另一方面,是发现产业之间的技术关联和协调性及其对经济增长的影响。

随着科学技术的飞速发展,休闲体育产业的发展越来越依赖科学技术。从休闲体育本体产业的发展对其上下游产业的需求看,上游产业的发展对中游的休闲体育本体产业的发展具有相当大的推动作用。比如,生物科学技术的发展,为运动员的培养和训练提供了必要的医务监督,使其能够获得营养结构的平衡以及训练手段的科学化等一切有利于运动员健康成长的必要投入品。

另外,科学技术的发展在更为广泛的范围和强度上影响着休闲体育产业,除了作为一种最终消费品供满足人们日益增长的文化需求外,还会,随着体育竞赛日益提升的社会影响力等而成为一种新的生产要素(体育无形资产),提供给其下游产业进行再生产。由此可以得知,休闲体育产业间的合理技术结构能够积极推动休闲体育产业的可持续发展。

第七章　京津冀一体化背景下休闲体育产业的发展探讨

6.休闲体育产业间的区域配置关系

关于休闲体育产业间的区域配置关系，主要有两个方面：一个是休闲体育产业间的区域配置结构，一个是区域休闲体育产业间的进口结构，具体如下。

(1)休闲体育产业间的区域配置结构

休闲体育产业间的区域配置结构，能够将一国（或某一区域）的休闲体育产业的生产力及其各种资源在空间的布局关系中反映出来。其研究对象主要为休闲体育本体产业及其相关产业在区域之间配置的必然性和必要性，以及调整结构的可能性。

对休闲体育产业间的区域配置结构起支配作用的因素是区域的相对优势。在市场经济体制下，价值规律将对休闲体育产业或相关产业集聚于某一区域起到启发性的引导作用，但是，"看得见的手"在对区域休闲体育产业结构方面进行调整时，所发挥的作用仍然是非常大的。

自改革开放以来，非均衡协调发展策略就在我国被大力推行，"先东后西，先南后北，先大城市后小城镇"的发展格局也得以实施，这就在一定程度上导致了各地区社会经济发展水平上有所差别，因此，在发展休闲体育产业的过程中，像计划经济时代采用均衡发展策略是不可行的了，正确的做法应该是以各地区的社会经济发展水平、资源禀赋，以及体育的资产存量结构等区情为主要依据，投资并开发适合本地区发展的休闲体育项目。另外，由于休闲体育中有许多项目属于户外运动型的，这些项目的开展所需的体育设施很多需借助自然资源，而这些自然资源大部分分布于内陆地区或少数民族地区，如沙漠体育旅游、漂流或参与民俗体育活动等。这样在经济价值规律自发的引导下，在政府的宏观调控下，休闲体育产业在区域配置上趋于合理化，进而对区域休闲体育产业的健康发展起到积极的推动作用。

(2)区域休闲体育产业间的进出口结构

进出口结构是一个同区域配置结构密切相关的问题。如果将一个区域的经济看作是一个系统，那么只要这个系统是开放系统，就要与环境的系统发生交流，这是必然的，于是有进出口，那么进出口结构便产生了。

某一区域可以作为休闲体育产业的生产要素或者休闲体育产品（劳务）与外区域进行"交流"的结构，就是所谓的区域休闲体育产业间的进出口结构。这里泛指的区域层面，对于国家和地区都适合，但主要是指国家。某一国家的休闲体育产业及其相关产业的进出口情况，能够将当前该国的休闲体育产业的基本结构以及该国休闲体育产业在世界中的地位从侧面反映出来。

由于进出口通常是相对于国与国之间的贸易而言,一个国家的各个地区之间的贸易就很少用"进出口"来称谓这种行为,其实各个地区都可以依据本区域的资源禀赋等比较优势进行区域间的贸易。因此,休闲体育产业作为区域社会经济的一部分,与其他地区或国家发生进出口关系是必然的,而且这种进出口关系会对区域休闲体育产业结构向更高层次演进起到积极的促进作用。

7. 区域休闲体育产业间的产出结构

与休闲体育产业的投资结构相对应,区域休闲体育产业间的产出结构不仅能够将休闲体育产业的产出占整个国民经济总产出的比例反映出来,同时,也能将休闲体育本体产业及其相关产业的产出情况反映出来。由于总产出的实物形态在各产业间是无法比较的,因而这里的产出结构只能采用价值指标。产出结构,不仅能够将休闲体育产业的产出在总产出中的相对地位反映出来,同时,如果同休闲体育产业的投资结构相联系,也能够将休闲体育产业的效率水平反映出来。

改革开放以后,我国休闲体育产业虽然得到了迅速发展,但由于起点较低,总体水平仍然不高,相较于西方休闲体育产业较为发达的国家来说,我国的总体水平和人均水平与其都有着较大的差距。但是,与西方发达国家相比,我国经济发达地区休闲体育产业差距已经越来越小。

要想实现《国务院关于加快发展体育产业促进体育消费的若干意见》中有关规定的目标——"到2025年,基本建立布局合理、功能完善、门类齐全的体育产业体系,体育产品和服务更加丰富,市场机制不断完善,消费需求愈加旺盛,对其他产业带动作用明显提升,体育产业总规模超过5万亿元,成为推动经济社会持续发展的重要力量"①,各地区就必须以自身区域的社会经济发展情况、体育资本存量、自然条件、区域文化等为主要依据,对产业结构加以调整,从而对区域休闲体育产业健康、可持续发展起到积极的促进作用。

(三)对区域休闲体育产业结构演化产生影响的重要因素

区域休闲体育产业结构的变化,是许多经济的和非经济的因素综合作用的结果,由此大概可以得出这样的结论,一切对经济发展产生影响的因素都会对区域休闲体育产业结构产生直接或者间接的影响,对区域休闲体育产业结构的发展变化产生相应的积极或者消极影响。这些产生影响的因素

---

① 蔡家宝.区域休闲体育产业发展研究[M].厦门:厦门大学出版社,2017.

第七章　京津冀一体化背景下休闲体育产业的发展探讨

主要有:国民经济的发展状况、技术变动、区域政策、供给因素、需求因素和区域贸易等方面。

对这些影响因素在区域休闲体育产业结构的作用和相互关系方面进行研究,对判断区域休闲体育产业结构的变动规律和区域休闲体育产业结构的调整有着重要的作用。下面就对这些方面的因素对区域休闲体育产业结构演化产生的影响加以分析和研究。

1. 国民经济的发展状况

国民经济的发展状况和发展水平与休闲体育产业的发展之间是相互影响、相互制约的关系。这主要从两个方面得到体现:一方面,经济规模总量在一定程度上决定休闲体育产业的发展规模;另一方面,人均国民收入制约休闲体育消费能力。当然,除此之外,政策、文化、消费意识等也是会对其产生影响的重要因素。

通过对欧美等发达国家的休闲体育产业发展实践的分析和研究发现,休闲体育产业是在人们解决温饱问题,已有闲暇和财力着眼于健康娱乐时,开始逐步发展的,而且随着国民经济发展水平的不断提高,休闲体育产业增加值占各国 GDP 的比重也日益增大。另外,在休闲体育产业的发展程度除了与 GDP 总量有关外,还与人均国民收入有关系,根据马斯洛的需求层次理论,体育消费属于较高层次的需求(基本属于自我尊重和自我实现层次),是在基本需求(生理需求、安全需求、归属和爱的需求)得到满足之后所追求的,所以只有在人均 GDP 提高后,人均收入随之提升并到达相应水平后,人们才有可能进行体育消费。

当然,休闲体育产业结构状况和演进程度也会反过来对国民经济出现不同程度的增长起到积极的推动作用;而一定时期的国民经济发展目标和发展水平不仅要求休闲体育产业结构的合理变动,而且政府也可以通过各种手段干预产业结构的变化,从而对休闲体育产业结构变化的程度和范围起到一定的制约作用。在计划经济时期,我国当时的国民经济发展水平相对还比较低,可供支配的体育资源总量也是很低的,这样就导致了可供体育各部门使用的资源非常有限,而我国政府为了能够在短时间内达到赶超发达国家的目的,便实行"奥运金牌"策略,从而使国家的国际地位得到有效提升,鉴于此,国家不得不把有限的资金整合分流,一部分投入到发展竞技体育事业中来,使得我国的竞技体育在国际上的地位得到快速的提升;另一大部分资金则用于发展大众体育,但由于我国的人口基数巨大,而有限的资本投入使得对大众体育的投入效益微乎其微。由于"经济发展道路和产业结构转换的理论模式都是可以选择的,而既定的产业存量基础和外在的客观发展环境却是不可选择的"。竞技体育与大众体育两者之间是相互促进、相互制约的密切关系,其中,大众体育是基础、是塔底,而竞技体育是表率、是塔尖。但是,这一点在中国一心改变其在国际上的形象以及提升国际地位的背景下被忽视了,这样一来,导致的结果就是我国竞技体育水平得以迅速提升,而大众体育的发展水平则相对比较滞后。

改革开放以后,中国体育在产业化过程中走上了一条产业结构非常规转换的道路,休闲产业结构不合理的现象开始出现,这就对休闲体育产业社会和经济效益的发挥产生了必然的影响。所以,休闲体育产业结构的调整或变化不可能超越相应的国民经济发展水平所能提供的物质条件,这就必然要受国民经济发展水平的内在制约。反观世界发达国家休闲体育产业的发展,随着该国国民生产总值的迅速增长,国民收入上升加快,休闲体育产业的需求结构变化迅速,休闲体育产业结构所面临的供给环境变化也会加快,如此一来,供给与需求的双向变化必然导致休闲体育产业结构的高速变化。

由于"经济发展道路和产业结构转换的理论模式都是可以选择的,而既定的产业存量基础和外在的客观发展环境却是不可选择的"。随着改革开放及生产经济转型的逐步深入,我国的国民经济发展状况呈高速发展,国民经济水平也有了较大幅度的提升,政府部门在继续发展竞技体育的同时,也加大对休闲体育的投入力度。现阶段我国正处于全面建设小康社会的大好环境下,人们由以前追求温饱型向高层次的发展与享受型的方向迈进,休闲体育消费逐渐成为人们生活中不可或缺的组成部分。正因为上述诸多有利于休闲体育产业发展的客观条件逐步形成,才导致了休闲体育产业链上各个环节的供给与需求双向的逐步变化必然引起产业结构的合理化变动,从而对国民经济的发展起到积极的推动作用。

2. 技术变动

技术变动,主要是指技术结构变化和技术进步,这一要素也会对产业结构变化产生重要影响,可以说,这不仅是产业结构合理化的先导,同时还是产业相互联系的本源。

技术进步对休闲体育产业结构会产生较大的影响,具体来说,可以从以下两个方面得到体现。

(1)技术进步对休闲体育的需求结构产生影响,由此导致了休闲体育产业结构发生一定变化。这主要表现在以下几个方面。

第一,技术进步使休闲体育产业链上的各产业的产品成本下降,市场扩大,需求随之变化。

第七章　京津冀一体化背景下休闲体育产业的发展探讨

第二,技术进步使体育资源消耗弹性下降,使可替代体育资源增加,改变了生产需求结构。

第三,技术进步使休闲体育消费品升级换代,改变了休闲体育产业消费需求结构。

(2)技术进步对休闲体育产业的供给结构会产生一定影响,从而导致休闲体育产业结构发生相应变化。具体表现在以下几个方面。

第一,技术进步的结果是劳动生产率的提高,从而导致休闲体育产业分工的加深和休闲体育产业经济的不断发展,如体育用品产业集群的形成,从而使"大而全、小而全"的低效能生产方式得到有效避免。

第二,技术进步促使新兴休闲体育产业的出现,并且产业结构不断向高级化发展,如电子竞技产业的出现,并在网络上实现了国际竞赛。

第三,技术进步改变国际竞争格局,从而对一国休闲体育产业结构的变化产生相应影响。

3.区域政策

区域政策,特别是区域产业政策会直接影响区域休闲体育产业结构。区域政策是政府干预区域经济的重要工具,它通过政府的统筹规划,以各个区域的社会经济、文化、体育资源禀赋等为主要依据来有目的地在某些区域实行倾斜,从而使由市场机制作用所形成的某些空间结果得到改变,促使区域的休闲体育产业发展与区域经济整个格局协调并保持经济增长。关于这一点,可以从宏观和微观上分别进行剖析。

(1)宏观上对区域政策的理解

从宏观上来说,区域政策(指国家层面)对休闲体育产业的影响主要从整个国家的体育发展方向和发展性质上得到体现。我国在以前很长一段时间都是计划经济时期,经济运行和调控机制几乎完全排斥市场机制。当时,在单一计划经济体制下,体育系统及其各直属企事业单位自身缺乏自主权,它们只是上级计划制订者的附属物,是执行机构。国家体育主管部门通过层层指令性计划,用行政手段来实现对各级体育组织和体育各部门的控制。体育系统往往只将运动训练作为关注的重点,而忽视了投入产出,只追求奖牌和优异运动成绩,不讲经济效益。由此可以看出,我国在当时形成了一个投入产出率极低的体育结构。改革开放以来,我国逐步从计划经济向市场经济体制转型,体育事业的发展也由计划经济时代的纯福利型逐步向社会主义市场经济体制下的产业化方向发展。

区域政策是一个对休闲体育产业结构变动产生影响的重要因素。在不同区域的政策指导下和思想意识形态影响下,体育产业结构演进的环境不同,其结构变化的进度和规模也会有所差别,对扶植或限制休闲体育产业发展的经济政策所给予的政策措施也会有所差异性,一旦政策方向正确,思想观念紧跟时代,对休闲体育产业的健康发展及其结构合理化演进具有积极的现实意义。特别是政治制度和思想意识形态的变化,对于体育产品(物质和非物质)的结构合理化演进将产生很大的波及效应。

(2)微观上对区域政策的理解

从微观上来说,区域政策往往是借助激励和限制两种手段来对区域休闲体育产业结构的演进产生影响的。区域政策通过鼓励或抑制休闲体育产业的某一特色项目在特定区域的发展,或通过间接诱导生产要素流向具有区域特色的某一休闲体育项目,可以起到改组区域休闲体育产业结构的效应。这种政策效应往往不是在单个区域而是在多个相关地区产生。这一方面,可以以2008年北京奥运会的筹办为例来加以分析。在2008年北京奥运会的筹办过程中,中央政府进行宏观的统筹调控,对所有奥运比赛项目进行统筹规划,筛选出适合在北京举行的比赛项目,以及因北京不具备开展条件的项目而依据比较成本优势原则选择一些有利于开展这些比赛项目的区域,并通过区域政策诱导有利于开展相应比赛项目的生产要素流向本区域。

由此可以看出,区域政策的波及效果是非常强烈的,其不仅能够直接扶持或限制某些休闲体育项目的开展,而且能够对绝大多数影响休闲体育产业结构的因素起到决定性的影响。包括通过政府投资、产业管制、财政政策和货币政策,通过立法、产业协调等手段来调整休闲体育产业的供给结构、需求结构和投资结构,从而对休闲体育产业结构产生影响。

4. 供给因素

对区域休闲体育产业结构演化产生影响的供给方面的因素是非常重要的,且其包含着很多具体的内容,最主要的有以下几个方面。

(1)自然资源禀赋

休闲体育产业结构的形成和演变,与本国(本区域)的自然资源禀赋供给情况以及休闲体育的发展水平是有着非常密切的关系的。由于各国的地理位置、气候条件的差异,它们所拥有的自然资源禀赋也会有所不同。虽然各国都有相应的休闲体育产业发展目标和实施战略步骤,但在不同的自然资源禀赋条件下就必须对相应的休闲体育产业结构做出适宜的调整。

一般来说,自然资源禀赋所包含的内容主要有自然资源的分布、质量和数量。其中,体育自然资源包括体育活动开展中涉及或可能涉及的地质状态、地理环境、气候条件以及综合自然环境等多方面,如山峰、沙漠、江湖、高原气候、海域、海浪、草原、冰场、雪场等。它以自然天成的物质要素为休闲

第七章　京津冀一体化背景下休闲体育产业的发展探讨

体育活动的开展提供了重要的物质载体。休闲体育自然资源的状况主要是以所处区域的自然资源状况、人们对休闲体育资源的认识状况、人们的休闲体育意识以及休闲体育需求状况为主要依据而定。这类体育资源既是区域范围内开展一些特殊休闲体育项目的必要条件，又是针对相关项目进行区域休闲体育产业开发的重要物质载体和基础。

（2）人力资源供给

休闲体育产业结构的变动方式和方向会在很大程度上受到人力资源的数量、质量及其流向的直接影响。这里所说的人力资源，主要是指体育人力资源，按任海对体育人力资源的界定，体育人力资源主要包括从事体育工作的专业工作者、开展体育活动的管理人员、辅助人员和各种体育活动的参与者等。其中，较为典型的有体育活动指导者、运动员、教练员、科技人员、体育教师和管理人员、社会体育指导员、体育爱好者等。

竞技体育的人力资源则是指直接参与运动训练的运动员、教练员、科技人员、体育管理者等。另外这里需要强调的是，从某种意义上来说，体育人力资源不应局限在体育专业工作者、民间的拳师等，以及具有一定特长的体育爱好者等民间的一些传统体育"名宿"也应该属于这一范畴。人力资源对休闲体育产业结构的变动的影响与投资有着相似之处，具有一定素质的劳动力流向哪个区域，该区域的休闲体育产业就得到加强。

人口的数量和结构在社会结构中是一个重要的因素，也是劳动力结构的基础。人口的数量和结构的形成和变动会对国民经济各部门的比例关系产生直接的影响，从而对休闲体育产业结构发展协调也产生一定影响。人口的数量和结构的合理与否，与人口增长，以及就业率增长之间的关系是非常密切的。一个国家的人口的数量和结构与就业结构、产业结构的关系如何，会对这个国家人力资源的配置与自然资源配置的协调程度，以及一、二、三产业人口的转移进程产生重要的决定性影响，不仅如此，还会对产业结构向高度化和合理化演进速度产生一定影响。人口的数量和结构是一个既定的现实，而且在短期内难以根本改革。一定的就业结构必须建立在一定的人口结构基础上，人口的数量和结构成为就业结构形成的基本约束条件。就业结构是产业结构的一部分，人口的数量和结构的变动就往往通过就业结构的变动对产业结构的调整情况加以影响。

总的来看，尽管人口的文化教育结构和素质水平有了一定程度的提高，但是，相对来说还是比较低的。人口城市化的进程较快，但城镇人口还是过低。人口的密度增加，但人口地区分布极不均衡。我国人口结构的这几个特点，对我国休闲体育产业的发展带来很大的压力。这主要表现在以下几个方面。

第一，人口增长过快，一定会对人均国民收入的增长、人民的消费水平的提高产生较大影响，同时，还会对休闲体育产业的发展产生一定影响。

第二，体育人口老龄化产生的一个重要原因就是人口年龄结构中老年人口的过快增长。而体育人口是休闲体育消费的主体，这也就对休闲体育产业结构的调整产生了间接影响。

第三，人口的文化结构也影响着休闲体育产业结构。不同文化程度的人对体育产品和体育服务的需求是不同的，甚至对休闲体育的参与度也不同。在不同的文化背景下，体育产品的消费结构是不同的，文化教育水平越高的人，对体育产品的质量要求就越高。所以休闲体育产业结构的合理化，还与全民族文化素质和教育水平的提高有着非常密切的关系。

第四，休闲体育产业的人才结构也是以人口结构为基础。

(3)资金供应状况

资金供应状况主要从资产存量上来影响着休闲体育产业结构演变，资金供应的充裕程度主要受一国或一地区的经济发展状况、社会发展状况、储蓄率、社会资金积累状况等因素的影响；其次，资金多大比例在休闲体育产业部门投入，也从投资结构方面对休闲体育产业结构演变产生影响，这主要受政府的投资倾斜政策、投资者的投资偏好、利率水平、行业的投资回收期等因素影响。在正常情况下，资金投入规模与休闲体育产业结构高度化的发展进程成正向变动。

此外，资金投入结构对固定资产存量结构起到重要的决定性影响，现有固定资产存量结构不仅会对休闲体育产业结构演进的方向和速度产生决定性影响，同时，也会对产业结构演变产生重要的制约作用。以北京市为例，北京是以其大量国际化体育场馆设施、举办过许多大型国际体育赛事经验、丰富的人力资源以及优良的城市基础配套设施等(固有资产存量)，再加上北京经济发达，其体育资金供应也充裕，所以对于举办大型国际体育赛事将是首选城市之一。由此可以看出，资金供应状况和资产固定存量是对休闲体育产业结构产生影响的两个重要因素。

(4)商品供应情况

对休闲体育产业结构变动产生影响的商品供应因素有很多，比如，自然资源(如山峰、高原气候、海域、草原、冰场、雪场等)、中间投入品(体育设施、体育资金、运动员等)等商品的质量和数量。从更广的范围上来看，电力及其他能源、公共配套设施、公共服务及相关技术供应状况等也应属于商品供应的范畴。从产业链的角度进行分析，休闲体育产业整体的发展水平与其上游产业，甚至基础产业关系极为密切。

众所周知，休闲体育产业链上必然存在供给与需求的关系，制造业、建

第七章 京津冀一体化背景下休闲体育产业的发展探讨

筑业、金融业等后向关联产业属于休闲体育产业的上游产业,它们所生产的商品(包括体育管理人员、教练员、运动员等)作为一种投入品提供给休闲体育产业进行发展。另外,这些商品的供应往往受制于基础产业、上游产业、后向关联产业系数大的产业规模、产业总体技术水平和产业发展状况等方面。因此,这就要求对体育商品供应状况加以改善,就必须首先发展基础产业、上游产业和后向关联系数大的产业,在这些产业得到一定的发展之后,才能改善体育商品的供应情况,使休闲体育产业的下游产业(传媒业、旅游业等)、后向与前向关联系数较大的产业得到发展。

5.需求因素

对区域休闲体育产业结构产生影响的需求方面的因素,也包含着多个方面的内容,具体如下。

(1)消费需求

产业结构演变的一个直接影响因素,就是需求结构的变化。伴随着社会经济的不断发展以及国民收入水平的不断提高而出现的边际消费倾向(消费增加量和收入增加量之比)递减,是发展中国家工业过程以及制造业中资本密集型部门逐步增加的基本因素,于是第一产业所占比重下降而第二产业和第三产业所占比重逐步上升,这些变化都在一定程度上推动着休闲体育产业结构的演化。另外,随着人们可支配收入水平的不断提高以及可自由支配时间的增多,个人的消费结构也将发生相应的变化,以马斯洛需求层次理论为主要依据,可以将其理解为:人们在满足生理、安全等基本需求后,会追求更高层次的"发展与享受"的需求。现阶段我国已步入全面建设小康社会重要时期,随着人们生活观念的转变,休闲体育已成为人们一项重要的休闲生活方式,对于丰富人们的业余文化生活具重要的意义,同时也成为政府促进消费、扩大内需的一项重要的"绿色的朝阳产业"。而且人们的休闲体育消费需求呈多元化发展趋势,追求新奇、娱乐、刺激等体育休闲方式。以上这些需求结构的变化会直接影响到休闲体育产业结构的演化。

(2)投资需求

对于所有的产业来说,其生产和扩张都必须具备资金这一重要条件。这对于休闲体育产业也不例外。资金向不同产业方向投入所形成的投资配置量比例就形成了投资结构。投资结构与需求结构之间有着非常密切的关系,具体来说,投资结构是需求结构的实现条件,需求结构是休闲体育产业结构调整的导向;而需求包括投资需求和消费需求,其中消费需求是最终环节,所以,这就要求以休闲体育消费需求结构的全面实现和休闲体育消费进一步的推进作为最终目标,来对休闲体育产业结构加以推进与转换。在不同的国家或地区,休闲体育的消费需求结构也是有着较大差别的。因此,这就要求投资结构必须在全面认识自身区域间及区域内体育资源禀赋的比较优势以及本区域休闲体育消费需求的特点等方面的基础上,对区域内已开发的休闲体育项目或可新开发的休闲体育项目按不同比例进行投资,从而对区域休闲体育产业结构演进起到积极的促进作用。

6. 区域贸易

区域贸易往往是通过比较利益机制来影响国内或区域产业结构的演进的。区域利益优势是在区域生产要素禀赋等条件的比较优势基础之上建立起来的。这种生产要素禀赋的比较优势,将对休闲体育产业结构产生重要的影响,具体表现在两个方面:一方面,引导该区域或该国在休闲体育产业结构选择上倾向于那些具有相对优势的休闲体育产业类型;另一方面,这种相对成本较低的专业化生产,在区域贸易中处于有利地位,从而反过来又有利于进行国内产业结构调整。

另外,区域间技术转让和交流,是发展中国家(或地区)促进本国(或地区)产业结构演进的重要途径。此外资本、人才和劳动力等在国家(或区域)间的移动也会在不同程度上影响着出口国(或区域)和进口国(或区域)的休闲体育产业结构。

除了上述几个方面的影响因素外,对区域休闲体育产业结构产生影响的因素还有一个国家历史的、政治的、文化的和社会的各种状况。所有这些因素都不是孤立地影响休闲体育产业结构,它们是相互促进、相互制约、综合地对休闲体育产业结构及其变化产生影响的。

三、区域休闲体育产业布局的理论分析

区域休闲体育产业布局,也就是所谓的休闲体育产业的地区性分布与配置。从某种意义上来说,区域休闲体育产业布局既是政策制定者的结果,更是区域性资源禀赋、以往经济发展道路及制度选择的结果。因此,政策制定者必须首先了解决策的目的、路径对布局的约束及其在经济系统中的自身定位,才能有效地做出相关的选择决策。

(一)区域体育资源的特点

区域体育资源与其他经济资源一样,有着自身的特点。具体来说,主要有以下几个方面。

第七章　京津冀一体化背景下休闲体育产业的发展探讨

1. 广泛性特点

对于区域休闲体育产业资源而言，无论是区域休闲体育本体产业方面的资源，还是区域休闲体育相关产业方面的资源，其都有着丰富多样的形式。区域体育资源存在形式分别体现在第一、二、三产业之中，如体育食品、体育饮料、户外自然体育设施等均源于第一产业，而体育服装、体育器材、体育场馆等属于第二产业范畴，体育竞赛表演业、体育健身娱乐业等则属于第三产业范畴。由于各地区自然地理环境的千差万别，特别是历史上经济、社会、文化、科学技术等方面发展情况各异，使得各种各样的体育资源以不同的形式和特色广泛地存在于不同区域。

2. 地域文化属性

区域休闲体育与地域文化具有密不可分的天然属性，在体育资源上附属了各种各样的地域特有的文化特征。休闲体育运动可以使体育休闲消费者获得美的享受和精神的乐趣，给人们的心灵予以有益的启迪，这便是区域体育资源的文化属性。中华民族传统体育，如武术，以强身健体、修身养性而著称，其将中华文化的内向型、和谐型、伦理型充分体现了出来。而欧洲体育则以追求刺激、激烈、对抗等，则将欧洲文化的外向型特征体现了出来，可以说，这是一种追求自我、表现自我的形式。

另外，区域体育资源地域性特点的客观基础在于自然地理环境和人文地理条件的地域差异。一定的区域体育资源总是分布在相应的地域范围之中，特别是每个区域体育自然资源以独特而区别于其他地域的特色，吸引着其他国家或地区的休闲体育爱好者。

3. 发展的变异性特点

一定条件下原有区域体育资源的市场价值大小可能发生变化，一些原有的价值由于某种原因可能被削弱，以至于失去其开发价值，而另一些原先不具备休闲体育产业开发价值的区域体育资源，由于社会环境、经济发展等因素而成为新的体育资源，这就是所谓的区域体育资源的变异性。我国的茫茫戈壁滩、辽阔无迹的大沙漠、古老而神秘的西藏高原，原先不具备休闲体育产业的开发价值，但是，随着我国国民经济的飞速发展，人民生活水平的提高，汽车运动在我国逐步得到开展，并为广大汽车爱好者所关注。昔日的资源劣势变为了独一无二的区域特色资源优势，成了汽车拉力赛、汽车越野等休闲体育爱好者的乐园，这也在一定程度上对当地休闲体育产业的发展起到了积极的带动作用。

4. 开发的时效性特点

由于各地的地理位置、地形和气候不同,一些体育资源特别是户外型、自然型体育资源的时效性便显现出来了。如冬季奥运会和夏季奥运会的开展或一些体育项目的开展也具有较强的时效性。另外,体育赛事的举办和体育服装、体育器材的使用等具有很强的季节性和时效性,这会对休闲体育产业的开发时序产生直接的影响。

5. 发展的国际性特点

现代体育所具有的一个显著特征就是国际性。随着全球竞技体育的商业化和职业化进程的加速,现代体育的国际性得到了充分体现。体育资源的国际性主要从三个方面得到体现:体育人才的国际性;体育竞赛的国际性;体育产品(有形或无形)广泛的国际性。

6. 开发的有限性和无限性特点

(1)区域休闲体育产业开发的有限性

休闲体育资源的有限性并不是绝对的,而是相对来说的。相对的是人们对休闲体育需求的无限以至延伸到对休闲体育生产要素需求的无限。并且无论是包含在自然资源还是社会资源中的休闲体育资源,它们在特定的时间、空间条件下,具有一定的质量、数量和分布状况,都是有限的。特别是自然资源,它属于不可再生资源,较为典型的如水资源、土地资源等。

(2)区域休闲体育产业开发的无限性

休闲体育资源的无限性,主要是其开发和利用的潜力上的大力体现。随着社会的不断发展,可供开发和利用的休闲体育资源也将不断地发展,并且人类的智慧和创造性会不断创造出新的休闲体育资源。因此,从这一意义上来说,休闲体育资源具有显著的无限性特点。

(二)对区域休闲体育产业布局产生影响的重要因素

1. 自然因素

自然因素主要包括两部分:一个是自然环境,即人类赖以生存的自然部分,包括影响人类生产、生活的大气圈、水圈、生物圈、岩石圈等。一个是自然资源,即自然条件中被人类利用的部分。

自然环境与自然资源两者之间并不是完全分开的。自然环境与自然资源是休闲体育产业布局形成的物质基础与先决条件,它们共同构成体育自

第七章 京津冀一体化背景下休闲体育产业的发展探讨

然资源,是开展休闲体育活动可直接获取的生产要素或经过加工而间接获得的投入品。

由于各个区域的自然环境和自然资源有着较大的差异性,相应地在休闲体育产业布局中,不同休闲体育项目的开发受区域的自然环境和区域的自然资源的影响也存在着一定差异性。一些对自然环境有较大依赖性的体育项目将直接受到自然环境和自然资源的制约。另外一些对自然环境、自然资源依赖性较小的运动项目和体育资源,也要受到间接的影响,特别是受到地质、地貌条件的多方面的影响。

总的来说,区域的自然环境和区域的自然资源在很大程度上影响着休闲体育产业活动及其分布。由于区域的自然环境和区域的自然资源也会直接或者间接影响休闲体育产业的劳动效率、产品质量等方面,尤其在市场经济与竞争条件下,休闲体育产业活动势必首先向有利于其发展最优的自然条件与自然资源的区位集中。

2.社会因素

区域休闲体育产业布局在很大程度上受到社会因素的影响,具体来说,主要包括经济区位,人口、劳动力资源,社会历史这三个方面。

(1)经济区位

地球上某一地点与具有经济意义的其他地点间的空间联系,或是一国、一地区、一城市在国际、国内劳动地域分工中的位置,就是所谓的经济区位。经济区位的优劣与否,与交通、信息条件等有着非常密切的关系,并对市场范围的大小起到重要的决定性影响。在以往的产业布局中,人们往往只关注自然条件和自然资源对产业分布的影响,而经济区位条件作为一种经济资源却往往被忽视。优越的区位、发达的交通和便捷的信息联系在休闲体育产业的布局过程中所起到的作用是非常显著的。优越的区位条件,蕴藏着的经济潜力也非常大。区域休闲体育产业的布局首先应选择区位条件较好的城市或地区,这些地方交通方便、市场广阔,可以利用其便捷的交通条件从其他地区取得运费不高的能源和原材料,生产的体育产品又便于就近销售。灵通的信息,对于及时了解市场需求,调整产品结构,紧紧跟上世界休闲体育产业发展的步伐和潮流都是非常有利的。以上可以看出,优越的区位条件可以形成各类休闲体育产业集聚区。

总的来说,在区域休闲体育产业布局时,不仅要看到目前的优势经济区位,而且要以长远的眼光看到这些优势区位今后的发展势态,如此一来,就能够使将休闲体育产业大量布局到即将衰落的经济区位上的现象得到有效避免。

(2)人口、劳动力资源

人是自然和社会的统一体,是体育产品、体育服务的生产者,又是其消费者。人口、劳动力资源对区域体育产业布局的影响主要从人口的数量、质量、迁徙、性别比例、民族、宗教等方面得到体现。

(3)社会历史因素

社会历史因素主要包括现有社会资本存量、管理体制、国家宏观调控、法律、政策、国内外政治条件等几个方面。

3.区域经济因素

区域经济方面的因素对区域休闲体育产业布局的影响,主要从市场因素、金融因素、基础设施条件三个方面得到体现。

(1)市场因素

市场是以交换为特征的社会经济联系的总和。市场所包含的内容不仅仅是最终产品的消费区域,原材料或半成品的继续加工的消费区域也属于这一范畴。所有社会的生产,都是为了达到满足消费需求的目的,都是经由市场交换才使产品转到消费者手中的。如果说自然条件与自然资源、人口条件、区位条件等是从生产的可能性方面影响区域休闲体育产业布局的话,那么市场与消费条件则从生产的目的方面对区域休闲体育产业的布局产生相应的影响。具体来说,这主要表现在:市场需求、市场的需求量、市场竞争对区域休闲体育布局的影响上。

(2)金融因素

地区经济的发展,都必须在一定资金基础上才能实现。在区域休闲体育产业布局中,认真分析资金来源,研究筹措资金的措施,至关重要。目前我国体育产业的资金筹措应本着财政扶持、多元投资、激活存量、内外结合的原则,在具体操作时可按以下几个方面进行运作:第一,争取国家和地区的财政投资;第二,发行各类体育彩票;第三,引导个人、社会资金进行区域休闲体育产业投资;第四,建立以体育基金、体育债券、体育银行为主体的金融支持体系;第五,组建休闲体育产业股份公司,盘活资产存量;第六,面向国际市场找资金。

(3)基础设施条件

基础设施条件较好的地区,能够为区域休闲体育产业的发展提供有利的条件。基础设施条件中尤为突出的是交通运输条件和信息条件。交通条件是指一个国家、一个地区与外界进行人员往来和物质交流的方便程度,主要通过交通、管道、线路、交通工具和港站、枢纽的设备状态反映出来,交通条件优越的地区,由于方便快捷的物流、人流,对区域休闲体育产业布局会

第七章　京津冀一体化背景下休闲体育产业的发展探讨

产生非常有利的影响。信息条件也会对区域休闲体育产业分布产生重要的影响。特别是在市场经济条件下，方便、快捷的信息联系，对区域休闲体育产业的发展有重要影响。信息条件包括技术信息、市场信息、商品信息和金融信息等，信息灵通，就可以准确地掌握市场，正确分析影响区域休闲体育产业布局的条件，以达到合理布局休闲体育产业的目的。

4.技术条件

技术条件是人类文明的源动力，在区域经济成长和社会进步中具有重大作用。它是一种比其他因素都宝贵的重要资源。技术条件是构成区域生产力的重要组成部分，同时也是对区域休闲体育产业布局产生重要影响的一个因素。技术的进步，不仅使区域自然资源的经济意义有所改变，同时，还使区域休闲体育产业布局的地域范围得到了有效拓展。技术水平的提高，使原料、动力资源更加丰富，各类矿物资源的平衡状况及它们在各地区的地理分布得到改善，人们利用自然的广度和深度不断拓展，使自然资源在生产上获得新的意义。随着生产工艺、运输技术、输电技术的进步，降低了运费，扩展了能源的远距离输送，解决了区域休闲体育产业布局中的时空障碍，从而使区域休闲体育产业布局的面貌发生了一定的改变。

技术条件的进步，使区域体育资源的综合利用能力得到有效提高，单一产品生产区，变为多产品的综合生产区，区域休闲体育产业的发展离不开"技术—规模—效益—竞争力—技术"这样一个"价值链"的循环。具体来讲，发展区域休闲体育产业，必须拥有带产权，市场前景好且具有超前性的技术。这种技术能迅速转化为商品，实现产业化，并利用其超前性拉开同其他企业的技术梯度，实现规模化。在长期内获取垄断利润，取得良好的经济效益，从而提高企业的竞争力，并有能力开发新技术，使商品化和产业化得以顺利实现。

（三）区域休闲体育产业布局的基本要求

区域休闲体育产业的合理布局在遵循最大限度地提高经济效益和满足区域体育休闲消费者多种需求的原则下，还要做到以下几个方面的基本要求。

1.要与国家（或地区）社会经济发展的总要求、总目标相适应

作为国民经济的一个重要组成部分，区域休闲体育产业并不是一个孤立的行业。从休闲体育产业的产业关联的角度上来说，休闲体育本体产业的产业的发展与其前、后向关联产业的发展状况之间的关系是非常密切的，

它具有跨行业、跨地区的特点,其顺利发展必须具有交通、邮电、广播、电视、城市建设、服务和商业等行业的密切配合才能实现。而区域休闲体育产业的发展,相应地带动和促进区域其他相关行业的发展。

促使区域经济乃至国民经济高速、健康发展,是区域休闲体育产业发展的最终目的,同时,这对于全面小康社会的建设也有着积极的现实意义。因此,在区域休闲体育产业的布局过程中一定要以国家利益为重,以大局为重,妥善处理局部与整体、一般与重点、乡村与城市、近期利益与长远利益的关系。

一定时期内,区域休闲体育产业的发展总是受全国或地区经济发展水平和经济建设总投资规模的限制,各级政府也要把区域休闲体育产业作为一项产业纳入区域社会经济发展计划。因此,这就要求区域休闲体育产业布局必须服从全国或地区经济社会发展总体战略、总体布局及其总目标的要求,并且要与之保持协商一致。

2.全面、综合评价体育资源禀赋,统一区域布局和规划,同时,遵循择优开发、兼顾一般的原则

区域休闲体育产业的基本特点是以区域体育资源为凭借,区域休闲体育产业发展和布局是在区域体育资源状况的客观物质前提下进行的。区域休闲体育产业的布局必须对区域内外的各种体育资源状况进行科学的评价,并以比较利益论原则为依据来对区域休闲体育产业进行统筹规划、开发。

我国地域辽阔,各地区在自然条件、自然资源、历史沿革、经济基础、文化习俗等方面存在较大差异,从而导致了各地区体育资源的开发价值、开发条件和经济效益不同。区域休闲体育产业布局只有贯彻择优开发,保证重点的原则,才能将其投资少、收效快、效益好的特点充分发挥出来。如果不顾国家现阶段的财力、物力及各地区自然、社会和经济条件的差别,片面追求全国范围内的均衡布局,各地区齐头并进,结果会事与愿违,不仅各地区都发展不好,发展不快,而且经济效益有所降低,休闲体育产业的发展速度也得到延缓,对于落后地区的帮助就显得无力,从而使均衡布局所追求的社会效益难以实现。由此可以得知,只有正确认识现阶段的国力和区情,自觉运用非平衡协调发展原则和比较利益论原则,将国家有限的财力、物力集中使用,优先放在重点地区和重点项目,使这些地区和项目先发展起来,以最佳投资效果积累经济实力,从而以点带面,以区帮区,为在较长时期内实现各地区相对均衡发展及缩小地区间差距打下基础。

还需要强调的是,在择优发展重点地区、重点项目的同时,一般体育资

第七章　京津冀一体化背景下休闲体育产业的发展探讨

源的开发工作也不能被忽视。由于体育资源的分布具有广泛性，国内外体育消费的需求具有多样性和多层次性，这就要求将国家和地方、集体和个人兴办休闲体育产业的积极性充分调动起来，促进各地区共同发展，同时也要注意在择优开发、保证重点的前提下，兼顾一般体育资源的开发，这样，才能使国内外各层次体育休闲消费者的需求都得到较好的满足。

3. 以体育资源分布的区域性特点为依据，对区域特色的休闲体育产业进行因地制宜的开发

体育资源的形成和分布，是一个客观存在的自然现象和社会历史文化现象，不管是从纵向上还是横向上，都表现出了一定的特点。鉴于此，就要求必须对区域特色的休闲体育产业进行因地制宜的开发，并注意保持各地体育资源的自然特色和历史、文化、民族特色，才能取得良好的体育资源开发效果，从而使区域休闲体育产业的可持续发展得到保证。

4. 要与其相关产业的发展和布局结合起来进行区域休闲体育产业布局

区域休闲体育产业具有很强的综合性特点，为体育休闲消费者提供满意的体育休闲服务的行业，其发展的关键是能够提供使休闲体育消费者感兴趣的休闲体育场所、休闲体育项目和得到某种体育休闲享受的服务。鉴于此，就要求通过对区域特色体育资源的认识和开发，积极开辟潜在的或显现的区域体育资源，并使其成为实际的休闲体育场所和休闲体育项目，以区域体育资源开发为中心，相应地发展区域基础设施和休闲体育相关产业，对与区域休闲体育市场需要相符的体育休闲产品加以开发和发展。因此，这就要求必须与区域的基础设施、体育制造业和体育传媒业等的发展情况结合起来进行区域休闲体育产业的布局，从而达到相互协调、相互促进的效果。

(四)区域休闲体育产业布局的方法

作为整个休闲体育产业布局体系中的一个子系统，区域休闲体育产业布局本身也是一个经纬交织的复杂的系统。区域休闲体育产业布局以区域体育资源的开发和利用为核心，与区域内外基础设施、传媒业、金融等产业(或行业)都有密切的关联。其横向与纵向相互交错的联系，区域休闲体育产业布局的方法主要有以下几个方面。

1. 区域体育资源的综合评价

区域体育资源的综合评价是在对区域各种体育资源进行全面调查的基

础上,从区域休闲体育产业发展和布局的实际要求出发,充分分析、论证区域体育资源开发的可行性,对区域内外的各种体育资源做全面综合分析,评估其开发利用价值大小及经济合理性。这一方法具有非常重要的意义,不仅能够为区域休闲体育产业的布局提供重要的科学依据,同时,其还是进行区域休闲体育产业布局和规划必不可少的前期工作。

以区域休闲体育产业布局合理化的要求为指导,从技术经济角度衡量不同地区或地点发展休闲体育产业的经济效益和社会效益、环境效益,通过对比和选择,确定经济效益最优的休闲体育产业分布地区或地点,是区域体育资源综合评价的核心问题。

区域体育资源综合评价有其自身的基本内容,具体来说,有这样几个方面:第一,区域各种体育资源的地理分布及其特点;第二,数量与质量状况;第三,合理开发利用的可能方式与方向;第四,合理开发利用的技术经济要求;第五,开发利用的预期经济效益等。

区域休闲体育产业投入与产出的比例关系,能够作为一个综合指标来将一定地区或地点的体育资源开发利用的经济效益好坏与大小反映出来,通常情况下,在进行经济评价时,往往都会做出科学的预测和估算。

这里要重点强调的是,当前对区域体育资源的开发和利用,要对经济效益,和是否会产生一定的社会效益和环境效益引起高度重视。究其原因,主要是由于后者以社会效益为基础,是区域体育资源开发、利用效益的重要组成部分,要与经济效益的评价有机结合起来,相应地做出适当的评价和结论。

2. 区域休闲体育产业宏观布局

区域休闲体育产业宏观布局是全国产业规划"一盘棋"的策略环节。区域休闲体育产业宏观布局主要是在综合评价体育资源的基础上,对全国休闲体育产业分布现状、基本特点和存在的问题进行全面的评价,并且对全国及地区体育资源开发利用状况和潜力进行综合分析;以国家经济社会发展计划总的战略部署、地区布局发展战略目标为主要依据,来对所有区域休闲体育产业发展的基本条件进行综合分析,并以分析的结果为依据,将全国休闲体育产业布局的发展方向确定下来,合理安排休闲体育产业总投资和地区分配比例,将国家休闲体育产业重点开发区域和非重点开发区域休闲体育产业地域分布及其发展变化的趋势确定下来,并对其宏微观经济效益、社会效益、环境效益进行论证等。

进行休闲体育产业总体布局规划,需要充分研究的内容也是有很多的,具体来说,主要包括以下几个方面。

第七章　京津冀一体化背景下休闲体育产业的发展探讨

第一，各区域体育资源的地理分布及其特征、开发的方向和价值的大小。

第二，各区域体育市场的分布，远期、近期客源量的大小及其构成。

第三，各地区的经济发展水平、居民收入水平、消费水平和消费结构。

第四，可用于体育支出的费用在总消费支出中的比重。

第五，各区域的基础设施以及休闲体育前后关联产业的发展状况等。

3.休闲体育产业区域布局

区域布局是整个休闲体育产业布局的中间环节，是以休闲体育产业总体布局蓝图为主要依据，将很多方面确定下来的，具体来说，所确定的内容主要涉及三个方面：一个是休闲体育产业区域开发的目标、规模和开发方向（面向国内或国际体育市场，或二者同时兼顾）；一个是区域内各体育休闲项目的开发时点、时序以及开发规模；还有一个是区域内与区域体育资源开发相适应的交通、制造、信息、传媒等相关的二、三产业生产与分布。

区域布局涉及的范围比较广，比如，所在经济区范围内的国土开发利用和治理保护、城市建设、产业结构，区域性交通等基础设施建设，劳动就业，各经济区域之间的横向联系等。要按客观形成的经济区域和经济网络来对区域的综合发展进行布局。

4.休闲体育产业微观布局

休闲体育产业微观布局所包含的内容是非常广泛的，具体的休闲体育产品生产就属于这一范畴。休闲体育项目开发的布局，属微观布局范畴，是休闲体育产业布局的基层环节。在上述总体布局和区域布局基础上，把休闲体育产业落到实处，即人们常说的企业布局，是其主要任务所在。

所谓企业布局，是指企业为了达到一定目标而在空间上选择有利于该目标实现的位置，这个位置也就是所谓的企业布局的最优区位。企业布局就是企业最优区位的选择。企业区位选择是以有利于企业利润最大化作为出发点的。企业布局对在何处生产、销售和企业流通渠道的空间形式都要起到重要的决定性影响。

随着休闲体育产业的进一步发展，市场竞争变得日益激烈，进行企业布局时应更多地从市场竞争出发，谋求比较优势。企业优势往往可以从两个方面得到体现：一方面，是企业自身拥有的特殊优势，也可以将其称为企业禀赋；另一方面，是特殊区位因素。企业自身拥有的特殊优势来源于技术和市场技能、寡占市场结构和行为、过剩的管理能力、资本和货币因素（包括易于得到廉价的资本和投资多样化),以及易于得到原材料等。① 特殊区位因素包括相对劳动成本市场规模与增长、地区间政策差异等,如果延伸到国际范围则还包括贸易壁垒、政府政策等许多方面。需要指出的是,企业布局的决策应在利润最大化的目标下,综合考虑以上两种优势,以求得最大优势合力。同时,还需要注意的是,不仅要做到扬长避短,发挥企业自身的竞争优势,同时也要选择具有特殊区位优势的地点。这种选择是动态的、全局的,往往有具体的目标体系,而且紧密结合企业自身禀赋,着眼于市场竞争中的相对优势。

在企业布局时,需要考虑的内容也有很多,其中,最主要的有以下几个方面。

第一,地域内体育资源的性质和分布特点。

第二,对休闲体育消费者吸引力的大小,以往休闲体育消费的数量、分布和构成,休闲体育消费市场的潜力、分布。

第三,一定时期内可用于体育开发的资金数量。

第四,可提供的体育产品的品种和数量。

第五,地形、地貌、地质、气候以及扩展腹地的情况。

第六,在城镇内所处的地理位置与附近城镇的空间关系等。

第二节 京津冀休闲体育产业发展的现状分析

2015年3月14日,京津冀体育产业协同发展研讨会在河北省体育局的崇礼高原训练基地召开,北京市、天津市、河北省三地体育部门都参加了该会议。以议定书合作内容为主要依据,三地将在共同打造体育服务业重点项目、联合申报国家级区域体育产业重点示范项目、成立京津冀体育产业协会、联合申办和承办高水平体育赛事活动、促进体育用品制造业发展、建立京津冀体育产业工作联席会议制度等六个方面展开合作,共同对京津冀体育产业互补、联动发展起到积极的推动作用。从这些迹象也可以看出,京津冀地区协同发展在体制与机制建设方面迈出实质性步伐已经成为一种必然。

在京津冀三地中,各个地区的经济发展水平存在着一定的差异性,这也就决定了三个地区的合作意识会存在一定的问题,这主要从河北省在与京

---

① 蔡家宝.区域休闲体育产业发展研究[M].厦门:厦门大学出版社,2017.

第七章　京津冀一体化背景下休闲体育产业的发展探讨

津冀合作中产业功能缺位的现象上得到体现。

具体来说，京津冀地区休闲体育产业发展的现状，可以从以下几个方面得到体现。

一、京津冀地区的体育消费需求上存在差异性

产业的发展离不开消费的推动，没有消费，产业就无法发展和存在，因此可以说，消费需求增多对市场经济的发展能够起到积极的带动作用，这对于休闲体育产业来说也不例外。

随着人均可支配收入的不断提高，居民的消费支出比率也有了进一步的增多，通过对京津冀居民年均消费支出占年人均可支配收入的比率的调查分析可以得知，京津冀居民年人均消费支出占年人均可支配收入的比率最大的为天津，其次为河北，但年人均消费支出额最高的为北京，其次为天津。通过对消费支出额的调查分析可以得知，北京和天津的年人均消费支出分别为河北的三倍和两倍。因此，京津整体消费需求高于河北，消费需求高。家庭平均月可支配收入与体育消费有非常显著的正相关关系。总的来说，京津地区体育消费需求是比河北地区要高一些的。

二、京津冀地区的休闲体育产业发展程度有一定差距

通过对京津冀地区体育产业发展程度的调查研究可以发现，作为首都的北京，其体育产业主要为高端赛事、体育赛事相关传媒及创意策划；作为直辖市的天津，其在经济上也有较好的发展，在体育产业上的业务主要涉及的是国际性体育商务、体育会展及滨海运动休闲产业；河北则是资源大省，依靠其独特的地理人文资源主要发展的是生态休闲运动和旅游产业。

除此之外，京津两地作为地区中心城市，有着一定的优势，这主要表现在：具有自我本体产业发达，且市场发育成熟，体育人才资源丰富，场馆设施完备，体制健全等诸多优势。这就在很大程度上对京津在区域协作中的主导地位产生重要的决定性影响，同时，也积极带动了河北体育产业的发展。

三、京津冀休闲体育资源优势有所差别

休闲体育的开展，对自然环境条件有着较高的要求，京津冀三省市有着不同的地理空间条件，因此，对于不同的休闲体育项目发展来说都是非常适合的。

在各种发展休闲体育产业资源中,河北省土地面积最大,有着丰富的地理资源,比如,高原、丘陵、平原等,且张家口地区拥有华北地区最大的天然滑雪场和坝上草原,具备开展各项休闲体育项目的条件,除此之外,丰富的草原资源、滨海休闲资源和冰雪运动资源也是河北的一大优势。

天津市的山、河、湖、海、泉等自然资源丰富,举办大型赛事较多,拥有82种15 526个主要体育场地,且作为直辖市资金资源较丰富,因此可以说,天津市休闲体育产业发展的优势资源主要包括场馆资源、资金资源和自然资源这几个方面。

北京市处于内陆地区,作为全国政治文化中心,拥有丰富的体育场馆资源和资金资源,当前,北京市的体育场地已经能够使各种休闲健身和运动竞赛需求得到较好的满足。

由此可以看出,京津冀三省市休闲体育产业资源呈现出各自的特点,具体见表7-2。

表7-2　京津冀休闲体育产业资源禀赋

省份	资源禀赋特征
北京	消费需求高,资金资源雄厚,体育场馆丰富,自然资源稀少。
天津	消费需求较高,资金资源雄厚,体育场馆较丰富,自然资源丰富。
河北	地域广,自然资源丰富,资金缺乏,人力成本低。

四、京津冀休闲体育产业结构上差异显著

(一)北京休闲体育产业结构解析

当前,北京市休闲体育产业已经形成了一定的规模,一大批体育健身休闲经营企业也已经出现,这些企业往往是通过多业态发展的形式,来使北京市民的消费需求得到满足的,由此,具有北京特色休闲体育产业圈得以形成。此外,体育文化娱乐、体育彩票、体育用品等多种形式的产业发展较快。但是,作为具备举行国际型体育赛事场馆和设施的资源却得不到充分的发挥,这就在很大程度上浪费了相应资源。同时,体育产品制造业涉足很少也是一个非常显著的问题。

(二)天津休闲体育产业结构解析

天津体育产业最主要的为体育产品制造业和大型体育赛事,近年来成

第七章 京津冀一体化背景下休闲体育产业的发展探讨

功举办了一些国际和国内的赛事,体育用品制造企业的数量也有所保证,但是,龙头企业相对较少,且知名品牌寥寥无几,同时,在休闲体育产业的开发上也不甚理想,虽然具备了丰富的休闲体育产业发展的硬件条件,但是其发展态势和消费者需求之间的差距还是比较大的。

(三)河北休闲体育产业结构解析

作为资源大省,河北省发展体育产业丰厚的人文地理自然条件是非常理想的,但是,其也存在着一些制约休闲体育产业发展的问题,比如,经济发展状况和人们的消费水平较京津地区低得多,这就对其开发程度产生不利影响。具有河北特色的体育文化品牌已经形成,较为显著的有河北的崇礼国际滑雪节、狼牙山登山节、保定国际空竹艺术节、沧州国际武术节、邯郸广府太极拳大会等,每年吸引几十万人参与这些活动。但由于河北本身经济发展问题,体育产品的高端性和前瞻性上还存在着很大的不足,休闲体育产品有待进一步提高质量,引进先进的理念和技术。[①]

(四)管理体制矛盾较多

从当前的形势来看,京津冀体育产业管理模式存在着一定的共性,即属于政府主导事业管理型,这主要在管理体制不顺、企业运行机制不灵活上得到体现,对产业的发展产生重要的制约作用。

第三节 京津冀一体化背景下休闲体育产业发展模式的选择

京津冀休闲体育产业在实现区域资源禀赋互补,实现区域产业联动发展。通过对京津冀地区休闲体育产业发展的现状分析可以得知,河北省的自然资源是非常丰富的,这对于休闲体育的发展是有利的,同时,京津冀的资金资源和消费需求也是非常丰富的。京津冀协同发展区域合作中要将各方隐性资源都有效激活起来,最大限度释放"协同效应",欠发达地区引入外部资源时应注重激活内部要素,培养内生增长力。把握好京津冀休闲体育产生协同效应,在实现区域资源互补的基础上,要对各自优势资源的利用加

---

① 朱艳英,原儒建.京津冀地区休闲体育产业联动现状研究[J].合作经济与科技,2015(17).

以重视,将区域产业的定位明确下来,将各自区域优势充分发挥出来,从而能够产生内生性休闲体育增长力。

在京津冀休闲体育产业联动发展中,河北省将其良好的自然资源优势充分发挥了出来,并且做好草原资源、冰雪运动资源、滨海休闲资源的充分利用工作,进行区域定位,从京津引进发展资金,对体育旅游和体育文化休闲进行重点发展,对京津休闲体育消费者产生了一定的吸引力。京津的资金资源、体育场馆资源以及消费需求都是非常丰富的,京津可以借助自身资金优势,将体育竞赛表演业和健身娱乐业作为发展的重点产业。

京津冀休闲体育产业资金资源、场馆资源、自然资源和消费需求的优势互补的实现,与京津冀休闲体育产业的联动发展有着密不可分的联系。京津冀地区稳定的内生性休闲体育增长力已经形成,这得益于京津冀三地各自休闲体育产业资源优势,京津地区在休闲体育产业发展中的资金资源、场馆资源、消费资源优势,河北地区内生性自然资源优势以及引入的资金资源。

从某种意义上来说,联动发展机制的形成,使京津冀休闲体育产业定位更加明确,这也对京津冀休闲体育产业的发展起到了积极的促进作用。

第四节　京津冀一体化背景下休闲体育产业发展策略

一、休闲体育产业作为先导产业对京津冀一体化协同发展起到促进作用

促进京津冀一体化,加强环渤海及京津冀地区经济协作,国家将实现京津冀协同发展作为一个重大国家政策,为了保证这一政策的顺利实现,提出了坚持优势互补、互利共赢、扎实推进,加快京津冀地区科学持续协同的发展,加强人才、交通、物流、通信、环境、资源、金融、科技、公共服务等方面的合作交流的要求。[①] 作为一个新兴产业,休闲体育产业在近几年发展速度飞快,将休闲体育产业作为京津冀一体化协同发展的先导产业,必定会对京

---

① 李欣.京津冀一体化机遇下的休闲体育产业发展策略[J].产业与科技论坛,2015,14(13).

第七章 京津冀一体化背景下休闲体育产业的发展探讨

津冀地区在各个方面的共赢共建起到积极的推动作用,能够使三地区域互通互联进一步加强,三地资源配置进一步优化,由此,能够将三地优势充分发挥出来,达到互补的效果,为休闲体育产业良性发展起到积极的推动作用,进而为京津冀一体化目标的顺利实现创造良好条件。

二、将京津冀休闲体育产业联动发展政策制定出来

作为区域经济发展的主导者和协调者,政府要大力实施京津冀协调发展策略,使京津冀三地政府部门之间的有效沟通得以实现,同时,还要将相应的产业发展政策制定出来,从宏观上对京津冀协同发展起到积极的主导作用。

《京津冀协同发展规划纲要》中,将加强生态环境保护和治理,扩大区域生态空间的要求明确提了出来。京津冀休闲体育产业的发展与当前京津冀生态协同发展的可持续发展生态观是非常契合的。休闲体育产业合理地利用自然资源、现有资本和基础设施,无污染,不仅对生态涵养的产业发展起到有利的影响,还能够创造出隐形经济效益,可以说是意义重大。

京津冀的协同发展的主要目标是逐渐缩小差距,鉴于此,就需要把拉平京津冀的政策差距作为协同发展的重要目标。实现京津冀休闲体育产业资源的互补,缩小京津冀休闲体育产业发展差距需要一个共同的产业政策指导,京津冀政府联动制定京津冀休闲体育产业发展政策,对京津冀休闲体育产业的高效发展起到积极的指导作用,从而使京津冀三地的整体利益和共同利益的提高得以顺利实现。休闲体育产业联动发展政策主要涉及产业发展优惠、招商引资政策、税收政策等方面。

三、有效提升休闲体育产业的层次性,适当延长产业链条

一方面,体育产业的产业链条要进一步延长,从而使产业的联合与联动得以实现,同一产品,可以分散到不同地域进行生产,或是企业产品的产出与消费可以在不同的地域实现,从而达到提升产业层次,保证产品质量的目的。

另一方面,实现区域间的联合发展产业联动,这只是其中的一个目标,而并非全部目标。因此,这就要求通过提升产业层次,吸引更多的外来企业来投资,同时,还要将更多外国人吸引来,以促进休闲体育消费。

四、将区域休闲体育定位明确下来,并进一步加快产业集群

集群的好处在于能够使企业的成本得到大幅度降低,资源的独特性是获得持续竞争力的来源。在前面就已经提到过,京津冀各区域的休闲体育产业资源优势是有所差异的,这就要求在休闲体育产业发展中,要以区域优势为主要依据进行功能定位、合理布局,进而产生产业集群效应,集群效应的产生能够降低休闲体育企业的经营成本,区域独特性休闲体育资源的可获得性,能够为休闲体育企业持续发展提供必要的动力和支持。

以京津冀各区域的资源优势为主要依据,能够将京津冀各区域休闲体育产业定位和集群发展目标确定下来(图7-4)。具体来说,北京、天津、石家庄基础设施完善,人口数量多,且拥有丰富的体育场馆资源,这是其优势所在,但是同时,企业存在着一定的不足,比如,自然资源匮乏,因此,北京、天津、石家庄应该将竞赛表演业和健身娱乐业作为发展的重点。

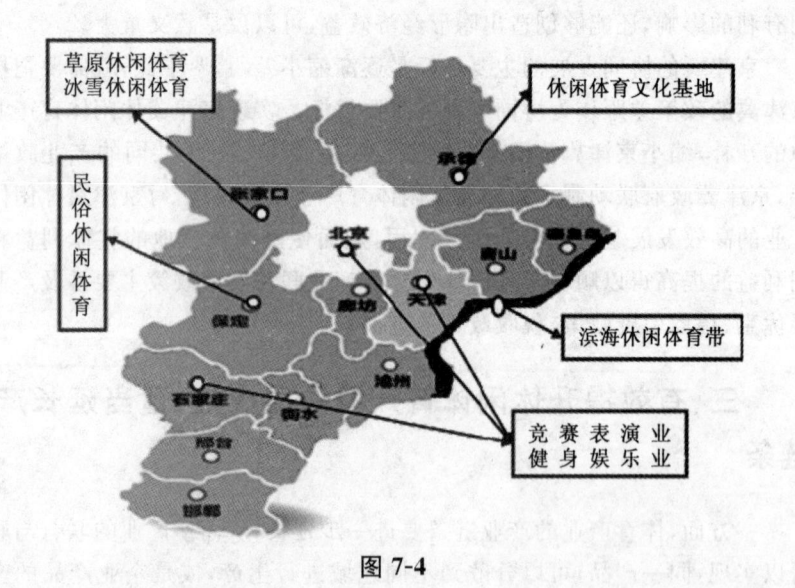

图 7-4

河北和天津的海岸线长达数百千米,北戴河、南戴河等休闲度假区已经形成,因此,京津冀沿海区域应合理规划建设滨海休闲体育带。承德、张家口、保定分别将休闲体育旅游、冰雪休闲体育与草原休闲体育、民俗休闲体育作为发展的主要方面。承德是皇家休闲度假区,休闲文化底蕴深厚。张

家口的天然滑雪场和坝上草原是其主要特色,且成功申办2022年冬奥会。① 保定为历史文化底蕴深厚的城市,具有各种民俗体育活动。且河北省人民政府办公厅在《关于加快发展体育产业的实施意见》中,将发展健身休闲产业基地,以及打造张家口崇礼滑雪、承德体育旅游和保定体育培训基地明确了下来。因此,张家口地区将草原休闲体育和冰雪休闲体育作为发展的重点,承德地区将体育旅游作为发展的重点,保定地区将民俗休闲体育作为发展的重点。

五、加强京津冀体育产业衔接的规划发展,推动体育产业协调发展

京津冀三个地区的体育产业特点是不尽相同的,都有着各自的优势,因此,京津冀休闲体育产业联动发展的目的就在于在保证自身优势的同时,将周边相邻地域的资源充分利用起来,达到双利双赢的目的,通过互相补充,相互促进,来提升本地区域产业的发展。北京利用首都的优势,具有高端的技术人才,通过与津冀两地联合起来,将两地的资源充分利用起来,提供技术产品,提升产品质量,满足需求吸引更多消费者,从而对体育产业的整体发展起到了积极的推动作用。

六、做好休闲体育赛事的开发工作,对新兴休闲体育项目发展起到积极推动作用

京津冀三地协同发展休闲体育产业,以休闲体育赛事作为切入点,使居民在家门口就能够对更多精彩的比赛加以欣赏,对休闲体育的魅力有切身的感受。同时,还要在休闲体育健身场所的建设以及休闲体育健身俱乐部的建设上有所增加,将观赏休闲体育比赛与亲身体验休闲体育项目有机结合起来,对水上运动、射击、马术、滑翔伞、攀岩等新兴运动项目的发展实施一定的鼓励政策,尤其是对于中、高收入人群和年轻人的健身、娱乐,可选择的项目要进一步丰富和充实。开发休闲体育赛事,推广新兴休闲体育项目,不仅能够将居民参与休闲体育的积极性有效激发出来,还能对京津冀休闲体育产业的发展起到积极的推动作用。

---

① 钟华梅,黎雨薇.京津冀休闲体育产业联动发展策略研究[J].南京体育学院学报(自然科学版),2016,15(03).

七、休闲体育服务体系建设和行业标准要更加完善

科学标准体系的建立,本身就具有非常重要的意义,具体来说,其不仅能够为决策层提供科学的决策依据,还能使体育事业的可持续发展得到有力保证。休闲体育产业的发展与完善的服务体系和行业标准的指导是有着不可分割的密切联系的,完善的休闲体育行业标准体系的构建能够为产业发展政策的制定提供参考依据。[①]

休闲体育的可持续发展是需要一定动力加以推动的,消费者的满意度就是其中非常重要的方面,可以说,只有完善休闲体育服务体系,提高服务水平,才能吸引更多的消费者参与休闲体育,才能够有经济效益得以产生。制定休闲体育设施的标准并严格执行,能够为消费者和经营者的利益,以及消费者的人身安全并获得愉悦的消费体验提供良好的保障。

八、全民健身国家战略将成为发展休闲体育产业的支柱力量

国家第一次在《国务院关于加快发展体育产业促进体育消费的若干意见》中,从产业发展的角度出发,将体育产业的发展规划确立了下来,同时,还把全民健身的发展上升到国家发展战略的高度,将国家发展的根本目标定为增强大众体质、提高全民健康水平,由此可以看出,大众健身成为发展体育产业的支柱已经成为必然。

加快体育产业的发展,从休闲体育的角度入手,来大力开发休闲体育产业发展的潜力,为体育产业向纵深发展起到积极的推动作用。加强休闲体育文化的宣传,营造全民健身的氛围,做大做实全民健身的基础。通过吸取国内外休闲体育产业发展的经验,借鉴国内外全民健身发展的模式,在政府的支持下,由社会力量参与,大力发展休闲体育产业,为全民健身国家战略目标的实现起到积极的推动作用。

---

① 钟华梅,黎雨薇.京津冀休闲体育产业联动发展策略研究[J].南京体育学院学报(自然科学版),2016,15(03).

九、转变休闲体育产业资源管理方式,加大综合性管理和开发力度

休闲体育产业的发展在一定程度上受制于休闲体育产业管理方式,政府往往通过对资源管理方式的转变,实现对体育资源的多样的、综合性的管理,以及体育产业的充分大力发展得以实现。政府通过允许,放开与监管相结合的方式,允许企业研发和探索适合体育产业发展的有效方法,政府通过宏观调控,给予适当支持,做好监督,从而实现体育资源管理方式的转变。①

十、做好休闲体育产品和服务工作,进一步带动体育消费

休闲体育产业的发展,需要关注的关键方面在于休闲体育产品和服务的供给。从当前的形势来看,我国休闲体育产业化的程度还是较低的,与发达国家之间有着显著的差距。随着人均 GDP 和居民收入的提高,增加休闲体育产品,改善休闲体育的服务质量,我国休闲体育产业提升的空间很大。通过对我国休闲体育产业的消费结构的剖析可以看出,80%来自体育用品、服装鞋帽等相关产业,体育赛事、职业俱乐部、健身培训等项目市场化程度比较低。② 鉴于此,便要求做到以下几个方面。

第一,休闲体育产业在开发相关项目上要进一步加快速度,对市场潜力进行深入挖掘。

第二,使体育服务业、体育用品业及相关产业结构能够进一步优化,将吸引大众的现代化休闲体育产品和优质的服务推出来。

第三,在体育用品的制造上要积极进行创新,借助区域高科技服务的优势,采用新技术、新工艺、新材料,提升传统体育用品的质量水平,提高产品科技含量,从而为京津冀休闲体育消费升级起到积极的推动作用。

---

① 朱艳英,原儒建.京津冀地区休闲体育产业联动现状研究[J].合作经济与科技,2015(17).

② 李欣.京津冀一体化机遇下的休闲体育产业发展策略[J].产业与科技论坛,2015,14(13).

第八章 京津冀一体化背景下体育相关行业的管理与发展探讨

我国实施京津冀协同发展战略,为体育产业提供了良好的发展契机。通过梳理我国体育用品业、体育传媒业、体育彩票业、体育广告业以及体育赞助业等体育相关行业的发展现状可以发现,虽然这些行业经过长期发展取得了一定的成绩,但还是有很多问题比较突出,如京津冀三地联系不足、借力不够,缺乏相关产业的融合发展,人才匮乏等。这些问题制约了这些体育行业的进一步发展,因此必须加强对这些行业的管理,深入研究在京津冀一体化背景下如何发展这些体育行业。本章主要对这一课题进行研究与探讨,旨在提高体育相关行业在京津冀一体化背景下的管理与发展水平。

第一节 京津冀一体化背景下体育用品业的管理与发展

一、体育用品概述

(一)体育用品的概念

一般可以从广义和狭义两个层面来界定体育用品的概念。

1. 体育用品广义的概念

体育用品广义的概念是指在体育活动中使用的且符合体育活动要求的生活消费品。最常见的体育用品是体育器材、运动鞋和运动服,在体育健身、运动训练、体育竞赛等各种体育活动中都可以看到这些用品。

需要强调的是,必须是符合体育运动基本要求的产品才能称得上体育用品,这体现了体育用品在特定领域的适用性。在各项体育活动中,体育用品发挥的基础作用非常重要。

第八章 京津冀一体化背景下体育相关行业的管理与发展探讨

用于大众健身和学校体育活动中的体育用品与用在运动训练和竞技比赛中的体育用品相比,在规格、标准等方面都比较低,而且在健身与体育教学中,有些体育用品可以用其他物品代替。

2.体育用品狭义的概念

狭义层面的体育用品是指专门用于运动训练、运动竞赛等竞技体育中且符合运动项目规则和要求的特殊生活消费品。

体育用品设计人员一般从体育运动的实际需要出发来对体育用品进行生产与设计,不同项目的运动特点、动作技术要求不同,所以不同运动项目中使用的体育用品在结构性能上也是有区别的,只有符合项目特点和动作要求的体育用品才能真正发挥作用,真正为运动员提供良好的服务,使运动员将自己的技能水平充分发挥出来,提高其运动成绩。

例如,田径运动员跑步时需要一双优质跑鞋,除了要求合脚、轻便外,还要求具有减震、弹性好等功能,这样运动员才能在跑步时提高速度,取得好成绩。体育用品符合运动项目的特点和需求固然重要,但任何体育用品都不能忽略质量问题,每一种体育用品在推向市场之前,必须对其进行严格的检验与认证,确定符合标准,质量过关,才能批准出售。

(二)体育用品的分类

下面主要分析体育用品两种常见的分类方法。

1.体育用品在生产流通领域的分类

从体育用品的产品性质、原材料、生产工艺、市场交易情况、信息处理和交换中的实际应用等情况出发,可以将体育用品划分为运动器材、运动服装、运动鞋以及体育辅助用品四类,这四类具体又包括不同的内容,详见表8-1。

表8-1 在生产流通领域对体育用品类型的划分

体育用品类型	内容
运动器材	健身运动器材
	竞赛运动器材
	防护器材
	体育科研器材
	体育教学器材等

续表

体育用品类型	内容
运动服装	休闲运动服
	比赛服
	领奖服等
运动鞋	专项运动鞋
	休闲运动鞋等
体育辅助用品	运动包
	运动箱
	纪念品
	奖牌、奖杯等

2.体育用品在消费领域的分类

体育用品在消费领域的分类主要是指以体育用品的性能和效用为依据对体育用品的类型进行划分,主要突出体育用品的服务价值、实用价值。具体分类方法见表 8-2。

表 8-2　在消费领域对体育用品类型的分类

分类依据	内容	
以运动项目为依据	体操用品	
	田径用品	
	球类用品	
	游泳用品	
	武术用品	
	健美操用品	
	体育舞蹈用品	
	登山用品等	
依据功能和特点的分类	健身器材、器械	健美车
		美腰机
		划船器等

第八章 京津冀一体化背景下体育相关行业的管理与发展探讨

续表

分类依据	内容	
依据功能和特点的分类	运动护具	护腕护膝
		滑雪镜
		防护眼镜
		篮球眼镜
		骑行镜等
	体育场馆	场地设施
		场馆设施
		游乐场设施
		场馆灯光音响等
	户外运动休闲用品	睡袋
		帐篷
		登山包
		折椅
		望远镜
		运动手表等
	家用系列	踏步机
		跑步机
		仰卧起坐器等
	康体器材/器械	握力器
		臂力器等
	运动服饰	运动帽
		运动服装
		运动手套
		运动鞋、袜
		运动饰品等

续表

分类依据	内容	
依据功能和特点的分类	校园体育器材	鞍马
		铅球
		标枪
		起跑器
		实心球
		发令枪等
	其他体育用品	运动饮料
		运动营养品
		奖杯、奖牌
		纪念品
		体育书报、杂志
		体育音像制品等

二、体育用品业概述

(一)体育用品业的概念

体育用品业指的是生产体育用品的企业的集合。

(二)体育用品业的分类

关于体育用品业的分类方法,可以参考表8-3。

表8-3 体育用品业的分类

子行业		类别	体育产品
体育器材制造业	球类制造	三大球	足球
			排球
			篮球
		其他可充气用球	水球
			手球
			橄榄球等
		其他运动用球	网球
			羽毛球
			门球
			高尔夫球等

第八章 京津冀一体化背景下体育相关行业的管理与发展探讨

续表

子行业		类别	体育产品
体育器材制造业	竞技运动器材制造	一般运动项目器材	体操运动器材
			田径运动器材
			登山运动器材
			拳击运动器材
			武术运动器材等
		水上运动	赛艇运动器材
			帆船运动器材
			划艇运动器材
		冰雪运动	滑冰运动器材
			滑雪运动器材
		赛车	山地车
			场地自行车
			越野自行车等
	娱乐体育用品制造	棋牌用品	围棋
			跳棋
			象棋
			麻将等
		钓鱼用品	鱼钩
			钓鱼竿
			鱼漂等
		其他用品	秋千
			飞镖
			狩猎
			射击等
	健身康复器材制造	健身器材	健身车
			多功能训练器
			健骑机等
		专业训练用器材	各运动项目专业训练器材
		康复器材	牵引机
			电动床
			康复踏车

续表

子行业		类别	体育产品
体育器材制造业	辅助体育用品制造	运动护具	拳击手套
			护腕
			击剑面罩等
		运动场馆专用设备	塑胶地面
			运动地板等
		体育科研、教学用品	体质测定仪器
			体育教学用具等
运动服装制造业	针织或钩编运动服制造	游泳衣	棉制针织或钩编男女式游泳服
			化纤针织或钩编男女式滑雪套装
		滑雪服	棉制针织或钩编男女式运动套装等
	非针织运动服制造	运动服	棉制男女式游泳服
			棉制男女式滑雪套装
			化纤类男女运动套装等
运动鞋制造业	橡胶靴鞋制造	专项运动鞋制造	运动鞋靴
	皮革制面鞋制造		滑雪靴
			滑雪板靴
	其他运动鞋制造	运动休闲鞋制造	越野滑雪靴等
			其他运动鞋靴

三、体育用品的生产与管理

(一)体育用品的生产过程

体育用品生产是体育用品企业的基础活动,具体是指从准备生产体育用品开始到最后成品出现的整个过程。体育用品生产离不开人的辛苦劳动,所以说体育用品生产过程实质上是人的劳动过程。

体育用品的整个生产过程中包括四个重要的阶段,具体见表8-4。

第八章　京津冀一体化背景下体育相关行业的管理与发展探讨

表 8-4　体育用品的生产过程

生产阶段	主要工作
生产技术准备过程	(1)调整劳动组织 (2)设计产品 (3)确定产品材料的数量和工时 (4)工艺设计与制造产品 (5)鉴定新产品等
基本生产过程(主导阶段)	将劳动对象转换为企业产品
辅助生产过程	为基本生产提供辅助产品和劳务
生产服务过程	为基本生产提供服务性活动

(二)体育用品生产过程管理

在体育用品生产过程管理中,企业的特性、体育用品的生产经营规律、体育用品市场的现实需求等都是需要考虑的内容。在管理过程中,要对体育用品生产活动进行科学规划、组织、指挥及调控,优化整合各种资源,加快实现体育用品企业的经营目标,提高体育用品企业在市场中的适应性和竞争力,推动企业的发展,满足企业职工的利益需求及体育用品消费者的产品需求。

1.体育用品生产管理的内容

在体育用品生产过程管理中,主要涉及图 8-1 中的多项内容,该图也反映了各项内容相互之间错综复杂的关系。

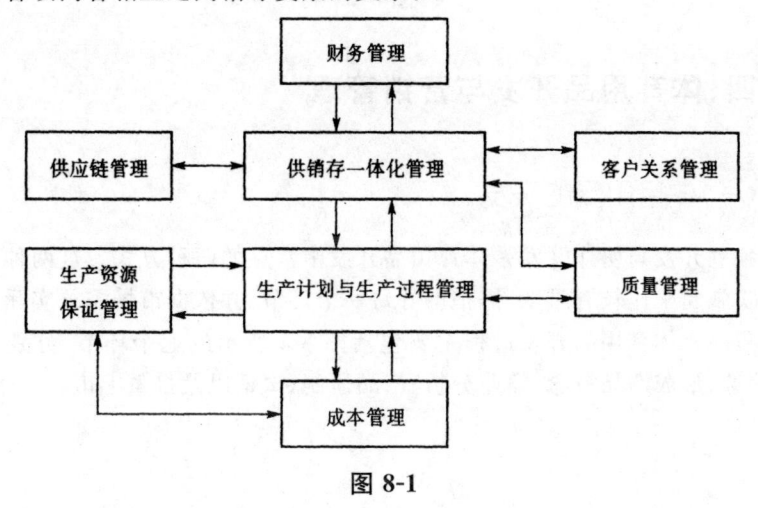

图 8-1

2.体育用品生产管理系统

在体育用品生产管理中应用生产管理系统技术,主要是为了使体育用品企业生产信息的内部流通更通畅,使生产效率得到提高。

运用生产管理系统技术时,要做好计划,实施计划管理,尤其是要计划好物料、资源的分配和利用,避免出现不必要的生产辅助环节,尽快出产。为了提高体育产品的生产效率,提高体育行业的管理水平,我国体育产业纷纷引进该技术,并将其用于体育各个行业中。一般的生产管理系统结构图如图 8-2 所示。

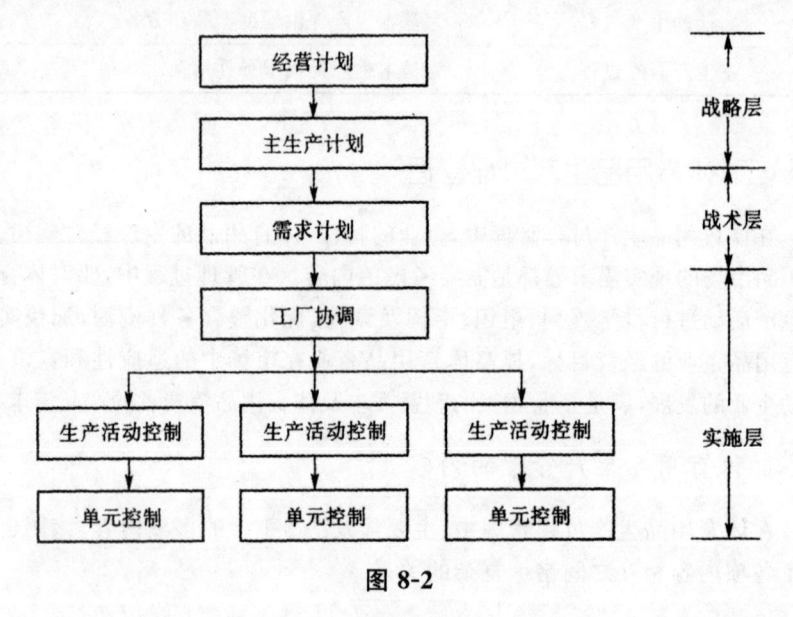

图 8-2

四、体育用品开发与营销管理

(一)体育用品的开发

独立开发与协作开发是体育用品开发中常见的两种方式。这两种开发方式实施起来比较有难度,需把握好每一个环节,并依据市场需求实际安排开发程序。体育用品开发过程主要包括图 8-3 所示的七个环节,分别是构思、筛选、形成产品概念、商业分析、产品研制、试销以及批量上市。

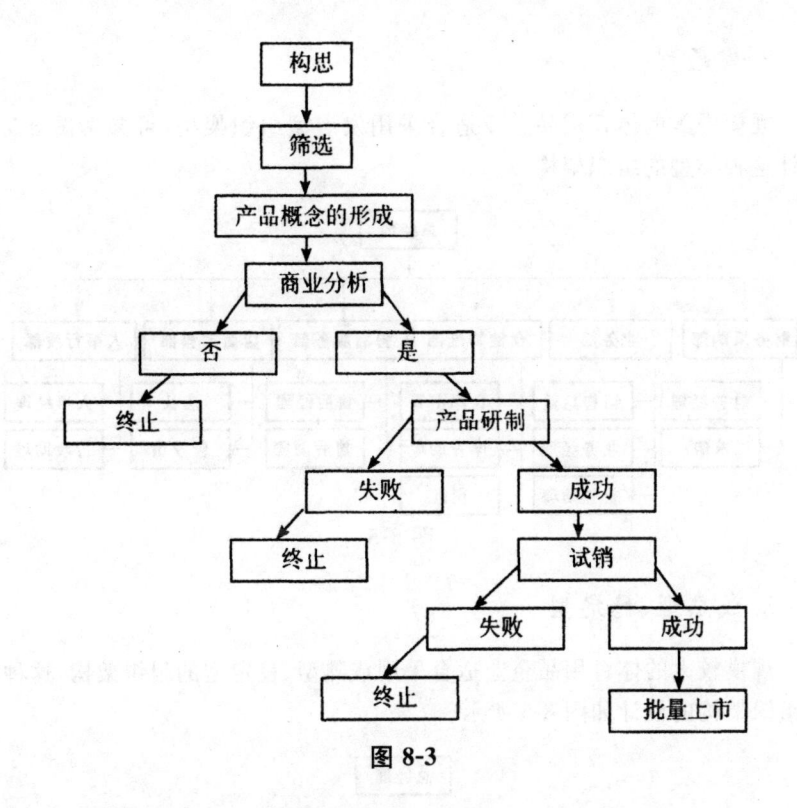

第八章　京津冀一体化背景下体育相关行业的管理与发展探讨

图 8-3

(二)体育用品经营组织架构

在体育用品经营中,企业要以市场需求、企业规模及特点等客观实际为依据来设置具有实用性的组织架构。一般有以下几种组织架构。

1.基础型、创业型

规模较小的体育用品企业适合采用基础型、创业型组织架构,这种类型的组织架构如图 8-4 所示。

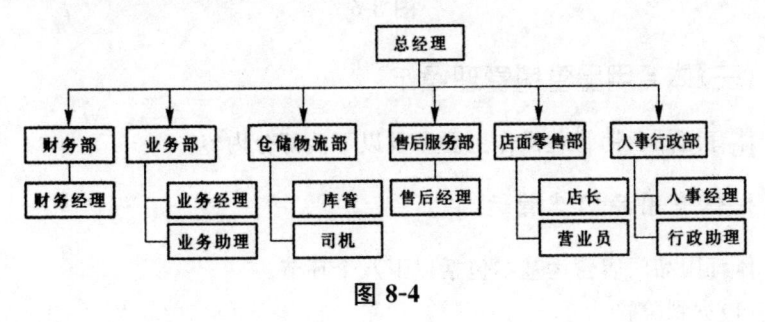

图 8-4

2. 发展型

规模中等的体育用品企业适合采用发展型组织架构，可参考图 8-5 来设计这种类型的组织架构。

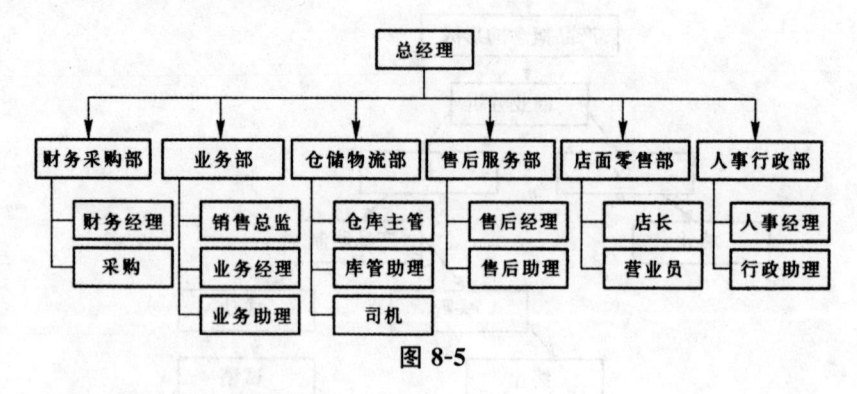

图 8-5

3. 成熟型、稳定型

规模较大的体育用品企业适合采用成熟型、稳定型的组织架构，这种类型组织架构的设计如图 8-6 所示。

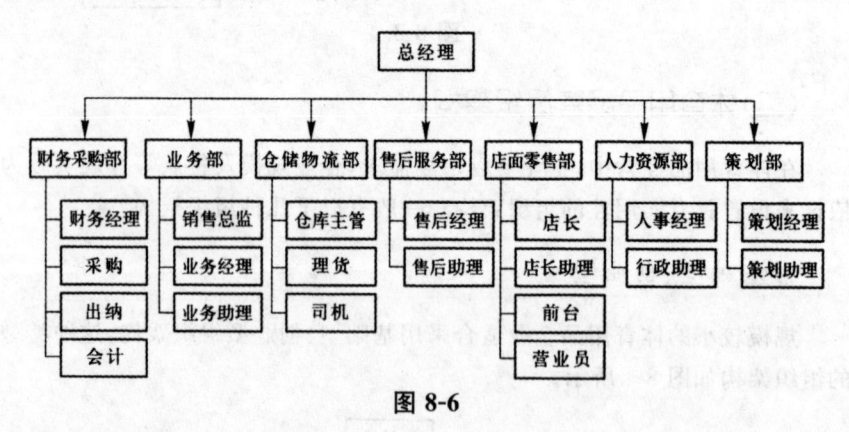

图 8-6

（三）体育用品营销管理操作

体育用品营销管理操作主要涉及以下两部分内容。

1. 体育用品门店营运

体育用品门店营运基本包括以下八个环节。
（1）货到验收。
（2）商品标价。

第八章 京津冀一体化背景下体育相关行业的管理与发展探讨

(3)上架陈列。

(4)试穿试卖。

(5)购买销售。

(6)商品包装。

(7)商品退换。

(8)商品盘点。

体育用品门店营运过程如图 8-7 所示。

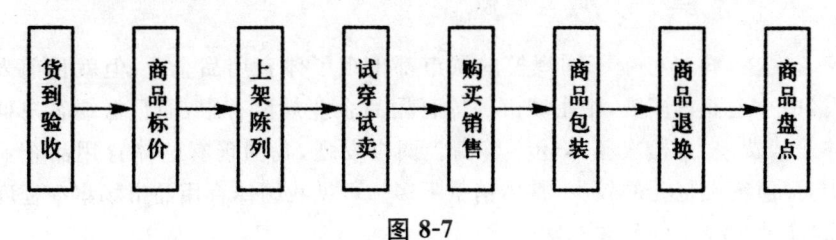

货到验收 → 商品标价 → 上架陈列 → 试穿试卖 → 购买销售 → 商品包装 → 商品退换 → 商品盘点

图 8-7

2.体育用品店销售服务

下面简单说明体育用品店销售服务的原则和步骤。

(1)体育用品店销售服务的原则

体育用品店销售服务需要贯彻如下几条重要原则。

①一视同仁原则。

②速度、微笑、诚意原则。

③顾问式销售服务原则。

(2)销售服务步骤

在体育用品销售中,掌握正确的服务技巧可大大提高销售量,增加销售额。提供销售服务需要了解顾客的购物心理及不同阶段的心理变化,根据不同顾客的需求和购物心理来推销产品更有把握取得成功。一般来说,销售服务包括下列几个步骤。

①等待顾客。

②接近顾客。

③展示产品。

④说服建议。

⑤商品成交。

以上每一步销售环节都有服务技巧,销售人员只有善于运用技巧,才能事半功倍。

五、我国体育用品业发展的现状

近年来,我国体育用品业的发展取得了一定的成就,但起步晚、市场程度低等突出问题严重制约了体育用品市场的进一步拓展。因此我们必须明确问题所在,及时对症下药。

(一)规模小,市场程度低

现在,我国各个不同规模的城市都出现了体育用品企业,但就目前来看,中小企业占多数,中小城市的体育用品企业规模有限,而且低端客户群体是消费主力,档次整体还不够高。调查发现,我国现有的体育用品企业中,产值突破亿元的较少,整体销量不多。可见我国体育用品市场集中程度低、企业规模小的问题非常严重。

从全球体育用品企业市场来看,我国年产值突破十亿美元大关的体育用品企业寥寥无几,从单个企业看,我国形成大生产规模的体育用品企业很少,而且严重缺乏现代化企业。

在全球化背景下,我国体育用品企业还不具备一定的条件与实力来与国际知名体育用品企业相抗衡,也不具备在国际市场上占取有利地位的资格,能力相当欠缺。尽管随着我国体育用品企业的发展,也创造了一些知名体育用品品牌,如安踏、李宁等,但这些品牌在规模与质量上还不及国际知名体育用品品牌,有待进一步发展。

(二)市场定位低,难以进入高端市场

近年来,我国经济发展迅速,但因为起步晚,所以还落后于欧美发达国家,我国体育用品市场在国际市场上的地位和发展也因此而受到了影响。事实上,我国体育用品企业从一开始就把争夺目标指向世界中低端市场,所以现在即使是我国的体育用品名牌企业要在国际高端市场上争取地位和优势也很困难,更不可能在国际市场上占主导地位了。

当前我国体育用品高端市场主要由国际知名体育用品品牌占有,如耐克、阿迪达斯等,这些品牌甚至主导着我国体育用品高端市场。在我国,比较高端的体育运动项目有高尔夫球、保龄球等,但我国主要是从国外引进这些项目的专项用品的,这对我国体育用品企业的发展来说是一个沉重的打击。

我国体育用品产业难以进入高端市场客观上来说与国际品牌与企业的打击有很大的关系,但主观上也有不可忽视的重大问题,如生产假冒伪劣产品等,这严重损害了我国体育用品业的名誉,污染了体育用品市场的风气,所以很难迈向要求严格的高端市场。

(三)技术含量低

尽管我国的体育用品企业在国际体育用品消费市场中占有一定的比例,但大都是主要负责基本加工与制造的低端企业,很少有创新性的高端企业,也可以说是只有"中国制造"而缺乏"中国创造"的问题。我国现有的体育用品企业明显缺乏技术含量,属于产业链下游的以劳动密集型为主的中低端企业,这大大制约了我国体育用品市场的进一步拓展与层次的提升,也导致我国体育用品业市场定位低,在国际体育用品市场中不具备明显的优势,而且如果不注重创新与创造,在国际市场竞争中将会面临被淘汰的危险。

(四)法律建设力度薄弱,管理不当

虽然近年来我国政府也在不断推出新政策来为我国体育产业和体育事业的发展提供基本的法律保障,但是这些已经出台的政策中,很少是有关对我国体育产品品牌加以保护的政策,现有的相关政策还不够完善,存在一些不足,实施力度较弱,所以我国体育用品市场中销售假冒伪劣产品的现象依然比较严重,企业和消费者的权益受到了严重损害,而且无法从根本上得到解决与严格控制。这对真心为消费者提供良性产品的体育用品名牌企业来说是不公平的,因此打击了这些企业的积极性。

在我国,主要由国家体育总局和体育相关部门对我国体育用品市场实施监督与管理,但目前来看,各级组织在这方面的管理中缺乏协调性,同一级别的组织经常互相推诿,总体上呈现出混乱无章的管理局面,这也是我国体育用品市场出现条块分割、秩序混乱等不良现象的主要原因。

六、京津冀一体化背景下我国体育用品业的发展策略

京津冀一体化背景下,推动我国体育用品业的发展需从以下几方面着手进行。

(一)整合资源,增强企业核心竞争力

我国体育用品企业的发展目前还处于起步阶段,虽然近年来成立了很多公司,也涌现出一些知名企业,但企业规模有限。我国加入世贸组织后,体育用品企业的发展面临国内、国际两个市场,并在国际市场上遭受了沉重

的打击,因为我国企业的规模、经营管理模式等与国外同类企业有明显差距。为了生存,企业不得不采取并购对策,以此来优化与组合资源,扩大规模,实现集体目标。

在经济全球化和京津冀战略背景下,我国体育用品企业应建立现代化管理体制,积极培养高素质管理人才,加强产品改革与创新,从而提高核心竞争力,彰显优势,提高自己的市场地位。

(二)打造体育用品品牌

市场是打造体育用品品牌的重要依托,创造自己的品牌是我国体育用品企业在国际市场中提高与巩固自身地位的关键一环。目前来看,我国知名体育用品企业在劳动力成本、生产技术等方面具有一定优势,借助这些优势落实"名牌战略",往往效果会很好。企业竞争的核心是产品质量,因此必须创造自己的品牌,通过品牌路径来提高企业的市场占有率、市场竞争力及市场信誉。

(三)开发专业市场,加大品牌延伸力度

近年来,随着我国经济的发展和生活条件的改善,体育用品消费不断增长,但许多商家还面临着品牌延伸的重要问题。在体育产品初步销售中,如果质量过关,各方面令消费者满足,就会不断增加销量,但这种趋势不会长期如此,而是经过一段时间后变得缓慢,难以实现长期增长。此时,大中型企业需要采取品牌延伸策略来实现长期的销售增长。

采取品牌延伸策略时,先要确保消费者认可品牌,然后向消费者推出副产品。目前我国体育用品企业对特色市场的关注很少,国内品牌的营销以初级模式为主。所以,我国体育用品企业应重视特色市场的开发与培育,准确判断市场需求,然后努力提高市场地位,提高市场占有率。

(四)以诚信为本,重视企业信誉

在体育用品企业的发展中,无论塑造品牌,还是实施战略联盟,都要建立好伙伴关系。每个体育用品企业都具有互补性资源能力,任何企业都有自己的合作伙伴,同事也是其他企业的合作伙伴,他们都有各自独特的功能与不可轻易取代的优势。但一旦恶性竞争、生产假冒伪劣产品、窃取商业机密等不良市场行为出现,体育用品市场的经营秩序就会变得混乱,企业的处境就会变得艰难,生命力会受到严重影响。所以,在京津冀一体化战略背景下,恪守诚信,以信誉为本是我国发展体育用品业的关键所在。

第二节　京津冀一体化背景下体育传媒业的管理与发展

一、体育传媒概述

(一)大众传媒

1.大众传媒的概念

报纸、广播、电视、电影等处于职业传播者和大众之间的媒介体就是大众传播媒介。

2.大众传媒的特征

大众传播媒介的特征主要表现在以下几方面。
(1)普遍性
大众传媒的普遍性特征主要从下面两点体现出来。
①受众的普遍性
不同年龄、性别、阶层的人都是大众传媒的服务对象,大众传媒面向整个社会服务,所以受众很广泛。
②信息来源的普遍性
大众传媒的信息来源涉及政治、经济、教育、艺术、文化等各个方面,力求真实、及时地反映这些领域的新动态与新成果,从而给大众呈现社会生活的真实全貌。
(2)公众教育性
随着大众对现代教育重要性的认识的不断提高,教育人士也积极开发新的教育活动方式,以满足人们不断增长的学习需求。而通过大众传播手段开展教育活动就是这样一种新的教育方式。大众传媒教育面向整个社会,具有普及性,且与学校教育互补。
(3)时效性和敏感性
随着现代社会的不断进步,人们的生活节奏进一步加快,生活环境愈发瞬息万变,在这样的环境中,人们接收外界信息并反馈信息的速度也必须提上来,这就离不开对新传媒手段的运用,如电子技术、通信卫星等。

(二)体育传播的特征

体育传播包括体育竞赛传播,下面主要分析这一内容的特点。

1. 全景式特点

随着杂志、报纸、电视、广播、手机、网络等多种传播媒介的不断发展,体育竞赛传播的全景式特点愈发明显。通过传播媒体进行传播,能够取得更加形象直观的效果。传播媒介在体育运动发展中发挥的作用非常重要。

在传播媒体还没有发展到像今天这样多元化的时期,人们对体育活动进行了解与欣赏的途径非常有限,如阅读文字、图片等。而随着丰富多样的新传播媒介的不断发展,人们借助新媒介欣赏体育活动时,不但能够欣赏声音,还能观赏流动的画面。现代体育竞赛的比赛地点、过程、实况及热点话题等通过多种传播手段得到了全面性的报道,很多媒体都注重多角度、全方位地对体育竞赛过程进行拍摄与记录,目的就是给观众带来更好的视觉盛宴,使观众的观赏需求得到满足。

从上面分析可知,体育竞赛传播的全景式特点主要体现在两方面,一是传播形式,二是传播内容。这一特征进一步激发了体育赛事观赏者的观赏需求,并很好地吸引了观赏者的注意力,有利于扩大受众面。

2. 全覆盖特点

随着新科技的不断开发与创造,电视、网络等传播媒介的发展非常迅猛,并很快流传到世界各地,基于此,信息传播实现了跨空间的目标,全球共享信息资源也得以实现。而且随着媒介技术的不断发展,人们可以在同一个"地球村"共同生存与交流,不会因时空差距而受到限制。

体育竞赛是现代传播媒介发展的直接受益面,具体表现在可以在更大空间内传播体育运动竞赛信息。大众传播媒介在体育领域的广泛应用使不同国家、民族人民欣赏同一体育赛事成为可能,世界上越来越多的人关心和欣赏体育赛事,尤其是在奥运会、世界杯等大型运动盛会举办期间,通过传播媒介观看赛事已经成为其不可或缺的一部分生活内容了。

3. 全天候特点

电视直播使不同空间的人都能在运动会举办期间观看到精彩的比赛画面,但播放时间受限的问题使很多有意观看比赛但因种种原因没有观看的人有了遗憾。而计算机网络媒体的发展正好可以弥补这些人的遗憾,网络具有存储各种信息的功能,这样人们就可以在比赛结束后,利用合适的时间

第八章 京津冀一体化背景下体育相关行业的管理与发展探讨

通过网络观看比赛。

随着科技的发展,社会上涌现了大量的新媒介,这些媒介大都以计算机信息网络传播为核心,新媒介的广泛运用使体育信息传播速度与传播效率得到了大幅度的提高。

二、体育传媒业发展的战略管理思路

现代体育事业的发展,尤其是在推广大众体育、竞技体育的过程中,基本上每个环节都与媒体传播、组织传播及人际传播有关系,如职业经理人的薪水上限问题、后勤经理在棒球场的工作、一名运动员参加职业比赛的资格问题等。现代体育已经发展成为一个庞大的产业门类和商业领域,且具有多元化、多样性特点,其构成要素既有与体育直接相关的要素,也有无关紧要的要素。例如,体育产业的构成范畴非常广泛,包括法律领域、金融运行领域、销售领域、管理领域及举办赛事活动等。不管是国际体育组织、教练员、运动员、管理者等内部人员,还是职业管理集团、传媒集团、赞助商等外部参与者,都是体育产业范畴中的利益相关者。体育活动包括竞技运动、传统体育、新兴体育比赛和脑力活动比赛等多种形式。体育场地包括篮球场、足球场、游泳馆和各种竞争场地等。体育组织的范围也在不断扩大,现在已经拓展到全国专业队伍、国际组织机构等领域了。

在体育传媒的现代化发展中,体育传媒战略与管理研究涉及很广的范围,可谓包罗万象,有报纸、广播、电视、电影、出版等传统媒体,也有社交媒体、网络媒体、微信微博、移动媒体等新兴媒体。现在,体育管理与营销领域学者都非常关注体育传媒战略管理。实际上,很多人认为,在体育传媒管理研究领域中,《体育媒体研究》杂志是重要阵地,在研究过程中要用到整个刊物。有学者从社会学、政治学、文化学等视角分析美国橄榄球超级碗比赛时,不满意中场休息时的转播状况,其中涉及组织传播问题,而该问题属于传媒危机攻关、传媒营销和大众体育传媒的问题。《体育媒体研究》最近开始研究体育的传媒议题,这些议题主要有以下几个代表。

第一,体育健身杂志中有关女性的报道和营销问题(以女性观众为目标)。

第二,体育传媒战略与管理的转型发展问题。

第三,职业足球报道的评级体系和效果评价。

体育管理出版物《国际体育金融》杂志最近开始对体育赛事转播权的营销与管理领域的问题展开研究,具体涉及以下问题。

第一,体育记者和大众媒体身份。

第二,体育电视转播中现场核心位置的消费活动。

第三,组织关系和体育新媒体技术。

第四,按次计费的体育电视点播观众需求。

第五,有关新媒介环境下运动员的平面媒体报道风格转型。

第六,体育广播电视发展战略与管理问题。

总体来看,尽管体育管理研究方面的学术期刊比较关注传统平面媒体和广播媒体,但近期来看,学术期刊也开始高度重视对有关新媒体或社交媒体的体育传媒战略与管理的刊登。这从发表在《国际体育金融》杂志上的文章就能够体现出来,《传媒与体育》《国际体育传媒》《国际体育管理和营销期刊》等杂志也开始越来越多地刊登在新媒体或社交媒体的体育传媒战略与管理研究中取得的新成果。

在组织传媒战略的信息传媒技术领域内,早期很多关于体育传媒战略与管理的研究主要是通过内容分析法将社会媒体和体育发展的状况反映出来的,但是很少研究观众消费和产业影响的。

从传媒战略制定的角度来看,未来的研究需要将新媒体或社交媒体研究策略充分利用起来,并注重这些策略的应用性和市场有效性。也有学者在体育传媒战略与管理研究中,基于观众视角、采用观察法学术范式进行研究。在新媒体、社交媒体等与传媒战略有关的研究领域,将出现更多新的研究领域。例如,体育传媒学者应该调查在新媒体环境下,体育组织如何对传媒管理战略进行制定,如何将公共关系整合好,如何将营销事业做大,如何将媒体关系处理好以及如何进行业务运营等问题。此外,体育利益相关者如何对新媒体事业中投资有效性和回报进行衡量也是体育传媒学者需要关注的问题。

在体育传媒战略与管理研究中,我们应重视对新媒体或社交媒体的研究,应对体育市场与社会学的其他研究方法积极借鉴。此外,因为体育产业发展意义重大,所以对体育传媒战略与管理研究领域必须给予重视,对于体育传媒战略与管理研究知识体系要进行必要的完善,对与我国国情、社会主义特色相符的体育传媒战略与管理实践体系进行科学建立。

总之,在现代社会发展中,体育传媒和体育产业相互交织、相互影响,并对运动员的职业生涯产生了重要的影响。媒介体育在运动员生活的方方面面都已渗透其中,正如佩德森博士所说:"体育传媒是一个意义再现的过程,人们在体育活动和体育管理中,或者通过一项体育运动事业来共享符号,通过传媒交流为体育管理过程创造价值和意义"。体育传媒战略与管理将随着现代社会的进步和科技、经济的发展,拥有更广阔的发展前景。但是,体育传媒战略与管理研究是一个综合研究领域,是跨学科、多学科交叉的,所

第八章　京津冀一体化背景下体育相关行业的管理与发展探讨

以还要尽可能在体育传媒、体育营销和体育管理等相关学术期刊上发表相关研究成果。

体育传媒管理对体育组织传播和体育产业发展问题都有不同程度的影响,体育行业内外利益相关者必须予以全面关注。此外,随着体育传媒影响力在体育产业、营销管理等领域的不断提高与扩大,体育学者对体育传媒战略重要价值的认识将不断提升。研究者还需继续深入研究在体育产业战略、体育组织管理和营销中传播媒介的参与情况,并研究体育传媒影响下体育产业利益相关者的问题。未来将会有越来越多的学者关注体育产业中新媒体或社交媒体的作用。

三、我国体育传媒业的发展现状

体育传媒的形式常见的有电视转播、体育报纸杂志、体育网站等。体育传媒的作用不仅仅体现在传播体育信息、丰富大众文化生活等方面,还体现在对经济效益、社会效益的创造方面。鉴于体育传媒的重要作用,发展体育传媒业刻不容缓。目前来看,我国体育产业市场开发中存在不全面、不系统、利润回报小等问题。与我国体育、教育、文化等领域的开发现状相比,体育传媒业还属于朝阳产业,虽然现在发展中存在很多问题,但前景光明,发展空间很大。

在经济利益驱动下,我国体育网站、体育报刊近年来以飞快的速度发展。除这方面因素影响外,体育传媒的发展同样也是我国体育人口及体育爱好者不断增加的客观要求。体育新闻市场需求随着体育爱好者特别是体育迷的增加而不断扩大。所以,现在登载体育新闻的媒介除了专门的体育媒体外,还有一些综合性报刊。我们可以从这些报刊上找到有关体育的板块或栏目。此外,在奥运会、世界杯等大型体育赛事举办期间,体育传媒还会专门设置专版、专题来更新体育赛事信息,报道体育实况,满足人们的需求。

境外因素也对我国体育传媒业的发展产生了明显的影响。近年来,我国体育传媒市场中出现了一些国外的体育传媒巨头,这对我国体育传媒业来说,既是机遇,又是挑战。我国学者对国外体育传媒在我国市场上的出现发表了以下两种具有代表性的观点。

部分学者指出,国外体育传媒巨头进入我国体育传媒市场,对我国来说是一个很好的机会,我们可以利用这个机会学习先进技术和成功经验,也可以争取与国际接轨,打开海外市场,提高我国体育传媒业的国际竞争力。

还有一部分学者指出,发达国家体育传媒企业在我国体育传媒界非常强势,会造成国优秀传媒人才的流失,甚至会对我国体育爱好者的赛事观赏习惯造成影响,总之对我国体育媒体业的发展是有很大威胁的。

学者阐述的以上两种观点都是客观存在的事实,在对待国外传媒企业进入我国体育市场这一问题上,我们应综合以上两种观点,抓住机遇,应对威胁,有意识地规避风险,有针对性地学习经验,争取为我国体育传媒业走向国际市场打好基础,促进有中国特色的体育传媒产业的可持续发展。

四、京津冀一体化背景下我国体育传媒业的发展策略

鉴于我国体育传媒业的发展现状及京津冀一体化发展战略,我们应从以下几方面来考虑我国体育传媒业的进一步发展方案。

（一）深化体育体制改革

在体育传媒产业发展中,体育组织要根据发展需求不断对体育管理体制、体育竞赛体制环境等进行完善,从而为体育传媒产业的发展提供体制保障。在播放与报道重大体育赛事时,要认真考虑与分析市场需求,采用合理的形式进行信息传播,以便吸引更多的观众和赞助商。

在体育传媒业经营管理中,应将体育传媒与各经济主体的关系明确下来,并合理采用营销手段和方法,从而调动各经济主体参与的积极性,促进体育传媒市场的深度开发与不断拓展。通过各种传播媒介进行体育活动传播时,传播内容直接决定了传播的效果。因此必须保证传播内容的真实性、趣味性,从不同角度、各个层次全方位深度挖掘体育活动的重要信息,从而提高新闻报道的价值,发挥传播媒介的作用。

在体育体制改革中,体育赛事规则的改革同样非常重要,为了方便通过媒介的形式对体育规则进行传播与报道,相关体育管理组织应按照体育项目的发展规律,并遵循国际体育组织的有关规定来适度调整体育赛事规则。

（二）遵循市场营销规律,刺激并满足观众需求

深度开发体育媒介市场是促进体育传媒业市场运营效果不断提高的基础。在开发体育媒介市场时,对于市场经济运作规律必须严格遵循,而且要更新市场营销观念,树立新理念。在体育媒介营销过程中,对于每个阶段的工作重心都要有所明确,各阶段工作的开展与实施都要按照一定的运作规律来进行,做好市场调查、配合服务及售后反馈调整等各个环节的工作。

在做关于体育赛事活动的报道时,必须先调查观众的需求,然后通过

第八章　京津冀一体化背景下体育相关行业的管理与发展探讨

提升报道画面质量、重点报道比赛关键信息等途径来满足观众需求。在我国男子职业篮球联赛报道中，观众时常反映感官体验不充分，心理体验也受限，这主要是因为摄像机较少，而且有限的摄像机位置都是固定的。对于这一问题，可借鉴发达国家报道体育赛事的经验，根据传播需要多设置几台摄像机，多角度捕捉体育赛事的精彩画面，给观众带来更好的视觉盛宴。

（三）对"体育媒介"资产进行法律保护

体育传媒市场的健康运作离不开相关法律法规的制定与完善。我国目前体育媒介的发展还没有一套专门的较为完善的法律体系来保障，这也是我国体育传媒行业市场混乱的主要原因。为了调整传媒市场的秩序，推动体育传媒产业的有序发展，当前最重要的就是依据市场经济运行规律和体育传媒业的发展实际，加强这方面的专门立法，切实保护"体育媒介"资产，在立法中可参考与借鉴国外相关行业的法律法规。

在体育媒介市场化经营与管理中，作为经营主体的体育组织或机构应树立自我保护观，及时到有关管理部门登记、注册，避免商标、标志等资源被盗用或流失。

（四）培养专业体育传媒队伍

在体育传媒产业发展这一方面，当前我国与国外发达国家的差距还很明显，而造成这一差距的原因是多方面的，其中就包括人力资源方面的原因，我国严重缺乏体育传媒人才，特别是优秀的专业人才，这是导致我国体育传媒业发展落后的重要原因。

正因为我国缺乏专业人才，所以我国体育媒体行业很难在激烈的国际市场竞争中获得主动权，更无法占据主导地位。面对这一现实困境，传媒行业必须依据媒介全球化发展现状与发展需求，科学制定体育人才发展战略，并根据实际调整与实施战略，多方位培养体育媒体人才。体育媒体人才除了要具备新闻采播能力，还要具备经营管理能力，要精通多国语言文字，熟悉多国体育文化，这样的人才对我国体育传媒产业乃至整个体育产业的发展更有价值。

第三节　京津冀一体化背景下体育彩票业的管理与发展

一、体育彩票概述

(一)体育彩票的概念

体育彩票指的是以筹集体育资金等名义发行的,印有号码、图案或文字的,供人们自愿购买并能够证明购买人拥有按照特定规则获取奖励权利的有价凭证。

(二)体育彩票的类型

常见的体育彩票有以下几类。
(1)传统型彩票。
(2)即开型彩票。
(3)竞猜型彩票。
(4)数字型彩票。
(5)乐透型彩票。
(6)结合型彩票。

二、体育彩票业的经营与管理

(一)体育彩票的营销策划

1.体育彩票的玩法策划

在进行玩法策划时,应根据彩民的实际需要进行设计,充分了解彩民的兴趣和需要,并组织有关专家对新玩法进行论证。在彩票经营和管理过程中,应重视改进和更新体育彩票旧玩法,设计与开发新玩法。

2.体育彩票的宣传策划

通过宣传提高公众对体育彩票的认识,吸引彩民购买体育彩票。可利

第八章 京津冀一体化背景下体育相关行业的管理与发展探讨

用一些影响较大的事件进行较大规模的宣传。有针对性、集中式的宣传可使销售活动的社会知名度提升。在宣传过程中,应灵活发挥媒介的传播作用。

3. 体育彩票的销售网络策划

建立健全销售网络能够为体育彩票市场的发展提供有力保障。体育彩票销售网络的管理主要从以下三方面着手。
(1)合理布局销售点。
(2)严格管理销售点。
(3)完善管理机构。

(二)体育彩票的销售技巧

1. 市场调查

体育彩票具有市场性,因此在体育彩票销售中要注意深入进行市场调查,了解市场需求。

2. 准备工作

首先,向当地政府和财政部门申报,取得支持与配合。

其次,周密设计总体策划和各个环节的计划,包括市场预测、发行策略、操作技术、安全措施等。

3. 确定奖组规模

对奖组规模的确定需考虑以下要素。
(1)适应大奖组"快"的特点。
(2)树立全局观念,严格按照相关部门的规定做好部署,对发行规模进行确定。
(3)在彩票发行指导思想下周密安排、严密组织。

4. 选择场地

体育彩票销售场地首先要能容纳很多人,此外,交通便利、安全可靠等也是需要满足的条件。

5. 全面监督

坚持透明原则,赢得公众的信任,建立和完善监督机制,及时公示重要信息。

三、我国体育彩票业的发展现状

(一)发行成本高,彩票品种少

现阶段,我国体育彩票的发行经营成本与国外一些国家相比而言较高,德国体育彩票发行成本为16.3%,日本为10.1%,而我国高达20%。我国体育彩票与福利彩票相比而言,在品种上只有很小的差异,因此二者存在着激烈的竞争。当前,世界上有品种较多的体育彩票,而我国体育彩票的品种较少,相对单一,一些游戏品种甚至已经衰退了,因此必须通过及时有效的调整、创造来丰富体育彩票品种。

(二)对彩民造成了不良影响

调查发现,在我国大都是中低收入阶层的人群购买彩票,年轻人占了较大的比例,很多人将购买彩票当作赌博投机,妄想一夜暴富。有些人将自己全部的精力与时间都投在了彩票上,整天研究彩票号码,甚至不惜借钱、变卖财产来购买彩票,这些都是体育彩票对彩民造成的负面影响。

(三)缺乏法律保障

我国体育彩票产业的发展较晚,因此对全国彩票市场进行规范的法律文件至今还未出现,虽然现在有一些相关的行政法规,但也只是地方性的,并不适合全国通用,而且应急措施居多。此外,在对这些行政法规加以执行的过程中,往往会出现一些无法进行责任归属的问题。执法中无法可依的情况也较为普遍。

四、京津冀一体化背景下我国体育彩票业的发展策略

鉴于我国体育彩票业的发展现状及京津冀一体化发展战略,我们应从以下几方面来考虑我国体育彩票业的可持续发展方案。

(一)适当增加体彩品种

在体彩的玩法上,可以适当地放宽政策,公彩也可以积极吸收私彩某些合理之处,借鉴国外和境外的经验,增加新的彩种来吸引、维持彩民,有利于启动市场。体育彩票发行部门可以在现有基础上,开发新产品,通过改变价

格结构、奖金结构和设计不同游戏规则等不断设计和推出新彩种。博彩具有"娱乐"功能,这就要求丰富博彩的形式,以满足不同人的爱好。

(二)注重博彩主体信誉,完善管理

人们最为关注的几个博彩问题主要是发行主体信誉、返奖率、中奖金额、娱乐性、购买便捷性、兑奖及时性,而其中发行主体信誉则是根本。因此,对于体育博彩的主体——管理者来讲,树立彩票的信誉,"取信于民"是最重要的。

博彩品种是特殊的商品,必须由国家集中统一管理。在管理体制上,实行管理部门和销售部门相分离,体育彩票筹集的资金由国家财政部在确保体育事业发展需要的前提下宏观调控使用,从而在根本上解决我国体育博彩的管理体制问题。

第四节　京津冀一体化背景下体育广告业的管理与发展

一、体育广告概述

(一)体育广告的概念

体育广告是指为了销售体育运动产品而采取的宣传活动。下面从广义和狭义两个层面来解释体育广告。

1. 广义的概念

广义上而言,企业通过体育运动的形式介绍、宣传本企业观念、产品以及服务等内容的活动就是体育广告。

2. 狭义的概念

狭义上而言,体育经营组织以口头、文字、图画等方式公开宣传或销售体育产品的活动。

随着体育产业市场化水平的不断提高,体育广告的作用越来越重要,不管是生产领域,还是在流通和消费领域,以及这些领域之间的联系与沟通,都离不开体育广告。体育企业对体育广告的作用也有了深入的认识,所以在自身发展方面也积极采取体育广告策略来提升市场竞争力。

(二)体育广告的优势

体育广告与杂志、报纸、网络、广播等广告媒体相比,具有以下优势。
第一,观众多、宣传面广。
第二,时间长、受益多。
第三,易于接受、推广效果好。
第四,影响深远、效益好。

二、体育广告业的运营管理

体育广告业的经营管理主要包括以下几个方面的内容。

(一)加强交流沟通

体育企业在采用体育广告宣传本企业产品和服务时,需要加强与体育广告经营单位的密切交流与沟通,而且必须将沟通与交流贯穿于这个活动的始终。但就现实来看,很多体育广告经营单位配合不力,只是在寻找广告商的过程中密切联系客户,但一旦签订合同,态度就有了转变。这对于体育广告经营单位的长期发展非常不利,很难留住稳定的客户。

体育广告经营单位与广告商之间的关系是否健康和谐,关键在于二者能否互惠互利,实现共赢,而双方共赢的基础是不断的交流与沟通。

体育广告经营单位与企业之间主要通过以下两种形式来沟通与交流。

1. 正式沟通

体育广告经营单位与企业之间在协议基础上建立的沟通机制进行交流和沟通的形式就是正式沟通。

2. 非正式沟通

体育广告经营单位与企业之间不定期进行小范围交流,从而协调一些小事情的沟通形式就是非正式沟通。

不管采用哪种沟通方式,都必须确保沟通渠道的畅通,并将沟通贯穿于体育广告营销管理的整个过程中,这样协议双方才能更好地解决现实问题,达到各自预期的利益效果。

第八章　京津冀一体化背景下体育相关行业的管理与发展探讨

(二)搞好危机公关

在体育广告营销管理的过程中,协议双方都应提高危机意识,注重防范风险。对体育广告经营单位和企业而言,体育广告中的非正常因素会对双方产生不利影响。所以,协议双方都应做好危机公关,及时消除负面因素。

首先,体育广告经营单位应大力监督与管理体育活动过程,使体育活动开展顺利。

其次,企业及时与体育广告经营单位联系,提前预测可能出现的问题,并制作解决方案。

(三)强化法律管理

在体育广告业发展中,相关管理机构需以现有法律为依据,积极引导并大力监督广告宣传和广告经营活动。可以说,是市场经济的发展客观上要求在体育广告业中实施广告管理法制化政策,这是保障合法经营、对消费者利益及经济秩序加以维护,以及保证广告事业健康发展的重要举措。

宏观上而言,体育广告的法律管理主要表现在以下两个方面。
(1)宣传方面的法律管理。
(2)经营方面的法律管理。

三、体育广告业的发展现状

(一)体育媒体选择单一

媒体传播范围和产品的目标市场具有一致性,体育传播是面向社会公众的,任何社会群体都可以从自己的特点和需求出发选择合适的媒体。但是,我国有很多商家在没有认真分析与研究群体分类及各类群体特征与需求的情况下就盲目选择媒体,片面进行广告宣传,缺乏多维度、多角度、多层次的考虑,造成了广告媒体单一的现象。

(二)市场规模有限

虽然近几年我国体育广告业发展速度在加快,并取得了一些发展成果,但不管是发展规模,还是发展效益,都远远不及发达国家,体育广告业的独立性还不够明显。在一些发达国家和地区,体育广告业的市场规模远远超出了我们的想象,其作为一个独立行业早已占据了体育产业体系中的主导位置。而我国体育广告业还未形成稳定的规模,市场占有率也很低,在其他广告的冲击下,只能在夹缝中求生。

(三)广告设计缺乏创新

广告的成功取决于很多要素,而广告是否有创意,是一个至关重要的决定性要素。广告创意可以体现在文字加工、艺术处理等方面,带有文字图像的广告商品如果可以激发现代消费者的欲望和需求,那么它就是成功的。但我国的体育广告在设计上缺乏创新,对观众感官的刺激不够,缺乏对现代技术设备的引用,所以广告效果一般。

四、京津冀一体化背景下我国体育广告业的发展策略

如果体育广告商在设计广告时,只是给消费者呈现纯粹的商品或没有面部表情的体育形象,没有一丝创意和新颖。那么体育广告的价值就难以发挥出来。而体育广告缺乏创意的一个主要原因是没有深层次挖掘体育和商品的有机结合点。对此,在京津冀一体化背景下,必须从以下几方面来努力提高体育广告创意。

(一)发挥国家的调控作用

作为我国体育事业和体育产业发展的重要推动力,体育广告的价值与作用已经得到了越来越多人的认可,全社会基本形成了一定的体育广告意识。在这一基础上,政府、企业和体育界需加强合作与沟通,并善于协调企业和体育组织的关系。在体育广告业发展中,国家发挥着重要作用,必须积极宣传体育广告,引导体育广告业的健康发展,对利于体育广告发展的政策加以制定,并给企业和俱乐部提供更大的自主权,对体育广告市场进行积极有效的培育。

(二)科学研究体育广告媒体的选择

将体育产品的目标市场确定下来,从不同的目标市场出发对多种广告媒体进行综合且有所侧重的选择,要将现有的各种宣传手段充分利用起来,使广告宣传的力度得到提高,覆盖面得到拓展。

(三)完善体育广告业自身建设

体育广告在市场流通中应加强自身建设,将体育广告相关法律法规尽快完善,对国外的经验与技术多学习,多借鉴,同时要有本民族文化特点,保持中国特色。

第五节　京津冀一体化背景下体育赞助业的管理与发展

一、体育赞助概述

(一)体育赞助的概念

体育赞助指的是以体育为题材、支持和回报为内容,为达成各自目标而采取利益交换为形式的一种特殊商业行为。

对企业来说,体育赞助是一种有效的企业营销方式,主要有如下意义和作用。

首先,可以提升企业形象和员工士气。

其次,可以扩大产品销售范围。

最后,可以增强企业在国际、国内市场上的竞争力。

对体育组织机构和教练员、运动员等个人而言,体育赞助这种商业行为其实就是开发体育无形资产。

(二)体育赞助的原则

体育赞助需贯彻如下几项重要原则。
(1)诚信原则。
(2)互惠原则。
(3)持续原则。
(4)效益原则。

二、体育赞助的营销管理

体育赞助活动具有实践性,实践运作大于理论研究。体育赛事赞助是体育赞助的重要表现形式,下面主要研究体育赛事赞助的市场运作与营销程序。

(一)设计赞助方案

设计与制定体育赛事赞助方案是体育赛事赞助取得成功的重要基础与

前提。因此必须将这一环节重视起来。

1. 赞助方案的设计内容

赞助方案的内容主要有以下几点。
(1)分析赞助的必要性。
(2)建立工作机构。
(3)收集与分析相关资料。
(4)拟订赞助目标。
(5)设计赞助"产品"。
(6)制定赞助价格。
(7)选择目标赞助商。

2. 赞助方案设计的注意事项

在设计与制定体育赛事赞助方案时,需注意以下两个要点。
(1)确定赞助方案的基调。
(2)突出赞助方案的亮点。

(二)谈判

协议双方达成初步意向后,就要针对赞助合作的具体内容与方式展开谈判了。谈判环节在体育赛事赞助运营中必不可少,具体涉及如下工作。

1. 选择与布置谈判场地

(1)合力选择谈判地点和谈判会场。
(2)妥善布置谈判会场。

2. 谈判人员配备与分工

这方面的工作具体包括以下内容。
(1)做好谈判人员数量配备工作。
(2)做好谈判人员专业配备工作。
(3)对谈判人员合理分工。
(4)提出对谈判人员的相关要求。

3. 安排谈判议程

体育赛事商业赞助的谈判议程并非只是安排谈判时间与地点,还要控制谈判的节奏与进度,调节谈判双方的情绪与心理。如果谈判者经验丰富,

第八章　京津冀一体化背景下体育相关行业的管理与发展探讨

就懂得如何通过谈判议程安排来获取主动有利地位。

体育赛事运作管理机构应该争取谈判议程安排的主动权,在全面考虑谈判时间、地点、人员、内容等因素的基础上拟定谈判议程。

体育赛事商业赞助的谈判议程不是一成不变的,可以根据谈判的实际情况及时调整,同时也需要考虑各种不可确定因素,预留应变时间。

4.调整谈判价格

调整价格包括两种情况,一种是调低价格,另一种是调高价格。后一种很少见,但也并不是完全没有。不管是哪种情况,在操作时一定要小心谨慎,把握好时机和分寸,为目标对象提供合理且充足的理由。同时需要注意,不可大幅度调整价格,而且调整价格也不宜过于频繁。

(三)签订协议与合同

一般来说,先以策划书为根据来签订意向性协议,并按双方要求,进一步加工策划书,再以加工后的策划书为依据来正式签订合同。

赞助合同具有买卖性质,所以在对合同的格式与内容进行安排时,要参照合同法的相关规定。需要注意的是,要以具体赞助与回报内容为依据对标的数量、质量等进行确定,不要求这些模式完全统一,但必须严格遵照合同法进行。

(四)实施赞助

体育赛事赞助实施是体育赞助活动中最复杂、涉及变动因素最多的一个环节。因为存在错综复杂的利益关系,所以意外事件总是不可避免,这对赞助实施者来说是考验能力的重要环节。只有做好赞助的前期工作,如计划、组织等,才能在遇到问题时灵活应变,有效处理意外问题,使赞助活动得以顺利开展。

一般来说,在体育赛事赞助实施阶段,主要涉及以下内容。

(1)对体育赛事活动的宣传。
(2)关于体育赛事赞助的新闻工作。
(3)处理好公共关系。
(4)回报落实等。

(五)总结

体育赛事赞助实施环节结束后,最后要总结这个赞助过程,具体涉及如下工作。

(1) 撰写评估报告。
(2) 建立专项档案。
(3) 召开总结大会。
(4) 举办答谢活动。

三、我国体育赞助业的发展现状

(一) 体育赞助中短期性行为居多

很多企业为了提高本企业品牌的知名度，纷纷采用赞助体育赛事的方式，但一旦赛事结束，企业便再无行动，这种体育赞助行为犹如昙花一现，而这种现象在我国非常多。

对于企业而言，短期的体育赞助行为是无法给其带来长期经济效益的。而要真正发挥赞助的效用，企业就必须投入足够的资金开展推广、宣传、促销等一系列活动，而不是仅仅依靠短期性赞助行为来获取眼前的利益。

在联合赞助时，过多的企业赞助作为一个新的问题也会出现，这样就不容易突出每一家企业的信息，宣传效果就会大打折扣。例如，在赛车比赛中，如果有过多的赞助商，那么就会将这些赞助商的名字都印在车身上，最后可能导致没有一家赞助商的名字是可以看得清的。公众只能看到少量的关于企业、品牌或商品的信息，无法全面、完整地认识企业形象。在这种情况下，体育赞助商取得的效益也是短暂的、不理想的。

(二) 赞助活动中盲目定位

体育赞助活动需要与其他组织一起协调进行，所以赞助活动具有时机性，而不是根据企业希望的时机开展体育比赛。因此对于企业而言，一时或一地的体育活动并不一定是赞助的好时机。企业在做出赞助行为决策时，要对本企业产品传递的信息、体育活动的性质、影响力以及赞助形式等进行全面考虑。而如果考虑的少，盲目定位，没有全面合理地分析赞助活动，就会白花赞助费用，得不到实际效果。

(三) 专业操作者缺乏

体育赞助活动非常复杂，需要相关利益者（赞助者、被赞助者、媒体和中介机构）团结一致、协调合作，这样才能保证体育赞助效益的最大化。因为体育赞助活动一般都具有比较大的规模，涉及各种营销工具与宣传手段，而企业难以单独承担，这就要求活动组织人员具备全面的、专业的统筹组织能力和丰富的实践经验，各组织机构也要给予支持与配合。

我国体育赞助业发展中，企业缺乏组织能力强，具有全面、专业的实践经验的优秀人才，这会影响整个赞助活动的效果，并使企业经济受损。

四、京津冀一体化背景下我国体育赞助业的发展策略

鉴于我国体育赞助业的发展现状，结合京津冀一体化发展战略，我们主要从以下几方面来探讨我国体育赞助业的发展。

（一）体育企业要做好决策

在体育赞助前，企业要做好决策，做决策需要对自身的实力、预期营销目标以及各种赞助形式的特点进行综合考虑。要对自己品牌的实质进行明确把握，明确通过赞助要宣传关于企业产品哪些方面的信息，并在独有价值趋向的前提下，全面分析赞助对象的性质和环境、影响力及适合的赞助形式等。一般来说，以不低于赞助费用的标准对其他配套费用进行安排的赞助商都是比较机智的，他们会事先对推广、宣传和促销等一系列完整的赞助策略进行制定，选择最佳体育活动对象进行赞助，以达到预期的宣传效果。

（二）合理选择体育赞助的形式

企业的地位、特点、实力和战略目标等各方面的因素决定了企业应该选择什么赞助形式。目前来看，体育信息的主要来源是电视、报纸、互联网等，产品制造商非常青睐体育比赛的电视转播或点评节目，通常会在这些活动中采取节目冠名以品牌名特约播出、节目背景的大幅品牌标识宣传等赞助形式。而报纸媒体中，以"金牌榜""特约刊登"等冠名是最常见的赞助形式，消费者在看有关体育新闻的同时，也会对商品品牌给予关注。

除报纸、电视外，互联网已经成为体育爱好者获取体育消息和快讯的主要依赖。因此，在选择媒体时，对于重点覆盖、有选择性覆盖，还是全面覆盖，企业必须考虑好。

现在体育赞助领域的竞争非常激烈，企业在体育赞助领域要想增强竞争力，必须依靠不断创新。对于世界体育的商业赞助模式，我国企业应尽快适应，同时还要不断推陈出新，具体表现在赞助形式、传播途径、营销表现及配套活动等方面。

（三）积极培育优秀的体育经纪人

体育赞助市场的规范化、专业化及健康发展需要一批懂得法律、善于经

营、精通管理、熟练公关、通晓体育的高素质高水平的体育经纪人队伍做支柱,因此必须注重对体育经纪人的培育。

主要可以通过以下途径来培养体育经纪人。

(1)从体育部门挑选优秀管理人员进行专业培育。

(2)与高校合作办学培育人才,以体育院校、外国语院校、财经院校为主。

(3)加强与国外体育经纪人公司的沟通与合作,委托专门的结构来培养。

参考文献

[1]张永安.区域经济一体化理论与实践[M].上海:格致出版社,2010.

[2]金丹.区域经济一体化的理论框架研究[J].西部经济管理论坛,2014(03).

[3]孙宇.中国区域经济一体化战略构建研究——基于亚洲生产网络视角[D].首都经济贸易大学,2013.

[4]纪良纲,许永兵.京津冀协同发展:现实与路径[M].北京:人民出版社,2016.

[5]李国平等.京津冀区域发展报告[M].北京:科学出版社,2016.

[6]李国平,陈红霞等.协调发展与区域治理:京津冀地区的实践[M].北京:北京大学出版社,2012.

[7]冯文.京津冀体育产业合作发展研究[D].首都体育学院,2012.

[8]魏丽华.京津冀产业协同发展困境与思考[J].中国流通经济,2017(05).

[9]陈晓丹.雄安新区建设背景下京津冀体育产业一体化发展研究[J].南京体育学院学报(社会科学版),2017(04).

[10]高亚坤,王雪.京津冀地区体育产业协同发展的研究[C].中国体育科学学会会议论文集,2015.

[11]曹淼孙,江广和.京津冀体育产业协同发展研究[C].中国体育科学学会会议论文集,2015.

[12]王艳.我国区域优势体育产业选择与培育发展研究[D].上海体育学院,2011.

[13]李燕,骆秉全.京津冀全域体育旅游产业布局及协同发展路径研究[J].中国体育科技,2017(06).

[14]陈静飞,袁书娟,许晓峰.基于京津冀区域论述体育休闲业协同发展[J].湖北体育科技,2016(10).

[15]黄海燕.我国体育产业结构优化的原则、目标与实施路径[J].体育科研,2012(04).

[16]刘远祥.体育产业结构优化研究[M].济南:山东大学出版

社,2015.

[17]苏鸿鹏,史春雨,王静.竞技体育产业与区域经济发展的互动关系研究[J].科教文汇(下旬刊),2010(04).

[18]王海娜.竞技体育产业发展研究——以山东省为例[D].山东农业大学,2012.

[19]钟天朗.体育服务业导论[M].上海:复旦大学出版社,2008.

[20]鲍明晓.体育产业:新的经济增长点[M].北京:人民体育出版社,2000.

[21]蔡家宝.区域休闲体育产业发展研究[M].厦门:厦门大学出版社,2017.

[22]朱艳英,原儒建.京津冀地区休闲体育产业联动现状研究[J].合作经济与科技,2015(17).

[23]钟华梅,黎雨薇.京津冀休闲体育产业联动发展策略研究[J].南京体育学院学报(自然科学版),2016,15(03).

[24]李欣.京津冀一体化机遇下的休闲体育产业发展策略[J].产业与科技论坛,2015,14(13).

[25]易小东.基于战略管理的体育传媒发展研究[J].知音励志,2017(13).

[26]栾秀群,王大川.中国体育传媒发展研究[J].中国报业,2012(02).

[27]蹇晓彬,徐薇薇.我国体育广告业发展现状及对策分析[J].山西师大体育学院学报,2006(S2).

[28]李亚莉,杨红怡.我国体育赞助市场存在的问题及对策研究[J].湖南工业大学学报,2009(02).

[29]齐星.国内体育彩票业历程回顾及趋势展望[J].当代体育科技,2014(26).

[30]夏正清.体育产业经营管理[M].西安:西安地图出版社,2011.

[31]席玉宝,郜贻红,陈永军,魏万珍.中国体育用品产业与市场实证研究[M].北京:北京体育大学出版社,2006.

[32]施芳芳,常德胜.论体育赞助的功能及其发展对策[J].体育与科学,2005(03).